उत्तराधिकार बनाम पुत्राधिकार

अरविंद जैन

जन्म : 7 दिसम्बर, 1953, उकलाना मंडी, हिसार (हरियाणा)।

शिक्षा : प्रारम्भिक शिक्षा जनता हाईस्कूल, उकलाना; एस.डी. हायर सेकेंडरी स्कूल, हाँसी; जैन हाईस्कूल और वैश्य कॉलेज, रोहतक (हरियाणा) में। पंजाब विश्वविद्यालय से वाणिज्य स्नातक (1974) और दिल्ली विश्वविद्यालय से विधि स्नातक (1977)।

पंजाब विश्वविद्यालय (1973) में 'सर्वश्रेष्ठ वक्ता पुरस्कार' से सम्मानित।

महिला, बाल एवं कॉपीराइट कानून के विशेषज्ञ।

बाल-अपराध न्याय अधिनियम के लिए भारत सरकार द्वारा गठित विशेषज्ञ समिति के सदस्य।

रचनाएँ : *औरत होने की सज़ा, उत्तराधिकार बनाम पुत्राधिकार, बचपन से बलात्कार, न्यायक्षेत्रे अन्यायक्षेत्रे, न्याय की भाषा* तथा *औरत : अस्तित्व और अस्मिता* शीर्षक से महिलाओं की कानूनी स्थिति पर विचारपरक पुस्तकें। *लापता लड़की* कहानी-संग्रह।

विभिन्न पत्र-पत्रिकाओं में शोध-लेख, कहानियाँ, समीक्षाएँ, कविताएँ और कानून सम्बन्धी स्तम्भ-लेखन।

सम्मान : हिन्दी अकादमी, दिल्ली द्वारा वर्ष 1999-2000 के लिए 'साहित्यकार सम्मान'; कथेतर साहित्य के लिए वर्ष 2001 का राष्ट्रीय शमशेर सम्मान।

सम्प्रति : उच्चतम न्यायालय एवं दिल्ली उच्च न्यायालय में स्वतंत्र रूप से वकालत।

सम्पर्क : सेक्टर 5, प्लाट नं. 835, वैशाली, गाजियाबाद, उत्तर प्रदेश-201010

यह पेपरबैक संस्करण
मूल पुस्तक की,
बिना किसी काट-छाँट के,
अविकल प्रस्तुति है

अरविंद जैन

उत्तराधिकार बनाम पुत्राधिकार

राजकमल पेपरबैक्स

राजकमल पेपरबैक्स में
पहला संस्करण : 2001
पहली आवृत्ति : 2015

राजकमल पेपरबैक्स : उत्कृष्ट साहित्य के जनसुलभ संस्करण

राजकमल प्रकाशन प्रा. लि.
1-बी, नेताजी सुभाष मार्ग, दरियागंज
नई दिल्ली-110 002
द्वारा प्रकाशित

शाखाएँ : अशोक राजपथ, साइंस कॉलेज के सामने, पटना-800 006
पहली मंजिल, दरबारी बिल्डिंग, महात्मा गांधी मार्ग, इलाहाबाद-211 001
36 ए, शेक्सपियर सरणी, कोलकाता-700 017

वेबसाइट : www.rajkamalprakashan.com
ई-मेल : info@rajkamalprakashan.com

बी.के. ऑफसेट
नवीन शाहदरा, दिल्ली-110 032
द्वारा मुद्रित

मूल्य : ₹ 150

UTTRADHIKAR BANAM PUTRADHIKAR
by Arvind Jain

ISBN : 978-81-267-0111-7

अनुक्रम

स्त्री का समय

इस वर्ष संयुक्त राष्ट्र द्वारा घोषित अन्तर्राष्ट्रीय महिला वर्ष को पूरे पच्चीस साल हो जाएँगे। इन इतने सालों में क्या महिलाओं की स्थिति में कुछ बदलाव हुआ है ? कहा जा सकता है कि कुछ बातें हुई हैं : महिला वर्ष की घोषणा के बाद 'मीडिया संवेदनशील हुआ और उसने महिलाओं की समस्याओं के प्रति गम्भीर विश्लेषणात्मक रुख अपनाया।' जानी-मानी नारीवादी मधु किश्वर ने एक बार कहा भी था, 'पश्चिम की औरतों' को जिस तरह मीडिया का बैकलैश झेलना पड़ा, भारत में ऐसा नहीं हुआ। हाँ, यह जरूर है कि महिलाओं को घर में रहनेवाला मानकर प्रायः अखबारों-पत्रिकाओं में छपता रहता था कि अचार कैसे बनाएँ, पापड़ कैसे बनाएँ। कतरनों का इस्तेमाल कैसे करें। इसमें छोटी इकॉनॉमी की बचत करने और घर बैठे समय का सदुपयोग करने की बातें भी छिपी हुई थीं। लेकिन धीरे-धीरे स्त्रियों की समस्याओं जैसे—शिक्षा, स्वास्थ्य, आदि—पर अखबारों-पत्रिकाओं में लेख छपने लगे। स्त्रियों सम्बन्धी तमाम समस्याओं पर अखबारों-पत्रिकाओं में पर्सनल कॉलम भी शुरू हुआ। यह स्त्री की अपनी 'आवाज' बनने लगे। ये आज भी जारी हैं। इन कॉलमों को अगर आप पढ़ें तो स्त्रियों के मन के बहुत से अँधेरे कोनों का पता चल सकता है। वह औरत जो कल तक बोल नहीं सकती थी, पूछ नहीं सकती थी, लिख-पढ़ नहीं सकती थी, वह आज अपने बारे में बता सकती है, क्या यह कोई कम बड़ी उपलब्धि है। निश्चय ही यह अवसर उसे मीडिया ने प्रदान किया है। यह दौर भारत में मीडिया के फैलाव का दौर भी है। इन पच्चीस वर्षों में 'सूचना समाज' कहाँ से कहाँ पहुँच गया है। ज्ञान का ठेका सिर्फ कुछ ही लोगों के पास नहीं रह गया है। जो चाहे सो ज्ञान पा सकता है। टेलीविजन ने घर बैठे ही सबको इतना ज्ञान देना शुरू कर दिया है कि अब अलग से किसी गुरु की जरूरत नहीं है। टेलीविजन ने स्त्रियों को छवि चेतना, भूमिका चेतना और आत्म सचेत वाणी दी है। उसे ज्यादा स्वतन्त्र जगह मिली दिखती है, लिंग चेतना प्रबल हुई है।

वे लोग जो स्त्रियों की जागरूकता से डरते हैं, जिन्हें लगता है कि जागरूक स्त्रियाँ समाज और परिवार को तोड़ डालेंगी, उन्हें लगता है कि जितनी स्त्री शक्ति और मुक्ति की बात बढ़ी है, उतने ही उनके प्रति अपराध बढ़े हैं। यह तस्वीर का वह पक्ष है जो किसी भी परिवर्तन का विरोधी है। स्त्री के प्रति यौन अपराध पहले भी कम नहीं होते

थे, संयुक्त परिवार, रनिवास, सब जगह स्त्री का शिकार किया जाता था। खबर नहीं दी जाती थी। लोक मर्यादा, परिवार की मर्यादा की दुहाई होती थी। मीडिया नहीं था। अब मीडिया रिपोर्ट करता है। कुछ लोग इससे समझते हैं कि यह ठीक नहीं है, यथार्थ नहीं है। आज बलात्कृत स्त्री 'बलात्कार' की शिकायत करते वक्त 'छिपती नहीं, यह नई स्त्री है।' परिवार में यदि युवा स्त्री की मौत हो जाती है तो उसे 'सन्देह' की नजर से देखा जाता है। स्त्री की मृत्यु अब मायने रखती है। दहेज सम्बन्धी कानून भी काफी कड़ा है। यह बात अलग है कि उसका कड़ाई से पालन नहीं किया जाता और प्रायः अपराधी को सजा नहीं मिलती। 1992 में अकेले दिल्ली शहर में दहेज हत्या के 112 मामले दर्ज हुए थे। इस कानून के भी आलोचक कह सकते हैं कि यह कानून इन दिनों बहू और उसके परिवारवालों के हाथ में एक हथियार की तरह है। इसकी प्रतिक्रिया भी हो रही है। आमतौर पर लड़के के घरवालों को लड़की के घरवाले और पुलिस इस कानून का सहारा लेकर तंग करते हैं। यह लिंग संघर्ष का नतीजा है जो बढ़ा है। पाकिस्तानी कवयित्री फहमीदा रियाज ने एक भेंट में कहा था कि जब इतिहास का चक्र उल्टा चलता है तो कुछ नई परेशानियाँ तो पैदा होती ही हैं। अब तक लड़केवाले ही लड़कीवालों को तंग करते आए हैं। आज तक ऐसा हो रहा है। कानून का डर है तो हाय-हाय भी है। मीडिया ने जिस स्त्री के पाँव की बेड़ी को खोलने की कोशिश की है वह हर वर्ग की स्त्री है। इनमें मध्यवर्ग की स्त्री सबसे ज्यादा है। क्योंकि उसके डर, नैतिकता, अनैतिकता, अच्छा या बुरा, रीति-रिवाज भी सबसे ज्यादा है। यही वह दौर है जब स्त्री के पक्ष में आवाज उठाने के लिए बड़े-छोटे महिला संगठन उभरते हैं। महिला आयोग बनते हैं। स्त्री को न्याय दिलवाने, उसकी मदद करने के लिए वे आगे आते हैं। सबको न्याय मिले तो स्त्री को भी न्याय मिल जाएगा 'यह बात पृष्ठभूमि में चली जाती है'। बल्कि ये बातें उठने लगती हैं—"यदि विवाह जीवन-भर का साथ है तो इसके लिए औरत को क्यों मारा जाता है ? पढ़ाई छुड़वानी हो तो सबसे पहले लड़की की ही पढ़ाई क्यों छुड़वाई जाती है ? उसे ही सबसे कम पोषक भोजन दिया जाता है। गर्भ में उसे ही क्यों मारा जाता है ? कारखानों में छँटनी के लिए सबसे पहले औरतों को ही क्यों चुना जाता है ? स्त्रियों के साथ नौकरियों में भेदभाव क्यों किया जाता है ? इसलिए स्त्रियों के लिए अलग से न्याय चाहिए।" जो पौधा कमजोर होता है उसी को देर तक सींचना पड़ता है। इसी दौर में मथुरा, शाहबानो, सती, अमनियो सेंटेसिस जैसे मसलों ने जोर पकड़ा। स्त्री सम्बन्धी प्रश्नों को केन्द्र में लाने में ये मसले प्रभावी साबित हुए हैं। मथुरा कांड में मथुरा नाम की लड़की के साथ पुलिसवालों ने पुलिस लॉकअप में बलात्कार किया था। शाहबानो मामले में उच्चतम न्यायालय ने गुजारा भत्ता देने का फैसला दिया था जिसे इस्लामिक कट्टरपन्थियों के दबाव में आकर सरकार ने बदल दिया था। 1987 में दिवराला में रूपकँवर सती हो गई थी। बहुत हो-हल्ला के बाद सरकार ने अपराधियों को पकड़ा था। एमनियो सेंटोसिस को सेक्स डिटेक्शन टेस्ट में बदल दिया गया। एमनियो सेंटोसिस की खोज गर्भावस्था के दौरान बच्चे में किसी तरह की खराब नहीं

है इसके लिए किया गया था। लेकिन कैसे किसी अच्छी खोज को निहित स्वार्थ में बदला जा सकता है, यह इसका नमूना बना। यह भी लिंग संघर्ष का हिस्सा था, और है। एमनियो सेंटोसिस के जरिए गर्भ में पलनेवाली लड़कियों को मारा जाने लगा। स्थिति यह है कि एक हजार लड़कों के मुकाबले लड़कियों की संख्या 929 है जबकि पहले यह 935 थी। अगर ऐसा ही रहा तो वह दिन दूर नहीं जब लड़कों को विवाह के लिए लड़कियाँ नहीं मिलेंगी क्योंकि एमनियो सेंटोसिस और अल्ट्रासाउंड भारत के घर-घर और गाँव-गाँव तक जा पहुँचा है। जब इस पर बहुत शोर मचा तो सबसे पहले एमनियो सेंटोसिस के खिलाफ महाराष्ट्र सरकार ने कानून बनाया।

ऊपर दिए गए मसलों पर आवाज उठाने में महिला संगठनों ने जोरदार भूमिका निभाई। महिला संगठनों का साथ मीडिया ने दिया। जिन्होंने साथ नहीं दिया वे थीं सरकारें। आमतौर पर देखा गया है कि इन दिनों राजनीति उदार और परिवर्तनकारी विचारों के मुकाबले कट्टरपन्थी और पिछड़े विचारों के सामने आत्मसमर्पण करती नजर आती है। इन सभी मसलों पर नेता लोग अपराधी और जिसके प्रति अपराध हुआ, दोनों के पक्षों में बोलते नजर आए। इसीलिए यह माना गया कि स्त्रियों को सत्ता में हिस्सा मिलना चाहिए। जो नेता लोग उनके लिए कानून बनाते हैं, वे उनसे कभी पूछते तक नहीं हैं। राजनीति में लिंग संघर्ष सबसे जटिल प्रक्रिया बना जिसका उदाहरण तैंतीस फीसदी आरक्षण बना जिसे सिद्धान्ततः सब मानते हैं, व्यवहारतः कोई लागू नहीं करना चाहता। बल्कि सती, शाहबानो, मथुरा आदि मसलों पर सरकार की नींद बहुत देर से खुली। यह भी कहा जाने लगा कि महिलाओं ने जितना शोर मचाया है, जितनी स्त्री शक्ति और मुक्ति की बात उठी है, उतने ही उनके प्रति अपराध बढ़े हैं। लेकिन यह सच्चाई नहीं है। स्त्री जागरूकता का परिणाम है कि स्त्रियों के प्रति अपराधों को अब अपराध न मानकर फर्श के नीचे नहीं खिसका दिया जाता। बाकायदा खबर दी जाती है। सूचना में स्त्री के आने से ये परिवर्तन हुए हैं। जैसे-जैसे शिक्षित और साक्षर स्त्रियों की दर बढ़ी, वैसे-वैसे उनसे सम्बन्धित मसले भी उठने लगे कि कैसे ग्रामीण और शहरी औरतें मामूली सी स्वास्थ्य सुविधाओं, सार्वजनिक शौचालयों के अभाव में यौन बीमारियों से ग्रस्त हो जाती हैं या जचगी के दौरान मर जाती हैं। परिवार नियोजनों के साधनों का इस्तेमाल करके वे बार-बार के गर्भधारण, गर्भपात और उनसे जुड़ी समस्याओं से बच सकती हैं। बच्चे कोई ईश्वरीय वरदान ही नहीं बल्कि आपसी सहमति का सवाल भी हैं। परिवार नियोजन के तरीकों में यह बात भी रेखांकित की गई कि अक्सर इन्हें स्त्रियों के लिए ढूँढ़ा जाता है; बल्कि बहुराष्ट्रीय निगमों ने ऐसे इंजेक्शन बाजार में उतारे जो औरतों के स्वास्थ्य के लिए हानिकारक थे। इस पर महिला संगठनों का कहना था कि परिवार नियोजन तो ठीक, मगर 'प्रिकाशनरी मेजर्स' वे हों जो स्त्री के स्वास्थ्य को खराब न करें। स्त्रियाँ बहुराष्ट्रीय निगमों की भेड़-बकरियाँ नहीं हैं। पेइचिंग सम्मेलन ने स्त्रियों को उनकी पहचान दी। स्त्रियों को आत्मनिर्भर होना चाहिए यह बात कम-से-कम महानगरों में सर्वमान्य हो चली। यही नहीं, कृषि सेक्टर में काम करनेवाली स्त्रियों की

शिनाख्त बढ़ी। दूरदर्शन और अखबार-पत्रिकाओं ने इस राय को बनाने में महत्त्वपूर्ण भूमिका निभाई। शिक्षा संस्थाएँ तथा अन्य सामाजिक संस्थाएँ इस राय को बनाने में पीछे नहीं रहीं। इसी दौर में स्त्रियों की सौन्दर्य सम्बन्धी तानाशाही भी खत्म हुई। बड़ी आँखें, सुतवाँ नाक, पतले होंठ और लम्बी गर्दनवाली लड़की ही सुन्दर है—इसे सौन्दर्य प्रसाधनों और बार-बार प्रोजेक्ट की जाती तरह-तरह की स्त्री छवि ने खत्म कर दिया।

महिला संगठनों के साथ-साथ तमाम एन.जी.ओ. भी समाज की विभिन्न वर्ग की महिलाओं के लिए काम करने लगे। डाक्यूमेंट्रीज बनने लगीं। जो हिन्दी फिल्में कभी कुटती-पिटती स्त्री को आदर्श रूप में प्रस्तुत कर रही थीं, वे 'एमपावरमेंट ऑफ वूमैन' को सफलता का अचूक नुस्खा मान ऐसी फिल्में बनाने लगीं। सारे दल स्त्रियों को एक वोट बैंक के रूप में देखने लगे हैं। इसलिए चुनावों के वक्त ये दल अपने-अपने चुनाव घोषणा पत्रों में स्त्री उत्थान के तरह-तरह के वायदे करने लगे। हालाँकि आज तक स्त्री संगठित रूप में वोट नहीं देती हैं। लेकिन यह राय बनने लगी कि दलों को स्त्रियों के बारे में भी सोचना चाहिए। लोकसभा में स्त्रियों के लिए तैंतीस प्रतिशत आरक्षण की माँग की जाने लगी। कलकत्ता में स्त्रियों की एक पार्टी का गठन किया गया। सभी दलों की महिला सांसद अपनी-अपनी पार्टियों की लाइन छोड़कर एकजुट हो आरक्षण बिल का समर्थन करने लगीं। माना कि यह एक कमजोर पहल रही। वे नेता जो घोषणापत्रों में स्त्रियों के लिए बड़े-बड़े वायदे कर रहे थे, चौकन्ने हो उठे। एक ने कहा—"अगर ये लोकसभा में तैंतीस प्रतिशत हो गईं, फिर तो बस ये ही ये होंगी। हमारी कौन सुनेगा।" दूसरे ने चिन्ता प्रकट की—"इन्हें तो लिपस्टिक के बारे में बातचीत करने के अलावा और कोई फुर्सत ही नहीं होगी।" तीसरे ने कहा—"इन परकटी औरतों को क्या औरत माना जा सकता है ?" आरक्षण बिल पास नहीं हो सका। भारत में श्रीमती गाँधी ने लम्बे समय तक शासन किया। श्रीलंका में सिरिमोओ भंडारनायके, चन्द्रिका कुमारतुंगे, बर्मा में सूकी, बाँग्लादेश में खालिदा जिया और शेख हसीना, फिलीपींस में एक्विना, पाकिस्तान में बेनजीर भुट्टो—ये सब (सूकी को छोड़कर) अपने-अपने देश के सर्वोच्च पदों पर रह चुकी हैं। जबकि अमरीका में आज तक किसी स्त्री राष्ट्रपति की कल्पना नहीं की जा सकती। वहाँ तो महिलाओं को वोट देने का अधिकार प्राप्त करने के लिए सत्तर वर्ष तक संघर्ष करना पड़ा था। पूछा जा सकता है कि जब इन एशियाई देशों में महिलाओं ने इतने लम्बे समय तक शासन चलाया था तो स्त्रियों की स्थिति में ज्यादा सुधार क्यों नहीं हुआ ? शायद इसलिए कि इन सभी महिलाओं ने प्रधानमन्त्री या राष्ट्रपति का पद अपने पिता या पति से विरासत में पाया। उसे पाने के लिए इन्हें कोई संघर्ष नहीं करना पड़ा। इसीलिए इनमें से अधिकांश ने बने बनाए रास्ते को बदलने की कोई कोशिश भी नहीं की। फिर भी स्थिति इतनी निराशाजनक नहीं है। स्त्री के उच्च पद पर बैठने से लड़कियों के भाग्य में कुछ बदलाव तो होता है, चाहे वह दिखाई न दे। जयललिता ने तमिलनाडु की मुख्यमन्त्री बनते ही उन जिलों में लड़कियों के लिए पालना केन्द्र बनवाए थे, जहाँ माता-पिता अपनी नवजात कन्याओं को मार डालते थे।

उन्होंने कहा, आप अपनी बेटी मारिए मत, सरकार को दे दीजिए। जिस बच्ची को माता-पिता मार रहे हैं, उसे यदि सरकार बचाना चाहे तो क्या यह बुरा है, लड़कियों को लेकर समाज जितना क्रूर है, हम उम्मीद कर सकते हैं कि नई सदी उनके लिए नए दरवाजे खोलेगी।

ऊपर लिखी गई बहुत सी बातों से हो सकता है अरविन्द सहमत न हों क्योंकि उनके पास हर बात को साबित करने के लिए ठोस आँकड़े मौजूद हैं। स्त्रियों के सवाल उनके लिए कोरे भावुकता भरे रिएक्शंस नहीं हैं। उनकी पुस्तक 'औरत होने की सजा' का हिन्दी जगत में कैसा स्वागत हुआ, उसे इसी बात से जाना जा सकता है कि पुस्तक के अब तक आठ संस्करण बिक चुके हैं। एक संवेदनशील लेखक और कानूनविद् की नजर से अरविन्द ने उनमें जो मसले उठाए थे, 'उत्तराधिकार बनाम पुत्राधिकार' में वे मसले और भी तीखेपन से उभरे हैं। 'औरत होने की सजा' में अपने महत्त्वपूर्ण लेख 'होइहे सोई पुरुष रुचि राखा' में वह लिखते हैं—'मैं आदमी हूँ, यानी पुरुष, मर्द, स्वामी, देवता, मन्त्री, सन्तरी, सामन्त, राजा, मठाधीश और न्यायाधीश ! सब कुछ मैं हूँ और मेरे ही लिए सब कुछ है या सब कुछ मैंने अपनी सुख-सुविधा, भोग-विलास और ऐयाशी के लिए बनाया है। सारे धर्मों के धर्मग्रन्थ मैंने ही रचे हैं। धर्म, अर्थ, समाज, न्याय और राजनीति के सारे कायदे-कानून मैंने बनाए हैं और मैं ही समय-समय पर उन्हें परिभाषित और परिवर्तित करता हूँ। खेत-खलिहान, दुकान, कारखाने, धन, दौलत, सम्पत्ति, साहित्य, कला, शिक्षा, सत्ता और न्याय सब पर मेरा अधिकार है। सभी धर्मों का भगवान मैं ही हूँ और सारी दुनिया मेरी ही पूजा करती है। तुम औरत हो यानी मेरी पत्नी, वेश्या और दासी—जो कुछ भी हो मेरी हो। मेरे सुख, आनन्द, भोग और ऐश्वर्य के लिए सदा समर्पित रहना ही तुम्हारा परम धर्म और कर्त्तव्य है।'

स्त्रियों की स्थिति को लेकर अरविन्द जिस तरह से इस लेख में विचार व्यक्त करते हैं—उसे एक लम्बी अर्थवान कविता की तरह पढ़ा जा सकता है। एक-एक लेख से गुजरते हुए लगता है कि जैसे कोई पीठ पर सड़ासड़ कोड़े बरसा रहा हो। निरन्तर विलापकारियो, पढ़ो और इस पुस्तक को बार-बार पढ़ो, पता चलेगा कि जो औरत तुम्हें डरा रही है वह इक्कीसवीं सदी में जाने के नाम पर राजनीतिक दलों के घोषणपत्रों में स्थान पाने के बावजूद है तुम्हारे पैर की जूती ही।

'उत्तराधिकार बनाम पुत्राधिकार' में उनकी स्पष्ट राय पुस्तक के शीर्षक में ही छिपी हुई है। लड़की जिस घर में पैदा होती है, जिस दिन पैदा होती है, उसी दिन थालियाँ उलट दी जाती हैं। चूल्हे की आग बुझा दी जाती है। दाई-दादी सब आँखें पोंछती हैं और माँ की आँखें छलछलाती हैं—जैसे कि कोई पैदा न हुआ हो, किसी की मृत्यु का शोक मनाया जा रहा हो। जब लड़की का पैदा होना इतने शोक का कारण है तो उसे सम्पत्ति में हिस्सा कौन देगा और क्यों देगा ? भाई भी बहन के लिए तभी तक अच्छे बने रहेंगे तब तक वह सम्पत्ति में हिस्सा नहीं माँगती। उत्तराधिकार उसे मिलता नहीं, सम्पत्ति में हिस्सा माँगते ही खलनायिका बना दी जाती है। घर के दरवाजे हमेशा के लिए

बन्द—अरविन्द की यह पुस्तक ऐसे तमाम सवालों से दो-चार होती है, उन्हें तह तक खोलती है। यह उनकी पहली पुस्तक से आगे की कड़ी है। समकालीन स्त्रीत्ववादी विमर्श को व्यापकता और गहराई देने में यह पुस्तक असंदिग्ध भूमिका निभा सकती है।

—क्षमा शर्मा

17बी, हिन्दुस्तान टाइम्स अपार्टमेंट्स
मयूर विहार, फेस-I, दिल्ली-110 092

मेरी भूमिका

अपनी प्रथम पुस्तक 'औरत होने की सजा' (1994) के अब तक आठ संस्करण हो जाना—मेरे लिए सचमुच अकल्पनीय है। पाठकों की अपेक्षाओं, चुनौतियों और चेतावनियों से मेरी जिम्मेवारी और जवाबदेही और अधिक बढ़ गई। साथ ही परेशानियाँ और दुविधाएँ भी। इसके बाद लिखना तकलीफदेह होता और न लिखने से अपराधबोध घेरता-घोंटता। अपने ही चैम्बर में नजरबन्द हो लिखने की कोशिश करता तो समझ ही नहीं आता—क्या लिखूँ, कैसे लिखूँ ? बहुत सजग, सचेत या चौकन्ना होकर लिखता तो व्यर्थ और अर्थहीन लगता। ऐसे ही अधिकांश लेख योजनाएँ ध्वस्त या स्थगित होती रहीं। व्यक्तिगत समस्याओं के बहाने बनाकर, कब तक 'तारीख' लेता और 'बहस' टालता रहता ?

खैर...इस बीच 'लापता लड़की' की कुछ कहानियाँ लिखीं और 'इन्द्रप्रस्थ' पर कुछ कविताएँ भी। सशक्त (महिला) हस्ताक्षरों की आत्म-कथाओं, उपन्यासों, कहानियों और विचार पुस्तकों को पढ़ना, समझना और उन पर समीक्षात्मक टिप्पणी लिखना, मेरे लिए एकदम नया और सुखद अनुभव रहा। पहली बार जाना कि भोक्ता स्वयं अपने मुकदमों की पैरवी, जिरह या बहस करें तो ज्यादा प्रभावशाली और सार्थक होगा। हो सकता है बशर्ते कि...मगर...लेकिन ?

'प्रतिनिधित्व की राजनीति' से लेकर 'स्त्री विमर्श' और 'अन्तर्राष्ट्रीय बहनापे' तक भयंकर तर्क-जाल-जंजाल और वैचारिक मतभेद। विचारक कहते, "साधन सम्पन्न वर्ग की शिक्षित और सुसंस्कृत ये विदुषियाँ भी तो अनपढ़, निर्धन, पीड़ित, शोषित, दमित, दलित, उपेक्षित, अपमानित और अधिकारहीन औरतों की प्रतिनिधि मात्र ही हैं।"

'वाद विवाद संवाद' के दौरान एक विद्वान ने कहा, "किसी कमरे में जहाँ सभी लोग सर्वसम्मति से चुप रहने का षड्यन्त्र किए बैठे हों, सत्य का एक शब्द पिस्तौल दगने-जैसी आवाज करता है।"

मैंने महसूस किया कि मैं भोक्ता नहीं हूँ तो क्या हुआ, साक्षी और अधिवक्ता तो हूँ, हो सकता हूँ। अगर इस समय और समाज में मेरी (हमारी) भूमिका एक स्त्री (विश्वासपात्र) अधिवक्ता की ही है तो क्या उसकी हार, मेरी अपनी हार नहीं ? उसकी जीत ही, मेरी भी जीत नहीं ? उसकी पराजय, मेरी विजय कैसे हो सकती है ? हार-जीत दोनों की एक साथ ही तो होगी। ठाँय...ठाँय की आवाज के साथ मैंने संकल्प ले कहा,

"आई हैव टु डू जस्टिस विद माई ब्रीफ एंड रोल...देअर इज नो अदर वे...।...यस माई लार्ड्स ! 'औरत के हक में' मैं (भी) बहस करने की इजाजत चाहता हूँ। कृपया बिना दलील सुने ही, अपील का फैसला न करें।"

माई लार्ड्स ! बापू ने अपने तीनों बन्दरों से कहा था, 'बुरा मत सुनो, बुरा मत बोलो, बुरा मत देखो।' लेकिन ये तीनों ही हर समय कान, मुँह और आँखों पर हाथ रखे बैठे रहते हैं—बुरा क्या, अच्छा भी नहीं सुनते, बोलते, देखते। पहला बन्दर, कानों पर हाथ धरे बैठा रहता है—कुछ सुनता ही नहीं। न जाने क्या-क्या बोलता रहता है। झूठे वायदे, खोखले आश्वासन और हवाई घोषणाएँ। क्या करें, किसी की भी तो नहीं सुनता-मानता। दूसरा बन्दर, सब कुछ देखता है और सबकी सुनता रहता है (या सुन लेता है) मगर बोलता कुछ नहीं। और तीसरा, सालों बाद तो सुनता है और न मालूम कैसे-कैसे बहुअर्थी फैसले सुनाता रहता है। मगर देखता कुछ नहीं। तीनों मिलकर बहरा, गूंगा और अन्धा होने का नाटक (नौटंकी) करते रहते हैं।

और तीनों बन्दरों की सुरक्षित ओट में छिपा वो जो बापू का चौथा बन्दर है न माई लार्ड्स ! सब कुछ देखता, सुनता और बोलता है, मगर हमेशा भ्रामक और सनसनीखेज। उसे तो सेक्स, स्कॉच और सुन्दरी (विश्व सुन्दरी) के सपने देखने-बेचने से ही फुर्सत नहीं मिलती। किसी के भी अन्तःवस्त्र उठाकर चौराहे पर प्रदर्शनी लगा देता है। किसी की पकड़ में ही नहीं आता।

यहाँ से सोचना शुरू करता हूँ तो पितृसत्ता रोज नया 'मुखौटा' लगा सामने आ खड़ी होती है। कुछ समझ ही नहीं आता कि कहाँ, कैसे, क्या और क्यों हो रहा है ? कौन है इस नाटक (नौटंकी) का सूत्रधार ? दिखता, सुनता कुछ है और अर्थ-अनर्थ कुछ और। बराबरी के मौलिक अधिकार का मतलब बताया जा रहा है 'बराबरी में बराबरी।'...उत्तराधिकार का अर्थ—पुत्राधिकार...। वैध, जायज या कानूनी (सन्तान) पुरुष की और अवैध-नाजायज-गैर कानूनी (सन्तान) स्त्री की...। 'बाल विवाह दंडनीय अपराध'। लेकिन 'विवाह हर हाल में मान्य होगा'।...महिला आरक्षण विधेयक—देश के मर्दो एक होओ।...बलात्कार और हत्या का अभियुक्त बाइज्जत रिहा—सी.बी.आई. अपील दायर करेगी।...यौन हिंसा—'बलात्कारियों को फाँसी देंगे'...कानून बनाएँगे...कब ? कैसे ?... सामाजिक न्याय...'समान नागरिक संहिता बनाएँगे'...अभी नहीं...कभी नहीं।...धर्मनिरपेक्षता ...'धर्मान्तरण पर राष्ट्रीय बहस हो'...।...'यत्र नार्यस्तु पूज्यन्ते रमन्ते तत्र देवता'... 'शाबास ! सुष्मिता, ऐश्वर्या, डायना, युक्ता...घर में बुर्का, बाजार में बिकनी...। रोटी, कपड़ा और मकान...परिवार नियोजन...हम दो, हमारे दो...'बेटी नहीं चाहिए'...। जनसंख्या नियन्त्रण का उद्देश्य—स्त्री की कोख पर नियन्त्रण। सम्बन्धों के लिए निरोध इस्तेमाल करें।...जन, गण, मन अधिनायक जय हे, भारत भाग्य विधाता।

...खैर...जब राजसत्ता की पंचवर्षीय योजनाएँ विफल हो गईं और सरकार रोटी, कपड़ा, मकान, शिक्षा, स्वास्थ्य और जीवन के लिए अनिवार्य न्यूनतम सुविधाएँ उपलब्ध करने-करवाने में विफल होने लगी तो राष्ट्रीय और अन्तर्राष्ट्रीय स्तर के प्रसिद्ध अर्थशास्त्रियों

ने सलाह दी कि संकट की इस घड़ी का सामना करने के लिए 'जनसंख्या नियन्त्रण' परम आवश्यक है, वरना...। जनसंख्या नियन्त्रण का मतलब था (है), स्त्री की कोख पर नियन्त्रण। कोख पर नियन्त्रण के लिए निरोध, गर्भनिरोधक उपकरणों और गोलियों के आविष्कार पर कुछ लाखों-करोड़ों रुपए (डालर, पौंड) खर्च करना कोई बड़ी बात नहीं थी। हाँ ! धार्मिक संस्थाओं के विरोध-प्रतिरोध की परेशानी तो थी मगर राजसत्ता के सामने धर्म (मठाधीश या धर्माचार्य) कब तक घुटने नहीं टेकते ! रांष्ट्र के विकास के नाम पर जनसंख्या नियन्त्रण यानी कोख पर नियन्त्रण के लिए परिवार नियोजन या कल्याण की एक से बढ़कर एक 'क्रान्तिकारी' स्कीम सामने आने लगी। इसी महाअभिमान का एक महत्त्वपूर्ण हथियार था गर्भपात कानून।

परिवार नियोजन योजनाओं का परिणाम यह हुआ कि बेटियों की संख्या लगातार घटती गई क्योंकि हर परिवार को अनिवार्य रूप से सिर्फ पुत्राधिकारियों की ही जरूरत थी। 'एमनियो सेंटोसिस टेस्ट' ने बेटियों का गर्भ में ही गला घोंट दिया। वरना शिक्षा, जागरूकता, साधन और स्वास्थ्य सेवाओं में तो अभूतपूर्व वृद्धि हुई थी ना ! फिर लड़कियों की संख्या लगातार कम क्यों होती चली गई ? दरअसल निरोध, गोलियाँ और गर्भपात के कानूनी अधिकार देने का मुख्य उद्देश्य औरत की कोख पर नियन्त्रण करके राष्ट्र की जनसंख्या का नियन्त्रण करना भी था और स्त्री को पुरुष के 'आनन्द की वस्तु' बनाना भी। स्त्री को देह का स्वामित्व और उपभोग की आजादी का पाठ पढ़ाए बिना, यह सब कैसे सम्भव हो सकता था ?

पश्चिम का इतिहास गवाह है कि 'यौन क्रान्ति' एक सीमा तक ही 'स्त्री मुक्ति' का सम्बल बन पाई। गर्भ निरोधक गोलियों से लेकर 'एड्स' तक की यात्रा में नारी की आजादी का मतलब मर्दों को पहले से अधिक आजादी और फायदे में निकला। न गर्भ ठहरने का डर और न सामाजिक बदनामी का खतरा। एक तरफ स्त्रियों को अपनी देह का स्वयं स्वामी-मालिक बता कर बहुराष्ट्रीय कम्पनियों के ब्रांड बेचने के लिए नग्न-अर्द्धनग्न 'मॉडल' और कामना या आनन्द की वस्तु में बदला जा रहा है, मगर दूसरी तरफ घर में पत्नी, माँ, बहू, बेटी या बहन के लिए वही सदियों पुरानी नैतिक मर्यादा, यौन शुचिता और पतिव्रता के कड़े नियम लागू हैं। इन दोनों अन्तर्विरोधी और जटिल स्थितियों में नारी अस्मिता और मुक्ति के प्रश्न अधिक पेचीदा और घातक सिद्ध हो रहे हैं।

कौमार्य बचाए रखने के लिए स्त्री घर में कैद होकर रहे या घर से बाहर निकलने की कामना हो तो निरन्तर बलात्कार...हत्या...का भय झेलती रहे ? हालाँकि सुरक्षित कहीं नहीं। सती-सावित्री बने रहना है तो 'चेस्टिटी बेल्ट' और बुर्का या घूँघट पहने रहें। यौन स्वतन्त्रता चाहिए तो 'खतरनाक औरत' या 'छिन्नमस्ता' होने-कहलाने की हिम्मत तो बटोरनी ही पड़ेगी। 'घर' और 'बेघर' के बीच चुनाव, अभी भी स्त्री को ही करना है। घर का सुख-सुरग चाहिए या 'बेघर' होने की सजा—फैसला खुद कर लें...। बस, यही है चुनाव का अधिकार और निर्णय लेने की आजादी।

कौमार्य भंग होने का अर्थ 'जीवन बर्बाद' होना। विवाह तक कौमार्य बचाए रखने की सीख, सचमुच स्त्री को घर में कैद रखने और परम्परागत परिवार और विवाह संस्था में स्त्री पर पुरुष का एकाधिकार बनाए-बचाए रखने के लिए ही दी जाती है। सीख, आदेश या उपदेश का वास्तविक उद्देश्य स्त्री को निरन्तर बर्बाद होते–दिखाते रहना ही है। सावधान ! आगे खतरे हैं।

गत वर्षों में परिवार के भीतर-बाहर यौन-हिंसा के आँकड़ों का आतंक लगातार बढ़ रहा है। स्त्री मुक्ति आन्दोलन के प्रभावों-दबावों के कारण सुधारवादी-उदारवादी-संशोधनवादी 'मेकअप' जरूर हुआ परन्तु उससे न 'परिधि पर स्त्री' की स्थिति (सामाजिक-आर्थिक-राजनीतिक...) बदली और न अन्य संकट कम हुए। शिक्षा और आर्थिक स्वतन्त्रता के आधार पर, नारी मुक्ति का सपना देखने-दिखानेवाले सिद्धान्तों को ही लकवा मार गया। महिलाओं की समस्या पहले से अधिक गम्भीर और जटिल हो गई। शोषण दोहरा। जिम्मेवारी दोगुनी। अधिकार शून्य।

महानगर की मध्यवर्गीय स्त्री के लिए शिक्षा 'सूटेबल ब्वाय' ढूँढ़ने के लिए आवश्यक प्रमाण पत्र भर बन पाया। जितना ज्यादा पढ़ाओ, उतना ही ज्यादा 'सुयोग्य' वर ढूँढ़ना पड़ेगा और विवाह मंडी में वरानुसार दहेज तो देना ही पड़ेगा। दहेज न हो तो बेटियाँ कुँआरी बैठी रहें। और मुँहमाँगा दहेज देने के बाद भी कोई गारंटी नहीं कि ससुराल में कब तक जिन्दा रहेंगी। शिक्षित हो तो नौकरी करो। कमाओ और हर महीने 'लिफाफा' लाकर घर में सँभलवाओ। महँगाई क्या कम है ? पत्नी के वेतन से घर का खर्च चलेगा और बाकी बचत से पति के नाम सम्पत्ति, फिक्स्ड डिपॉजिट या शेयर बाजार जिन्दाबाद। यही है 'नौकरी का अर्थशास्त्र'–महिलाओं के लिए।

परिवार के बाहर हिंसा, लूट, दमन, शोषण और उत्पीड़न से बचने के लिए। मध्यवर्गीय स्त्री परिवार या विवाह संस्था की 'घरेलू गुलामी' स्वीकार करती है। लेकिन परिवार में ही हिंसा (भ्रूण हत्या, हत्या, दहेज हत्या, आत्महत्या, बलात्कार, यौनशोषण) और उत्पीड़न कम नहीं। इसीलिए वह प्रायः घर छोड़ने पर विवश होती है या कर दी जाती है। घरेलू गुलामी से मुक्ति की तलाश में निकली औरत के पास जीवन-यापन के लिए श्रम है या शरीर। निम्नवर्ग की स्त्रियों के लिए तो मेहनत-मजदूरी करना आर्थिक विवशता है ही। वेतन या मजदूरी तक पुरुष के बराबर नहीं मिलती, ऊपर से यौन शोषण अलग।

स्त्री के श्रम और देह शोषण की नींव पर खड़ी ऐसी परिवार व्यवस्था और पूँजी सम्बन्धों को नष्ट होने से कौन रोक सकता है ? पितृशक्ति अभी भी घर में अपनी बहू-बेटियों को घूँघट या बुर्के में कैद रखना चाहती है मगर घर के बाहर उसे बिकनीवाली सुन्दरियाँ (विश्व और ब्रह्मांड सुन्दरियाँ) चाहिए जो उसके सेवा, उद्योग, मनोरंजन, व्यवसाय चला सकें और रोज नए ब्रांड बेच सकें। विश्व सुन्दरियों और नारी चेतना के स्वर जब उसके अपने घर में सुनाई पड़ते हैं (पड़ेंगे ही) तो वह चिल्लाने लगता है 'परिवार बचाओ'...'संयुक्त परिवार लाओ।'

अविवाहित लड़कियों और बिना विवाह किए माँ बननेवाली युवतियों की संख्या जब लगातार बढ़ने लगी तो पितृसत्ता को अन्तर्राष्ट्रीय स्तर पर चिन्ता सताने लगी कि परिवार ही नहीं होगा/रहेगा, तो पुरुष की पूँजी और सत्ता का क्या होगा ? राजसत्ता और समाज का मुख्य एजेंट (मुखिया) राज कहाँ और किस पर करेगा ?...औरत को वापिस घर लाओ वरना...।

स्त्री के व्यक्ति, व्यक्तित्व और बौद्धिक विकास में पुरुष (पिता, पति, पुत्र) अक्सर खलनायक भी भूमिका में ही क्यों दिखाई देते हैं ? स्त्री परिवार या विवाह संस्था से बाहर स्वतन्त्र रूप से सम्मानजनक जीवन क्यों नहीं जी सकती ? विवाह के अलावा क्या और कोई विकल्प हो ही नहीं सकता ? क्या औरत को हमेशा रक्त या यौन सम्बन्धों और सम्पत्ति के समीकरणों में ही जाना-पहचाना जाएगा ? उसकी न अपनी कोई स्वतन्त्र पहचान और न कोई स्वतन्त्र निर्णय। मौजूदा परिवार के सड़ते 'मनुवादी' ढाँचे को और अधिक लम्बे समय तक बचा पाना सर्वथा असम्भव ही नहीं, बेहद खतरनाक भी है।

मातृत्व अगर स्त्री की सार्थकता है तो बेड़ियाँ भी कम नहीं हैं। माँ बनना या न बनना उसका अधिकार है लेकिन 'न्यायिक सक्रियता' के इस दौर में भी न्यायमूर्तियों का कहना है कि पति की सहमति के बिना गर्भपात करवाना, पत्नी द्वारा पति पर की गई 'मानसिक क्रूरता' है। तलाक...तलाक...तलाक...। समझाना आसान नहीं कि वास्तव में कौन, कितना क्रूर है। क्यों ? यह तो मेरे समय की स्त्री ही जानती है या 'स्त्री का समय'। वह जब भी कहती है "यह मेरा शरीर है। इसके बारे में फैसला करने का अधिकार भी मुझे ही होना चाहिए," तो पितृसत्ता समझाती है "महिलाएँ घरों में जाकर (रहकर) बच्चे पालें, क्योंकि मातृत्व से बड़ा कोई सुख नहीं।" बहुराष्ट्रीय कम्पनियों द्वारा निर्मित गोरेपन की क्रीम और पिताश्री के परिवार वापसी के अर्थ बेचती विश्व सुन्दरियाँ 'सन्देश' दोहराती हैं 'माँ होना स्त्री की सबसे बड़ी उपलब्धि है।' अजीब विरोधाभास है कि, "संस्कृति की सारी बहस स्त्री की 'स्कर्ट' की ऊँचाई-नीचाई से तय होती रहती हैं" मगर सौन्दर्य प्रतियोगिता में स्त्री अपनी 'मर्जी' से शामिल हो रही है। स्त्रियाँ मर्दों के बनाए विधान से बाहर निकल रही हैं। उसे तोड़ रही हैं।' मगर सवाल है यहाँ से आगे कहाँ जाएँगी ? रास्ता किधर है ?

वैसे 1950 के बाद भारतीय समाज (विशेषकर शहरी मध्यवर्ग) में सामाजिक, राजनीतिक, आर्थिक और पारिवारिक स्तर पर संविधान, कानून, शिक्षा और जनचेतना के कारण व्यक्तिगत सम्बन्धों और परम्परागत विवाह संस्था के स्वरूप, स्वभाव और स्थितियों में निरन्तर परिवर्तन भी हुआ है। शहरीकरण, औद्योगीकरण और आर्थिक दबावों की वजह से संयुक्त परिवारों के टूटने-बिखरने की सामाजिक और ऐतिहासिक प्रक्रिया पहले से अधिक तेज हुई और 'छोटा परिवार-सुख का आधार' माना जाने लगा। शिक्षित स्त्रियाँ भी घर से बाहर निकल नौकरी या अन्य काम-धन्धा करने लगीं। आरम्भ में बढ़ती महँगाई और परिवार के आर्थिक बोझ को कम करने के उद्देश्य से ही महिलाओं ने ऐसा करना शुरू किया था। आर्थिक स्वतन्त्रता और व्यक्तित्व के विकास

की चेतना बहुत बाद में आई। इस बीच धार्मिक, सामाजिक, पारिवारिक, नैतिकता, मर्यादा और बन्धनों का बदलना भी अनिवार्य था—सो एक हद तक बदले भी। परिवार की प्रतिष्ठा के प्रश्न व्यक्तिगत स्वतन्त्रता और अधिकारों के सामने गौण होते गए और परिणामस्वरूप मध्यवर्गीय एकल परिवारों में पति-पत्नी के बीच तनाव या एक-दूसरे से मुक्त होने की इच्छा, आकांक्षा या विवशता कोर्ट-कचहरी तक पहुँचने लगी। अदालतों में लगातार बढ़ते तलाक, गुजारा-भत्ता, बच्चों का संरक्षण, दहेज, स्त्रीधन, मानसिक यातना के मुकदमे भारत में परिवार या विवाह-संस्था और मौजूदा परिस्थिति और भविष्य पर शोधकर्ताओं के लिए काफी है। परिवार में तनाव के कारण स्त्री-पुरुष विशेषकर बच्चों में मानसिक असन्तुलन, भावनात्मक विकृतियाँ, मनोवैज्ञानिक बीमारियाँ, अपराध बोध और व्यक्तिवादी दृष्टिकोण लगातार बढ़ता और गहराता गया है।

लेकिन 'नारी प्रश्न' अभी भी बना हुआ है कि सामाजिक परिवर्तन, सांस्कृतिक बदलाव, प्रजातान्त्रिक मूल्यों और व्यक्ति के मानवाधिकारों की लगातार बढ़ती जनचेतना, शिक्षा और प्रसार के तकनीकी दौर में क्या मौजूदा परिवार व्यवस्था को पुरानी पितृसत्ता की निरंकुशता को बनाए-बचाए रखकर बचाना सम्भव है ? सामन्ती परिवार सत्ता से प्रजातान्त्रिक राजसत्ता (आर्थिक, सामाजिक, राजनीतिक और वैधानिक) तक में आज भी स्त्री की स्थिति, सम्मान और अधिकार क्या है ? विवाह से विवाहविच्छेद तक के निर्णयों में उसका अपना निर्णय कहाँ और कितना है ? एक सम्बन्ध से मुक्त होने की विवशता से लेकर दूसरे सम्बन्ध में बँधने की मजबूरी के पीछे स्त्री कितनी अपमानित, आहत और असहाय है ? इसका सिर्फ अनुमान ही लगाया जा सकता है। विवाह संस्था में जब तक पत्नी और पुत्र, पति की सम्पत्ति माने-समझे जाते रहेंगे तब तक किसी भी संवैधानिक मौलिक अधिकार का अर्थ क्या है ? परिवार या समाज में 'स्त्री के लिए जगह' क्या है ? कहाँ है ?

ऐतिहासिक परिप्रेक्ष्य में देखें तो, पितृसत्तात्मक समाज में स्त्री (गुड़िया) के धड़ का सुन्दर, सुडौल और सुचारू होना ही, सर्वगुण सम्पन्न होना माना जाता (रहा) है। स्त्री सिर्फ सुन्दर धड़ होनी चाहिए (सिर हो तो काटकर फेंक दो—बेकार के प्रश्न करेगा)। विडम्बना यह है कि स्त्री (विशेषकर शहरी, शिक्षित, स्वावलम्बी और स्वतन्त्र) देह को एक सुन्दर, 'रसीला फल', वस्तु, चीज और भोग्य रूप में न पूर्ण रूप से स्वीकार पाती है और न नकार पाती है। ऐसे अन्तर्विरोधी देह के चौराहे पर खड़ी स्त्री के नैतिक संकटों, विस्फोटक स्थितियों, प्रतिरोधों, दमन और द्वन्द्वों में मानसिक उपद्रव को रेखांकित करना कठिन है।

मर्यादाओं के मकड़जाल में स्त्री के लिए 'प्राइवेट लाइफ' का मतलब है व्यभिचार एक सिन्दूरी सम्बन्धों से बाहर, हर सम्बन्ध अनैतिक, पाप और अक्षम्य अपराध। एकल विवाह या सम्बन्ध के सारे प्रतिबन्ध सिर्फ स्त्री के लिए। पुरुष के लिए व्यभिचार की खुली वैधानिक छूट। रखैल, रक्षिता, वेश्या, कॉलगर्ल सब उसी के आनन्द की संस्थाएँ हैं। पूँजी के शर्मनाक खेल में औरत को भोग-उपभोग की 'सुन्दर' वस्तु बनाया जा रहा

है। एक ओर पोर्नोग्राफी के माध्यम से नपुंसक होते पुरुषों की कामवासना का आनन्द बाजार बढ़ रहा है, दूसरी ओर नारी विरोधी अपराधों (यौन अपराध) की संख्या में लगातार वृद्धि हो रही है। होगी, क्योंकि जैसे-जैसे अभिव्यक्ति की स्वतन्त्रता के मौलिक अधिकारों की आड़ में अश्लीलता बढ़ेगी, वैस-वैसे हिंसा भी। पर्दे पर बढ़ी यौन हिंसा का सीधा प्रभाव समाज में प्रतिध्वनित होगा। हो रहा है। उल्लेखनीय है कि पूँजी के बाजार में 'यौन हिंसा' से ज्यादा बिकाऊ खबर, साहित्य या फिल्म क्या हो सकती है ? एक तो पोर्नोग्राफी पितृसत्ता के लिए भारी मुनाफे का व्यापार है, दूसरा निश्वभर की स्त्रियों को मानसिक रूप से उत्पीड़ित-शोषित करके, अपनी पूँजी सत्ता बनाए-बचाए रखने का षड्यन्त्र। ऐसा अश्लील साहित्य विरोध और विद्रोह की भावना को कुंठित करके पूरी पीढ़ी को नपुंसक, बीमार और विकृत मानसिकता की ओर अग्रसर भी करता है। कर रहा है।

स्त्री देह के सौन्दर्य का व्यवसायीकरण; निःसन्देह उन्हें 'शो गर्ल्ज' बनाने के लिए ही उत्प्रेरित करेगा (करता है) करता रहेगा। लेकिन बापू का चौथा बन्दर प्रचारित कर रहा है "उसे भी सत्ता में हिस्सा चाहिए था और उसके पास हथियार के रूप में सिर्फ उसकी देह थी। चूँकि देह उसकी थी, इसलिए वह उसका इस्तेमाल करने के लिए 'स्वतन्त्र' थी—वह फिल्मों में, राजनीति में, उद्योग में, सौन्दर्य प्रतियोगिताओं में देह की कीमत वसूल रही थी—वह पुरुषों के खेल में अपनी राजी से शामिल हो गई थी—और उनके नियमों के हिसाब से खेल रही थी।" पूँजी का प्रचार-संचार तन्त्र देह की सौन्दर्य स्वतन्त्रता के ऐसे ही मिथकों और भ्रामक दुश्चक्रों को रचता रहा है। स्त्रियों के लिए घर में बुर्के और बाजार में बिकनियाँ नहीं बनाता-पहनाता तो उसका अरबों-खरबों का धन्धा (फिल्म, राजनीति, विज्ञापन उद्योग, प्रसाधन, सेवा, प्रचार तन्त्र, पोर्नोग्राफी प्रकाशन और 'आनन्द' बाजार) चौपट नहीं हो जाता ?

स्त्री को 'देह के हथियार' से कितना 'सत्ता में हिस्सा' मिला या मिल पाया—हम सब अच्छी तरह जानते हैं। पुरुषों के इस भयावह 'खेल' में स्त्री की सहमति का निर्णय वह स्वयं ले रही है या सिक्का (रुपया, डालर, पौंड) ? देह के अर्थशास्त्र में स्वेच्छा और स्वतन्त्रता का निर्णायक आधार बिन्दु क्या है ? देह के व्यवसाय का मुनाफे और 'देह की कीमत' के बीच क्या अन्तर्सम्बन्ध है ? खेल के नियम, शर्तें और चुनाव प्रक्रिया कौन निर्धारित कर रहा है ? बहुराष्ट्रीय पूँजी के सामने सुन्दर स्त्री के विरोध, प्रतिरोध और मोलभाव का क्या कोई मतलब है ? पुरुष उद्योगपतियों द्वारा पहले से तय कीमत (इनाम, पुरस्कार, पारिश्रमिक...) पर, जब हजारों विश्व सुन्दरियों को लाइन लगाकर देह प्रदर्शनों के लिए लाकर खड़ा कर दिया जाता हो तब राष्ट्रीय-अन्तर्राष्ट्रीय दलालों के हाथों में नाचतीं कठपुतलियाँ या सुन्दर गुड़िया सिर्फ वस्तु, माल, या साधन भर होती है। खरीददार की शर्तों का खेल खेलने में, सुन्दरी की हार पहले से ही निश्चित है। हार में ही जीत का अहसास कब तक बना रह सकता है ? आज जो 'टॉप हीरोइन' है या मानी-समझी जा रही है, कल वही इतिहास नायिका गुमनाम मौत मारी जाएगी। मार्लिन

मुनरो से लेकर पामेला बोर्डेस और डायना तक, सुन्दर स्त्रियों की व्यथा-कथा कौन समझ-समझा सकता है ?

लगता है कि पूर्व से पश्चिम तक बसे-उजड़े परिवारों में स्त्री की (ऐतिहासिक-सामाजिक-आर्थिक-राजनीतिक) स्थिति, क्षमता, सीमा, संघर्ष और शुभाकांक्षाओं को सूक्ष्मता से समझने या बहस, चिन्ता और चिन्तन के बाद ही 'परिवार बचाओ' का अन्तर्राष्ट्रीय वर्ष बनाया गया होगा। विवाह संस्था में स्त्री-पुरुष के बीच निरन्तर गहराते शीतयुद्ध और सत्ता-विमर्श के रणक्षेत्र में सड़ते सम्बन्धों की शव-परीक्षा के बाद सोचा गया होगा है कि अब क्या करें ? पितृसत्तात्मक समाज के भीतर-बाहर, चारों तरफ फैली भयंकर हिंसक संस्कृति और विस्फोटक परिस्थितियों में घिरी (घेरी गई) स्त्री के चेतन-अवचेतन में बिछी बारूदी सुरंगों के बेहद जटिल मानचित्रों का मनोवैज्ञानिक अध्ययन करके ही समाज-सेवा और सौन्दर्य प्रतियोगिताओं के सुरक्षित (बेहद आकर्षक और मोहक) विकल्पों की ऐसी परियोजनाएँ बनाई गई होंगी, जिसमें उच्च मध्यम वर्ग के शिक्षित 'विद्रोही' और 'क्रान्तिकारी' समाज सुधारकों को पूँजी की परियोजनाओं के अन्तर्गत समाज सेवा का 'महान' काम सौंपकर पितृसत्ता फिलहाल खतरा टाल सके ताकि यथास्थिति बनी रहे।

पिछले दो दशकों में (भारत में) हजारों समाजसेवी संस्थाओं की स्थापना, गोष्ठी, सेमिनार और अरबों रुपए की सरकारी, गैर सरकारी, देशी-विदेशी मदद, अनुदान और योजनाओं का कुल परिणाम क्या है ? क्या भारतीय समाज में आम औरतों की स्थिति में कोई गुणात्मक सार्थक बदलाव आ पाया ? इस दौरान है कोई राष्ट्रीय-प्रान्तीय स्तर का बड़ा नारी मुक्ति आन्दोलन ? आम भारतीय औरतों (विशेषकर ग्रामीण) की हालत हर जगह पहले से बदतर हुई है। साक्षरता अभियान का असली मकसद स्त्रियों को शिक्षित और जागृत करना नहीं बल्कि सिर्फ इतना साक्षर करना है कि वे बहुराष्ट्रीय कम्पनियों के 'ब्रांड' पहचान-खरीद सकें। पूँजी के नए खेल में अधिकांश स्वयंसेवी संस्थाओं के संस्थापक साम्राज्यवादी पितृसत्ता के हाथों में नाचती वो कमजोर कठपुतलियाँ हैं, जो स्थानीय परिवार के मुखिया के काबू नहीं आ रही थीं। इन्हें अगर 'समाज सेवा' के सुविधाजनक और समृद्धि के सपने नहीं दिए जाते, तो कहना न होगा कि इसका विरोध या विद्रोह कहीं कुछ और 'गुल' खिलाता...'जहर' फैलता।

दरअसल आम समाज के 'स्टीरियो टाइप' नर-नारी को अपनी-अपनी रोजी-रोटी के संघर्ष से ही फुर्सत नहीं है। पितृसत्ता की परेशानी यह है कि उसे अपने आधुनिकतम उद्योग और अन्य समस्याओं को सँभालने-सुलझाने के लिए स्वतन्त्र स्त्री-पुरुष (एंटी स्टीरियो टाइप) चाहिए, जो मॉडलिंग से लेकर समाज सेवी परियोजनाओं पर काम कर सकें। काफी जोखिम का काम है, इसलिए कीमत भी थोड़ी ज्यादा देनी पड़ेगी और वह भी इस रूप में कि कीमत न लगे। सिक्के के साथ 'सम्मान' भी जोड़ना पड़ेगा—विश्व सुन्दरी से लेकर समाज सेवियों तक के लिए कुछ बड़ी धनराशि के पुरस्कार। यौन नैतिकता और सामाजिक मर्यादा के पाखंडी पाठों का पर्दाफाश—ये 'रोल मॉडल' अपने

आप कर ही देंगे। प्रचार तन्त्र रातों-रात गाँव की गलियों तक ढिंढोरा पीट देगा। कुछ सिरफिरे देते रहें 'सांस्कृतिक साम्राज्यवाद' की दुहाई या 'दुर्ग' द्वार पर दस्तक। फिक्र करने की कोई जरूरत नहीं। सारे पुख्ता इन्तजाम किए जा चुके हैं। शेष-अशेष विकल्पों की हत्या के बिना 'गतिशील समाज' के विकास-विस्तार का सपना कैसे साकार हो सकता है ? ऐसे में तीसरी दुनिया की अँगूठा टेक स्त्री कब तक ढोएगी अपने कन्धों पर (या कोख में) पितृसत्ता की खतरनाक योजनाओं का भार ? 'बंजर जमीन' में सामाजिक बदलाव की बेचैनी के बीज कहाँ हैं ? स्त्रियों को कब तक आतंकित, अपमानित, असुरक्षित और सम्पत्ति अधिकारों से वंचित रहना होगा ? सम्पत्ति में बराबर बँटवारे के बिना, सत्ता में बराबर भागीदारी कैसे होगी ? उसे कब तक आशीर्वाद स्वरूप कहा जाता रहेगा 'मे यू बी द मदर ऑफ हंड्रेड संस।'

उल्लेखनीय है कि कभी-कभार सत्ता संस्थानों में महिलाओं का प्रतीकात्मक प्रतिनिधित्व व्यवस्था की विवशता है। पचास सालों में दो महिला न्यायाधीशों का सुप्रीम कोर्ट तक पहुँचना, कुछ अन्य विद्वान विदुषियों का हाईकोर्ट तक आ जाना, कुछ विशेषाधिकारी वर्ग की बहू-बेटियों का अफसर, मन्त्री, राज्यपाल या प्रधानमन्त्री बन जाना (या बना देना) संयोग, सौभाग्य या सत्ताधीश वर्ग की उदारता के परिणाम या प्रमाण नहीं हैं। सत्ताशिखरों तक पहुँचने या पहुँचाने के बाद भी, महिलाओं की न पुरुष प्रत्याशाओं पर खरा उतरने की चुनौतियाँ बदलती हैं और न पहले से तय पद की भूमिका। सत्ता संघर्ष में सिंहासन तक पहुँचने या बने रहने की कोशिश में अब तक न जाने कितनी औरतों को मौत के घाट उतार दिया गया है या गुमनाम मरने के लिए विधवाश्रमों और पागलखानों की अँधेरी कोठरियों में कैद करके छोड़ दिया गया है। सत्ताधीश स्त्री को पितृसत्ता द्वारा खिंची 'लक्ष्मण रेखा' लाँघने की अनुमति नहीं। यही वजह है कि स्त्रियों के राष्ट्राध्यक्ष होने के बावजूद देश की आम औरतों के हालात में कोई खास बदलाव नहीं आया। आँकड़ों और अपवादों के उदाहरण गिनने-गिनाने से क्या लाभ ?

जब तक पितृसत्तात्मक पूँजीवादी समाज में, व्यक्तिगत सम्पत्ति के उत्तराधिकार के लिए वैध पुत्रों (यानी विवाह संस्था अपरिहार्य) की अनिवार्यता और परिवार में पुरुष (पिता-पति-पुत्र) का अधिनायकवादी वर्चस्व (सर्वाधिकार सुरक्षित) बना रहेगा, तब तक औरत की अस्मत और अस्मिता, अस्तित्व और व्यक्तित्व, अधिकार और अभिव्यक्ति, समानता और सम्मान का हर संघर्ष अधूरा और सारे घोषणा पत्र बेमानी हैं। सम्पत्ति और सत्ता में बराबर हिस्से के लिए स्त्रियों को वैधानिक, संवैधानिक और अन्य सभी अधिकारों का इस्तेमाल हथियारों की तरह करना होगा। सौन्दर्य के लिए 'प्राइज' (पुरस्कार) नहीं बल्कि बौद्धिक क्षमताओं और श्रम के 'प्राइम' (मूल्य) के लिए लड़ना होगा। वरना...बापू के चारों बन्दरों के षड्यन्त्रकारी चक्रव्यूह को तोड़ना नामुमकिन है/होगा।

पुस्तक में संकलित लेखों के विषय में सिर्फ इतना ही कह सकता हूँ कि 'औरत होने की सजा' में जो कुछ छूट गया था—यहाँ लिखने-समझने का प्रयास किया है। अभी

भी बहुत कुछ अनकहा-अनछुआ रह गया है। शेष-अशेष प्रश्नों पर 'कल' भी संवाद जारी होगा। इसी आशा और विश्वास के साथ पुस्तक आपके हाथों में सौंप रहा हूँ।

इस पुस्तक की भूमिका लिखने के लिए मैं बहन क्षमा शर्मा का हृदय से आभारी हूँ जिन्होंने स्वयं 'स्त्री का समय' जैसी महत्त्वपूर्ण वैचारिक पुस्तक लिखी है और सक्रिय रूप से स्त्री विमर्श पर उल्लेखनीय हिस्सेदारी करती रही हैं।

–अरविन्द जैन

नई दिल्ली
1 जनवरी, 2000

पुनश्च :

पेपरबैक संस्करण में 'कोख, कानून और क्रूरता', 'दूसरी औरत होने की सजा', 'सौतेला होने का मतलब' 'पितृत्व परीक्षण : न्यायपालिका धर्मसंकट में' और 'जीने का मौलिक अधिकार और बलात्कार' शामिल कर रहा हूँ।

श्री अशोक महेश्वरी के सहयोग बिना इस संस्करण का प्रकाशन कैसे सम्भव होता !

–अरविन्द जैन

नई दिल्ली
26 अक्टूबर, 2000

उत्तराधिकार बनाम पुत्राधिकार

'हे भगवान ! हमें इन अविवाहित औरतों (बेटियों) की फौज से बचाओ !'

(हिन्दू कोड बिल पर बहस के दौरान संसद में बोलते हुए कांग्रेसी विधायक एम. ए. आयंगर, संसदीय बहस, 7 फरवरी, 1951)

अन्तर्राष्ट्रीय श्रम संगठन (संयुक्त राष्ट्र संघ) की एक रिपोर्ट के अनुसार, 'पुरुषों के बराबर आर्थिक और राजनीतिक सत्ता पाने में औरतों को अभी हजार वर्ष लगेंगे,' क्योंकि 'दुनिया की 98 प्रतिशत 'पूँजी' पर पुरुषों का कब्जा है।' अब तक यह पूँजी पीढ़ी-दर-पीढ़ी पुरुषों को पुत्राधिकार में मिलती रही है, आगे भी मिलती रहेगी। उत्तराधिकारी नहीं होगा, तो सारी सम्पत्ति सरकार जब्त कर लेगी।

शुरू में और संक्षेप में इतना ही बताना काफी है कि हिन्दू (बौद्ध, सिख, जैन), ईसाई और पारसी, कोई भी हो, अपनी सम्पत्ति (संयुक्त परिवार में हिस्सा सहित) वसीयत द्वारा किसी भी व्यक्ति को देने के लिए स्वतन्त्र है। कोई कानूनी प्रतिबन्ध नहीं। हाँ ! मुस्लिम कानून में सम्पत्ति के सिर्फ एक-तिहाई हिस्से की वसीयत की जा सकती है, इससे अधिक नहीं। दरअसल, उत्तराधिकार का सवाल तभी महत्त्वपूर्ण है, जब व्यक्ति की मृत्यु, बिना किसी वसीयत किए ही हो गई हो। उत्तराधिकार कानूनों में कृषि भूमि शामिल नहीं है, कृषि भूमि में पुरुष उत्तराधिकारी ही न हों, तो कृषि भूमि में विधवा स्त्रियाँ उत्तराधिकारी हो सकती हैं। अविवाहित बहन, बेटी का नम्बर सबसे आखिर में आएगा। परन्तु विवाहित बेटियों, बहनों का इसमें कोई हस्तक्षेप नहीं हो सकता।

पितृसत्तात्मक समाज में सम्पत्ति के उत्तराधिकार के लिए वैध सन्तान और वैध सन्तान के लिए विवाह संस्था अनिवार्य है। विवाह संस्था से बाहर जन्मे बच्चे 'अवैध, नाजायज, हरामी' हैं, इसलिए पिता की सम्पत्ति के कानूनी वारिस नहीं माने जाते। हाँ ! माँ की सम्पत्ति (अगर हो तो) में बराबर के हकदार होंगे। न्याय की नजर में 'वैध' सन्तान पुरुष की और 'अवैध' स्त्री की होती है। यहाँ महाभारत के 'नाजायज नायकों' या 'मृत्युंजयों' की गौरव गाथा सुनाने से क्या फायदा ? पितृसत्ता में 'कंकाल' पुत्र विजित होकर भी मरेंगे लावारिस ही। 'अवैध' पुत्र-पुत्री अपने पिता से सिर्फ गुजारा भत्ता ले सकते हैं, सम्पत्ति में हिस्सा नहीं। स्त्री को अपने 'अवैध पुत्रों' को पिता से गुजारा भत्ता तक नहीं मिलेगा, क्योंकि वह विवाहित 'पत्नी' नहीं सिर्फ 'प्रेमिका', 'रखैल' या 'वेश्या'

कही जाएगी। विवाह भले ही 'अवैध' या 'अवैध होने योग्य' हो मगर सन्तान 'वैध' ही मानी जाएगी। अवैध या अवैध योग्य विवाह से हुए बच्चे हालाँकि वैध माने जाते हैं, लेकिन उन्हें संयुक्त परिवार की सम्पत्ति में उत्तराधिकार नहीं मिलेगा। *(1994 मद्रास हाई कोर्ट)*।

पुत्र-पुत्री की परिभाषा के 'सौतेले' पुत्र-पुत्री भी शामिल नहीं हैं। अगर कोई विधवा या तलाक-शुदा स्त्री दुबारा विवाह करे, तो पहले विवाह से हुए बच्चों को सौतेले पिता की सम्पत्ति में उत्तराधिकार का कोई हक नहीं मगर पति दूसरी पत्नी का उत्तराधिकारी होगा। विवाह से पहले अविवाहित स्त्री द्वारा गोद लिया बच्चा भी 'सौतेला' ही माना जाएगा। यानी पुरुष की सम्पत्ति पर उसके अपने बच्चों का ही हक होगा, पराए पुरुष के बच्चों का नहीं। सिर्फ स्त्री को स्वीकार किया जा सकता है, उसके बच्चों से दूसरे पति का क्या रिश्ता ? बच्चों में भी सिर्फ पुत्र का, पुत्री का हक नहीं।

'पुत्र गौरव' को लेकर 'रामायण' और 'अभिज्ञानशाकुन्तलम्' से लेकर 'मुझे चाँद चाहिए' (चाँद सा बेटा !) तक हजारों ग्रन्थ-शास्त्र लिखे-लिखाए गए हैं। सौतेले बच्चों के साथ समाज-संविधान का अगर यह व्यवहार है, तो 'अवैध' बच्चों की क्या दुर्दशा होगी इसका अनुमान लगाना कठिन है। वैध-अवैध और सौतेले बच्चों के बीच यही कानूनी भेदभाव ही तो है, जो विवाह संस्था को विश्व-भर में बनाए-बचाए हुए है। वैध पुत्र होने की सुनिश्चितता के लिए यौनशुचिता, सतीत्व और इसके लिए स्त्री देह पर पूर्ण स्वामित्व तथा नियन्त्रण बनाए रखना पुरुष का 'परम धर्म' है।

वैधानिक रूप से स्त्री-पुरुष आपसी सहमति से बिना विवाह किए भी यौन सम्बन्ध रख सकते हैं, लेकिन ऐसे सम्बन्धों के परिणामस्वरूप हुई सन्तान 'अवैध' मानी जाएगी। दूसरे, वैधानिक रूप से भले ही ऐसे यौन सम्बन्ध गैर कानूनी या आपत्तिजनक न हों, लेकिन सामाजिक रूप से 'अनैतिक' ही माने जाते हैं। इसलिए यौन सम्बन्धों की सामाजिक और वैधानिक मान्यता के लिए विधिवत् विवाह एक अनिवार्य विकल्प बना हुआ है। 'अवैध' सन्तान न होने देने के लिए पिछले कुछ वर्षों से गर्भ निरोधक उपकरण या गर्भपात की सुविधा उपलब्ध है और शायद 'अनैतिक' होने का खतरा भी उठाया जा सकता है।

लेकिन पुरुष की पूँजी के लिए उत्तराधिकारी का क्या होगा ? एक तरफ पुरुष को उत्तराधिकारी पाने के लिए विवाह करना जरूरी है और दूसरी तरफ स्त्री को आर्थिक-सामाजिक सुरक्षा पाने और वैधानिक तथा सामाजिक मान्यता के लिए विवाह करना आवश्यक है। आर्थिक रूप से स्वावलम्बी, सम्पन्न और स्वतन्त्र ('तितली' या 'छिन्नमस्ता') स्त्री ऐसे ही सामाजिक 'खतरे' उठा सकती है, लेकिन अभी वे सिर्फ अपवाद हैं। फिलहाल विवाह संस्था एक अपरिहार्य नियम है और इस संस्था में स्त्री की स्थिति 'घरेलू गुलाम' से बेहतर नहीं है। परिवार में पुरुषवर्चस्व, स्वामित्व और नियन्त्रण अभी भी कायम है। देते रहो 'दुर्ग द्वार पर दस्तक' कौन सुनता है ?

जैसा मैंने कहा कि विवाह संस्था का और कोई विकल्प नहीं, इसलिए पुरुष यह

मानकर चलते हैं कि उनका नाम, वंश, परिवार, व्यापार, कृषि, जमीन, जायदाद, और पूँजी के असली (कानूनी) उत्तराधिकारी बेटे ही होंगे, क्योंकि बेटियाँ तो 'पराई अमानत' हैं और 'कन्यादान' के बाद 'दहेज' लेकर ससुराल चली जाएँगी। ऐसी 'पराई अमानत' न ही हो तो और अच्छा—खिलाना-पिलाना-पढ़ाना-ब्याहना पड़ेगा। पहले, जन्मते ही गला घोट देते थे, अब टेस्ट करवा के गर्भपात करवा लो। कोई झमेला ही नहीं है। बेटी पैदा भी हो जाए, तो जितना जल्दी हो सके ब्याहो और छुट्टी पाओ—कौन करे 'पराई अमानत' की चौकीदारी ! ऐसे में बेटियों को पिता से उत्तराधिकार में मिलने की क्या उम्मीद की जा सकती है ? बेटा पैदा ही न हो, तो बेटियाँ वारिस होने का सपना देख सकती हैं, लेकिन ऐसे में अक्सर पिता (विशेषकर हिन्दू) 'विवेक' को गोद लेना नहीं भूलता।

हिन्दुओं में पुत्र गोद लेने का सारा विधि-विधान मूलतः पूँजी पर पुत्राधिकार बनाए रखने के लिए ही गढ़ा-गढ़ाया गया है। धार्मिक-आध्यात्मिक दर्शन और उपदेश सिर्फ मुखौटा हैं या फिर पूँजी पाखंड। 1956 से पहले हिन्दू कानून में सिर्फ पुत्र गोद लेने का ही प्रावधान था। अब पुत्र या पुत्री भी गोद ली जा सकती है, लेकिन कितने लोग हैं जो बेटा छोड़, बेटी गोद लेने का 'दुःसाहस' करेंगे। हिन्दू, पुरुष, हिन्दू बच्चे को ही गोद ले सकता है। गोद ही नहीं, हिन्दू (बौद्ध, सिख, जैन) पुरुष या स्त्री अगर किसी अन्य धर्म के व्यक्ति से विशेष विवाह अधिनियम, 1954 के अन्तर्गत विवाह करे, तो इस कानून की धारा 19-20 में 'इन्तजाम' किया गया है कि ऐसे व्यक्ति के संयुक्त परिवार से सारे सम्बन्ध फौरन समाप्त हो जाएँगे। (अपना हिस्सा लो और दफा हो जाओ। फिर कभी अपना काला मुँह दिखाने की कोई जरूरत नहीं) और (यही है धर्मनिर्पेक्षता) !

हिन्दू दत्तकता और भरण-पोषण अधिनियम (1956) की धारा 7 के अनुसार बेटा या बेटी गोद लेने का अधिकार दिया गया है, लेकिन हिन्दू संरक्षकता अधिनियम (1956) की धारा 7 में प्रावधान कर दिया गया है कि बेटा गोद लेने पर ही, बेटे की प्राकृतिक संरक्षकता का हक गोद लेनेवाले पिता को मिलेगा। बेटी गोद लेने पर कानून चुप्प। उल्लेखनीय है कि ये दोनों कानून 1956 में ही बने-बनाए गए थे। विधि आयोग ने 1990 में इस प्रावधान में संशोधन का सुझाव भी दिया लेकिन अब तक संशोधन पर 'विचार तक' नहीं किया गया है।

खैर...संरक्षकता कानून के अनुसार पिता बच्चों का प्राकृतिक संरक्षक है। पिता के मरने के बाद ही माँ का नम्बर आएगा। इस कानून का सबसे हास्यास्पद प्रावधान यह है कि पति अपनी पत्नी का प्राकृतिक संरक्षक है, भले ही दोनों नाबालिग हों। क्योंकि सारे कानूनों के बावजूद बच्चों का विवाह गैरकानूनी, अवैध या रद्द नहीं माना जाता। बाल विवाह भले ही दंडनीय अपराध हो परन्तु हर स्थिति में विवाह वैध ही माना जाएगा। यही नहीं, पति द्वारा अपनी पत्नी (जिसकी उम्र 15 वर्ष से अधिक हो) के साथ सहवास को बलात्कार नहीं माना जाता, हालाँकि 16 वर्ष से कम उम्र की युवती के साथ

सहवास बलात्कार माना जाता है, भले ही सहवास सहमति से किया गया हो; और विवाह के लिए दुल्हन की उम्र 18 साल तय की गई है। ऐसे ही अन्य कानूनी प्रावधान हैं जिनके बल पर परिवार में पुरुष (पिता, पति और पुत्र) का पूर्ण नियन्त्रण कायम है।

संयुक्त हिन्दू परिवारों में सम्पत्ति का स्वामित्व सिर्फ पुरुषों के नाम। बँटवारा करवाने का अधिकार सिर्फ पुरुषों को। बेटा गर्भ में आते ही सम्पत्ति का हकदार और बेटियाँ भ्रूण हत्या का शिकार। अपने हिस्से की वसीयत करने पर कोई रोक नहीं। 'वूमैन राइट टू प्रोपर्टी एक्ट' 1937 से पहले हिन्दू विधवाओं को संयुक्त परिवार में गुजारे के अलावा कुछ मिलता ही नहीं था। 1937 में बने कानून ने भी सम्पत्ति में उसे सिर्फ सीमित हक ही दिया, स्वामित्व नहीं। मरने या दुबारा विवाह करने की स्थिति में सम्पत्ति वापिस मर्दवारिसों के हाथ में आ जाती थी।

1941 में हिन्दू कोड बिल बनाने के लिए राव हिन्दू कानून कमेटी बनाई गई, जिसने अपनी रिपोर्ट 1944 में बनाकर सरकार को सौंप दी। आजादी के बाद 1948 में कुछ संशोधनों के साथ यह बिल प्रवर समिति को सौंपा गया, जिसके अध्यक्ष कानून मन्त्री भीमराव अम्बेडकर थे। इस बिल पर बहस के दौरान राष्ट्रीय नेताओं ने कहा कि इससे तो हिन्दू समाज का 'मूल ढाँचा' ही ढह जाएगा। एक स्तम्भ की ही नहीं; बल्कि सारे स्तम्भों की नींव, जिन पर हिन्दू समाज खड़ा है—हिल जाएगी। राष्ट्रपति राजेन्द्र प्रसाद ने तो जवाहर लाल नेहरू को यहाँ तक लिखा कि अगर संसद ने यह कानून पास भी कर दिया, तो मैं इसे अपनी स्वीकृति देने से पहले योग्यता के आधार पर देखूँगा (यानी चाहूँ तो स्वीकृति नहीं दूँगा), सरदार पटेल और श्यामा प्रसाद मुखर्जी जैसे नेताओं का असली चेहरा भी बहस के दौरान साफ दिखने लगा। मुखर्जी ने हिन्दू कोड बिल को स्वेच्छा से मानने या न मानने तक की बात की। ऑल इंडिया हिन्दू विमेन कांफ्रेंस तक ने इस बिल का खुलकर विरोध किया। कट्टरपन्थी हिन्दू नेताओं और बहुतरफा दबाव के कारण नेहरू को यह बिल छोड़ना पड़ा। विरोध में निराश होकर, अम्बेडकर ने इस्तीफा ही दे दिया। काफी बाद में (1956) जाकर चार हिस्सों में जो हिन्दू कानून (विवाह, उत्तराधिकार, दत्तकता एवं भरण-पोषण, संरक्षकता अधिनियम) बन पाए, वे इतने आधे-अधूरे, अन्तर्विरोधी और कानूनी गड्ढों से भरे हुए हैं कि वास्तव में स्त्री को अधिकार के नाम पर सही मायनों में कुछ नहीं मिल पाया।

1956 से पहले तो बेटियों को संयुक्त परिवार की सम्पत्ति में कोई हक नहीं था। 1956 में बने हिन्दू उत्तराधिकार अधिनियम में प्रावधान किया गया कि अगर किसी हिन्दू व्यक्ति का संयुक्त परिवार की सम्पत्ति में भी हिस्सा है और उसके उत्तराधिकारियों में (बेटी, विधवा, माँ वगैरह) स्त्रियाँ भी शामिल हैं तो उन्हें भी हिस्सा मिल सकता है। संयुक्त परिवार के रिहायशी मकान में अविवाहित, तलाकशुदा या विधवा बेटियाँ सिर्फ रह सकती हैं, बँटवा नहीं सकतीं (अगर पुरुष न चाहे तो)। बेटियों में विवाहित बेटी शामिल नहीं है। ऐसी स्थिति में मृतक व्यक्ति के हिस्से में जो सम्पत्ति आती (अगर बँटवारा मृत्यु से पहले हो जाता) है, वह सभी (स्त्री-पुरुष) उत्तराधिकारियों में बराबर

बाँटी जाएगी (बशर्ते कि अपने हिस्से के बारे में मृतक ने कोई वसीयत न की हो)।

उदाहरण के लिए अगर किसी व्यक्ति के तीन बेटे और दो बेटियाँ हों, तो यह माना जाएगा कि अगर मृत्यु से पहले बँटवारा होता, तो पिता के हिस्से में एक चौथाई (यानी एक रुपए में से एक चवन्नी) सम्पत्ति आती। इस एक चौथाई हिस्से (चवन्नी) को अब तीन बेटों में और दो बेटियों के बीच 'बराबर-बराबर' बाँट दिया जाएगा। इसका मतलब यह हुआ कि हर एक के हिस्से में सिर्फ पाँच पैसे आएँगे। एक बेटी होती तो सवा छह पैसे हिस्से में आते। यानी जितनी कम बहनें हों, भाइयों के लिए उतना ही ज्यादा फायदा। इस पुत्राधिकार के खेल को कुल मिलाकर देखें तो पता लगेगा कि बेटों को 30-30 पैसे मिले और बेटियों के हिस्से में सिर्फ 5-5 पैसे ही आएँगे। वे भी नहीं मिलेंगे अगर इस हिस्से के बारे में मृतक ने वसीयत कर रखी है।

उपरोक्त खेल में अगर बेटियाँ अविवाहित हुईं, तो भाई उनका हिस्सा भी अपने नाम करवा लेंगे। नाम नहीं करने पर धमकियाँ, मारपीट से लेकर 'महाभारत' तक हो सकता है। बहुत ही ज्यादा हुआ तो 5-5 पैसे देकर बाकी जिम्मेवारियों (शिक्षा-दीक्षा-विवाह वगैरह) से मुक्त होने का 'आखिरी हथियार' तो है ही। अगर विवाहित हुईं, तो भी बहनें 5-5 पैसे के लिए भाइयों से सम्बन्ध बिगाड़ने की 'हिम्मत' नहीं करेंगी। चुपचाप हिस्सा (उपहार स्वरूप) भाइयों के नाम लिख कहेंगी, 'अब इस पाँच पैसे को लेकर भी क्या हो जाएगा ?' व्यावहारिक रूप से अक्सर बेटियों (स्त्रियों) को अपना हिस्सा नहीं मिलता या छोड़ना ही पड़ता है। परिणामस्वरूप हिन्दू परिवारों में 'एंड संस' और 'एंड बद्रर्स' की हजारों साल पुरानी पूँजी परम्परा जिन्दा है।

समान नागरिक संहिता बनाने की सारी 'चुनावी घोषणाओं' के बावजूद यह परम्परा जिन्दा रहेगी। किस माई के लाल में इतनी हिम्मत है, जो हिन्दुओं के इस 'पूँजी पैलेस' को तोड़ सके ! वसीयत करने का अधिकार रहते, उत्तराधिकार कानून व्यर्थ ही नहीं अर्थहीन भी कहा जा सकता है। पिता अपने जीवन काल में ही संयुक्त परिवार की सम्पत्ति का बँटवारा कर दे और अपने लिए कोई हिस्सा ही न रखे, तो स्त्रियों को उत्तराधिकार में क्या मिलेगा ? स्वयं अर्जित सम्पत्ति को भी संयुक्त परिवार की सम्पत्ति में मिलाने के बारे में कोई कानूनी 'रुकावट' तो है नहीं। दरअसल, स्त्रियों को अगर उत्तराधिकार में कुछ मिलता भी है, तो वह सिर्फ 'दुर्भाग्यपूर्ण संयोग' ही कहा जा सकता है। वरना हर स्थिति में उसे सम्पत्ति से वंचित रखने की कोई कसर छोड़ी नहीं गई है।

उच्च और उच्च-मध्यम वर्ग में स्त्रियों के नाम से अधिकांश सम्पत्ति 'बेनामी' है, आय कर, सम्पत्ति कर, उपहार कर वगैरह 'बचाने' (कर-चोरी) के लिए या फिर 'भ्रष्टाचार और रिश्वतखोरी' की रकम और 'सफेद बनाने' के लिए। ऐसे परिवारों में दूधपीते बच्चों तक की आयकर फाइलें बनवाई हुई मिलेंगी। इन सब पर 'नियन्त्रण' घर के मर्दों का ही है।

हिन्दू (सिख, बौद्ध, जैन) पुरुष की स्वयं अर्जित सम्पत्ति (कृषि भूमि के अलावा) के उत्तराधिकार का तो मामला तब उठेगा, जब वह बिना 'वसीयत' किए या संयुक्त

परिवार में मिलाए, स्वर्ग सिधार जाए। जिनके पास सम्पत्ति है, वे मरने से पहले वसीयत करना कहाँ भूलते हैं ? वसीयत में प्रायः पुरुष अपनी पूँजी, पुत्रों के ही नाम करता है—पुत्रियों के नहीं। वसीयत में बेटियों के नाम करने का मतलब सालों की कोर्ट-कचहरी भी तो है ! पत्नी के नाम करने का अर्थ है, माँ-बेटों के बीच झगड़ा-फसाद। समझदार माताएँ तो खुद ही बेटों को दे देंगी, क्योंकि जानती हैं कि उनके 'श्रवणकुमार' ही बुढ़ापे में उसकी सेवा करेंगे। नहीं तो वे कैसी-कैसी 'सेवा' करेंगे, यह विस्तार में बताने की जरूरत नहीं है। पुलिस-अदालत-मुकदमेबाजी से लेकर आत्महत्या और हत्या तक का 'पूँजी-पुराण' हम सब जानते हैं।

बिना वसीयत किए अगर मृत्यु हो जाए तो हिन्दू उत्तराधिकार अधिनियम, 1956 के अनुसार स्त्री-पुरुष उत्तराधिकारियों के बीच सम्पत्ति का 'बराबर बँटवारा' होगा। यहाँ सम्पत्ति में कृषि भूमि शामिल नहीं है। उसके लिए हर राज्य में अलग-अलग कानून हैं, जिस पर बहस थोड़ा बाद में करेंगे। यहाँ भी स्त्री उत्तराधिकारियों से सम्पत्ति अपने नाम में छुड़वाने के वही हथकंडे इस्तेमाल किए जाते रहे हैं। ऐसी सम्पत्ति में पुरुष के जीवन काल में स्त्री का कोई अधिकार नहीं। उत्तराधिकार में 'कुछ' मिलने के लिए स्त्री अपने पिता, पति या पुत्र के मरने का 'इन्तजार' करे। पिता, पति या पुत्र के मरने के बाद भी विधवा या अनाथ बेटी को क्या, कब और कैसे मिलेगा (भी) या नहीं, कहना कठिन है। विधवाओं को अगर कुछ मिलता, तो बेचारी विधवा क्यों भीख माँगती, वेश्यावृत्ति करती या आश्रमों में दम तोड़ती ?

बेटे, पोते या भाई की विधवा ने उत्तराधिकार की तारीख से पहले अगर पुनर्विवाह कर लिया है, तो उसे सम्पत्ति में कुछ भी नहीं मिलेगा। बाकी को अब मिल तो सकता है लेकिन मिलता कहाँ है ? सम्पत्ति परिवार में ही बचाए रखने के लिए अक्सर विधवाओं को देवर या जेठ की 'एक चादर मैली सी' ओढ़ा दी जाती है, जिसे पुनर्विवाह नहीं 'करेवा' कहते हैं। पुरुष निःसन्तान मरा हो, तो विधवा को मायके भेजो या बनारस, हरिद्वार या वृन्दावन। पहले तो सती ही बना देते थे। आजकल 'थोड़ा-मुश्किल' है। देखा नहीं रूपकँवर कांड के समय का हंगामा ! अध्यादेश, सती कानून और न जाने क्या-क्या किया (करना पड़ा) सरकार ने, पर फिर भी सती कांड के सभी हत्यारे बाइज्जत बरी हो गए...और सती माता की जय-जयकार करते घूम रहे हैं।

यहाँ संजय गाँधी की मृत्यु के बाद उसके उत्तराधिकार को लेकर हुए 'गृह-युद्ध' और अदालती लड़ाई को संक्षेप में जानना जरूरी है। संजय गाँधी का विवाह मेनका गाँधी से विशेष विवाह अधिनियम, 1954 के अन्तर्गत 29 सितम्बर, 1974 को हुआ था। इन्दिरा गाँधी के शब्दों में 'मेनका का, संजय से विवाह कुछ ऐसी ताकतों के षड्यन्त्र का परिणाम था, जो मेरे घर (प्रधानमन्त्री निवास) में घुसपैठ करना चाहते थे।' (द बैस्ट ऑफ इंडिया टूडे, 1975-90, पृ. 48) 13 मार्च, 1980 को पुत्र फिरोज वरुण गाँधी का जन्म हुआ। पुत्र जन्म के कुछ ही समय बाद 23 जून, 1980 को संजय गाँधी की विमान दुर्घटना में मृत्यु हो गई थी। मृत्यु के बाद 3 फरवरी, 1982 को मेनका गाँधी ने संजय

गाँधी द्वारा छोड़े 4,73,058 रुपए के शेयरों को अपने और बेटे के नाम करवाने के लिए भारतीय उत्तराधिकार अधिनियम के अन्तर्गत याचिका दायर की क्योंकि उनका विवाह विशेष विवाह अधिनियम के अधीन हुआ था। इस सन्दर्भ में दिल्ली की जिला अदालत ने इन्दिरा गाँधी और राजीव गाँधी को भी नोटिस भेजा। राजीव गाँधी ने कोई जवाब नहीं दिया मगर इन्दिरा गाँधी ने अपने जवाब में कहा कि संजय गाँधी की माँ होने के नाते, उनका एक-तिहाई हिस्सा बनता है, जो वह वरुण के पक्ष में छोड़ना चाहती हैं।

इन्दिरा गाँधी ने यह सवाल भी उठाया कि संजय गाँधी का उत्तराधिकार, हिन्दू उत्तराधिकार कानून के अन्तर्गत होना चाहिए क्योंकि, विशेष विवाह अधिनियम की धारा 21 ए में 1976 में संशोधन द्वारा यह स्पष्ट कर दिया गया है—हिन्दू (बौद्ध, सिख, जैन) अगर आपस में विवाह करें, तो इस कानून द्वारा लगाई अयोग्यताओं का कोई असर नहीं होगा। खैर...जिलाधीश श्री एम.के. चावला (जो बाद में दिल्ली उच्च न्यायालय के न्यायमूर्ति भी बने) ने हिन्दू उत्तराधिकार कानून के अनुसार मेनका गाँधी को एक-तिहाई और वरुण गाँधी को दो तिहाई हिस्सा (इन्दिराजी का हिस्सा मिला कर) देने का निर्णय किया। बालिग होने तक वरुण के इस हिस्से पर कुछ शर्तें भी लगाई गईं। श्री चावला ने अपने निर्णय में (21 फरवरी '84) इन्दिरा गाँधी की एक ममतामयी और उदारवादी दादी माँ होने के लिए खुले शब्दों में प्रशंसा भी की। इस निर्णय के विरुद्ध मेनका ने दिल्ली उच्च न्यायालय में अपील भी दायर की। लेकिन अन्ततः 10 मई, 1984 को उनकी अपील रद्द कर दी गई।

श्रीमती इन्दिरा गाँधी द्वारा अपना हिस्सा अपने पोते वरुण के लिए छोड़ने के पीछे सही-सही क्या कारण और उद्देश्य रहे होंगे, कहना मुश्किल है। लेकिन स्पष्ट है कि इन्दिराजी अपना हिस्सा नहीं माँगती, तो संजय गाँधी के शेयर मेनका और वरुण को बराबर-बराबर हिस्सों में मिलते। इन्दिराजी द्वारा अपना हिस्सा वरुण के पक्ष में छोड़ने से ही वरुण (पुत्राधिकारी) को दो-तिहाई हिस्सा मिल पाया। हालाँकि इस मुकदमे में मेनका (माँ) और इन्दिरा (दादी माँ) दोनों ही विधवाएँ हैं। फिर यह मुकदमेबाजी क्यों ? हिस्सा लेना होता तो शायद कोई स्पष्ट वजह समझ में भी आती। भारत की प्रधानमन्त्री होते हुए भी इन्दिराजी के लिए यह हिस्सा, वैसे भी कोई विशेष अर्थ नहीं रखता। लगता है कि यहाँ इन्दिरा गाँधी सिर्फ एक स्त्री या दादी माँ की भूमिका में नहीं हैं। परिवार की मुखिया भी हैं और यहाँ उनकी भूमिका मुख्यतः पितृसत्ता के रूप में ही दिखाई देती है। पूँजी पर पुत्राधिकार के इस खेल से, समाज में इस मिथ को जमीन मिलती है कि 'औरत ही औरत की दुश्मन है'।

दरअसल मुखिया होने पर, औरत भी पितृसत्ता के रूप में ही व्यवहार करने लगती है। भारतीय समाज में अक्सर बेटे की मृत्यु होने पर, उत्तराधिकार के समय माँ का हिस्सा भी माँगा जाता है, ताकि पुत्र की विधवा को वंचित किया जा सके। हिस्सा लेने के बाद विधवा ने पुनर्विवाह कर लिया, तो 'पोता' क्या करेगा ? सौतेले पिता से तो

कुछ मिलेगा नहीं। माँ का हिस्सा न हो या वह अपना हिस्सा न माँगे, तो साफ है कि पुत्र की विधवा ही, सारी सम्पत्ति की मालिक हो जाएगी। उन पर 'नियन्त्रण' के लिए ही ऐसा प्रावधान बनाया गया है। आप कह सकते हैं कि क्या बेटे की जायदाद में माँ को कोई हक नहीं मिलना चाहिए ? जवाब में इतना ही कहना काफी है कि उसे भी तो अपने पति की जायदाद में हिस्सा मिला है या मिलेगा। हाँ ! अविवाहित बेटे की सम्पत्ति में माँ को भी हिस्सा मिले, तो किसी को भी क्या ऐतराज हो सकता है ?

हिन्दू उत्तराधिकार अधिनियम की धारा 25 के अनुसार वह व्यक्ति जो हत्या या हत्या के लिए उत्प्रेरित करता है, उस व्यक्ति की सम्पत्ति का उत्तराधिकारी होने के अयोग्य माना जाएगा जिसकी हत्या की गई है। हत्या के कारण मिलनेवाली किसी भी सम्पत्ति के उत्तराधिकार के लिए भी ऐसा हत्यारा अयोग्य माना जाएगा। संक्षेप में हत्यारा मृतक का उत्तराधिकारी नहीं हो सकता। इस प्रावधान को ध्यान में रखकर अगर हम दहेज हत्याओं और वधू दहन के मामलों को देखें, तो पता लगेगा कि हजारों-हजार स्त्रियों को मिट्टी का तेल छिड़क कर जला देनेवाले हत्यारे पति अपनी पत्नी के 'स्त्रीधन' और अन्य सम्पत्ति के उत्तराधिकारी बने रहे हैं। 'सुधा गोयल' और 'शशि बाला' से लेकर 'शालिनी मल्होत्रा' तक कितने नाम गिनोगे, कुछ मामलों में तो 'स्त्रीधन' हड़पने और दुबारा शादी करके दहेज पाने के लालच में ही पत्नी की हत्या की गई।

किसी भी स्त्री की मृत्यु के बाद उसकी सम्पत्ति के उत्तराधिकारियों में पुत्र-पुत्री, पोता-पोती, दोहता-दोहती और पति शामिल हैं। निःसन्तान स्त्री का एकमात्र उत्तराधिकारी है उसका पति और अगर यह एकमात्र उत्तराधिकारी ही उसका हत्यारा भी हो तो ? अगर पति हत्यारा, प्रमाणित होने पर उत्तराधिकारी होने के अयोग्य भी है, तो स्त्री की सम्पत्ति 'हत्यारे' पति के कानूनी वारिसों को मिले। यानी सम्पत्ति रहेगी 'ससुराल' में ही। अधिकांश तो बाइज्जत बरी ही हो जाएँगे या 'सन्देह का लाभ' देकर छोड़ दिए जाएँगे। ज्यादा-से-ज्यादा उम्र कैद होगी। फाँसी तो आज तक कभी किसी को हुई नहीं। पति के कोई कानूनी वारिस न हो, तब सम्पत्ति स्त्री के माता-पिता को मिलेगी। मिल सकती है। *राधिका बनाम अघुन राम (1994)* केस में सर्वोच्च न्यायालय के अनुसार, "पत्नी को अपने माता-पिता से मिली सम्पत्ति में, पति उत्तराधिकारी नहीं हो सकता। बच्चे हो सकते हैं, अगर बच्चे नहीं हैं, तो सम्पत्ति पत्नी के माता-पिता को मिलेगी।" पत्नी की हत्या या आत्महत्या कर-करवा कर, उसकी सम्पत्ति हजम कर जाने का सम्पूर्ण प्रबन्ध कानून में ही 'उपलब्ध' है, कराया गया है। 'शक्तिशालिनियों' के जलसे, घेराव, प्रदर्शन और भाषणों से कौन डरता है ?

अपने जीवन काल में पत्नी को अपना स्त्रीधन (गहने, कपड़े, अन्य सामग्री) लेने के लिए ही सालों मुकदमेबाजी करनी पड़ती है। यहाँ *प्रतिभा रानी बनाम सूरज कुमार (1985)* के मामले में सर्वोच्च न्यायालय के न्यायमूर्तियों का फैसला अत्यन्त महत्त्वपूर्ण है। स्त्रीधन पाने के लिए प्रतिभा रानी को करीब एक दशक तक भाग-दौड़ करनी पड़ी। सर्वोच्च न्यायालय ने अपने निर्णय में काफी क्षोभ के साथ लिखा है, "कई बार कानून

जो नागरिकों और देशवासियों के साथ न्याय और उचित व्यवहार के लिए बना है, दूषित व्याख्या की प्रक्रिया में कुछ इस तरह तोड़ा-मरोड़ा और उलटा जाता है कि निराश और उपेक्षित वादियों/अपीलार्थियों के स्थापित कानूनी अधिकारी भी नहीं मिल पाते। यह मुकदमा एक ऐसी असहाय, विवाहित महिला की निराशाजनक कहानी है, जो पति द्वारा बिना गहने, पैसे और कपड़े लौटाए घर से निकाल दी गई। बार-बार माँगने पर भी स्त्रीधन लौटाने की बजाए, बेहमानी से पति द्वारा दुरुपयोग करने के विरुद्ध मुकदमे में निचली अदालत से कुछ राहत मिली, लेकिन इससे असन्तुष्ट हो जब उसने उच्च न्यायालय का दरवाजा खटखटाया, तो उसके आश्चर्य और क्षोभ का ठिकाना न रहा। उच्च न्यायालय ने आश्चर्यजनक ढंग से काफी सख्त और कठोर रवैया अपनाते हुए उसे गूँगे-बहरे जानवरों की तरह मानते हुए, लम्बे दीवानी मुकदमे में धकेलने के लिए मजबूर कर दिया। उचित सम्मानपूर्वक कहें, तो उच्च न्यायालय ने ऐसा करके न्याय और न्यायपूर्ण व्यवहार के सारे नीति-नियमों को ताक पर रख दिया है। वैसे, उच्च न्यायालय का भी इतना दोष नहीं है, क्योंकि कुछ पुरानी नजीरें और फैसलों की सन्देहास्पद वैधता के कारण ऐसा फैसला हुआ होगा।''

सर्वोच्च न्यायालय का यह फैसला होने में करीब 8 साल लगे। इस निर्णय के बाद ही प्रतिभा की शिकायत पर, नए सिरे से निचली अदालत की कार्यवाही शुरू हो गई। इसके बाद फिर अपील-दर-अपील का दूसरा दौर बाकी रह गया है। भारतीय दंड संहिता की धारा 406 के अन्तर्गत इस प्रकार के हजारों-लाखों मुकदमे अदालतों में, सालों से विचाराधीन पड़े हैं।

स्त्रीधन, दहेज-हत्या और उत्तराधिकार के सम्बन्ध में, यहाँ यह जान लेना भी जरूरी है कि दहेज निरोधक अधिनियम 1961 जो सभी धर्म, वर्ग की स्त्रियों पर लागू होता है, में स्त्रीधन लौटाने के बारे में 19 नवम्बर, 1986 से प्रावधान (धारा 6) किया गया है कि अगर कोई स्त्री, स्त्रीधन मिलने से पहले ही, विवाह होने के सात साल तक अस्वाभाविक कारणों से मर या मार दी जाती है, तो ऐसी स्थिति में स्त्री की सम्पत्ति (सिर्फ स्त्रीधन या दहेज) उसके बच्चों को और उसके बच्चे न होने पर ही, माता-पिता को मिलेगी या मिल सकती है। जाहिर है कि यह सम्पत्ति पति को तो नहीं मिलेगी। मगर उसके बच्चों को भी मिलती है, तो क्या फर्क पड़ेगा ?

बच्चे न हों, तो स्त्री के माँ-बाप (जिन्होंने दहेज दिया था) को मिल सकती है। इसके लिए सालों की मुकदमेबाजी और पति के अपराधी सिद्ध होने तक की प्रतीक्षा तो करनी ही पड़ेगी। हिन्दू उत्तराधिकार कानून में ऐसी स्थिति की चर्चा हम पहले ही कर चुके हैं। ये प्रावधान स्त्री के दहेज या माता-पिता से मिली सम्पत्ति के बारे में ही हैं। अन्य सम्पत्ति के बारे में नहीं, जो उसके अलावा स्त्री द्वारा स्वयं कमाई-बनाई गई हो।

विवाह के सात साल बाद तक अगर किसी की बेटी की अस्वाभाविक-प्राकृतिक कारणों से मृत्यु हो जाती है और विवाह से कोई सन्तान नहीं है, तो माता-पिता इस

कानून की धारा 6 के अन्तर्गत दहेज या स्त्रीधन वापिस लेने के लिए सक्षम मजिस्ट्रेट के यहाँ शिकायत-पत्र दायर कर सकते हैं। अगर इसके अलावा भी कोई ऐसी सम्पत्ति जो बेटी को अपने पितृपक्ष से मिली हो तो उसके लिए (हिन्दू माँ-बाप) हिन्दू उत्तराधिकार अधिनियम के अन्तर्गत दीवानी दावा दायर कर सकते हैं। 1986 में बने इस प्रावधान की तरफ कानूनी क्षेत्र में अभी भी विशेष ध्यान नहीं दिया जाता, जिसकी वजह से अक्सर निराश माता-पिता रो-धोकर चुप हो जाते हैं। हत्या या दहेज-हत्या के मामलों में सारा ध्यान और कोशिश हत्यारों को सजा दिलवाने में ही लगी रहती है, इस ओर बहुत सार्थक प्रयास हुआ दिखाई नहीं देता।

इसी प्रकार प्रायः पति की मृत्यु के बाद पत्नी को ससुरालवाले सम्पत्ति पर कब्जा बनाए रखने की नियत से तंग, परेशान या उत्पीड़ित करके मायके में रहने को विवश कर देते हैं। संयुक्त परिवारों की ऐसी विधवा अगर 'पुत्रवती' भी है, तो वह चाहे तो पुत्र के माध्यम के संयुक्त परिवार की सम्पत्ति के बँटवारे और अपने उत्तराधिकार की माँग कर-करवा सकती है। बँटवारा न होने तक संयुक्त परिवार की सम्पूर्ण सम्पत्ति की बिक्री, रेहन या हस्तान्तरण पर अदालत से स्थगन आदेश की प्रार्थना भी की जा सकती है। ऐसी अवस्था में ससुराल के अन्य लोग उत्तराधिकार वगैरह देने के लिए बाध्य होकर, शीघ्र किसी आपसी सहमति के लिए भी राजी हो सकते हैं। अलग-अलग और दूर शहरों में रहने के कारण कई बार, मुकदमेबाजी का झंझट और असुरक्षा की वजह से अक्सर स्त्रियाँ या उनके घरवाले थक-हार कर घर ही बैठ जाते हैं। कानूनी-न्यायिक प्रक्रिया में खर्चा और सालों की देरी भी औरतों को वंचिता बनाए रखने के लिए उत्तरदायी है।

जैसा मैंने शुरू में ही कहा था कि किसी भी व्यक्ति का अगर कोई भी उत्तराधिकारी नहीं है और वसीयत भी की नहीं है, तो ऐसी हालत में मृतक व्यक्ति की सारी सम्पत्ति, पहले राजा जब्त कर लेता था, अब सरकार कब्जा लेती है। ऐसी जब्त सम्पत्ति को 'एसचीट' कहा जाता है। आधुनिक युग में ऐसे उदाहरण कम ही मिलेंगे, जहाँ किसी व्यक्ति का कोई-न-कोई उतराधिकारी ही न मिले। कम क्या, दुर्लभ ही होंगे। ऐसी स्थिति को समाज में बेहद आश्चर्यजनक और दुर्भाग्यपूर्ण माना जाता है। यह कारण भी पूँजी के पुत्राधिकार, परिवार और विवाह संस्था को सुदृढ़ करता है।

इस सन्दर्भ में कलेक्टर मुसली पट्टम बनाम कावेली वेंकट (1860), गिरधारी लाल बनाम बंगाल सरकार (1968), गुलाब कुँवर बनाम कलेक्टर बनारस (1847), गणपत बनाम राज्य (1921), डिप्टी कमिश्नर हरदोई बनाम कन्हैया लाल (1941), मद्रास सरकार बनाम रामनाथ राव (1960), रामचन्द्र बनाम मान सिंह (1968) और कोठावाले बनाम महाराष्ट्र राज्य (1970) महत्त्वपूर्ण मुकदमे हैं।

हिन्दू कानून की तरह ही ईसाई, पारसी व अन्य धर्म वर्ग के व्यक्तियों पर लागू, भारतीय उत्तराधिकार अधिनियम (1925) में भी, वसीयत द्वारा सम्पत्ति के हस्तान्तरण पर कोई प्रतिबन्ध नहीं लगाया गया है। इस बिल पर बहस के दौरान आशंका प्रगट की गई थी कि वसीयत करने के असीमित हक से स्त्री अधिकारों को ठेस पहुँचेगी

लेकिन तत्कालीन कानून मन्त्री ने कहा, "मैं विश्वास करता हूँ कि कोई भी पिता कभी ऐसा नहीं करेगा, अगर किसी कारणवश उसे ऐसा करना भी पड़े, तो वह निश्चय ही वसीयत करके बेटी को उसके अधिकार से वंचित करते समय, अपनी बेटी के लिए भी कुछ-न-कुछ प्रावधान अवश्य करेगा।"

मुस्लिम, ईसाई और पारसी उत्तराधिकार सम्बन्धी कानून भी, हिन्दू कानूनों की ही तरह कम भेदभावपूर्ण नहीं हैं। मुस्लिम उत्तराधिकार में पुरुषों को, स्त्रियों की अपेक्षा दो गुना हिस्सा मिलता है। हिन्दू पुरुष वसीयत द्वारा सारी सम्पत्ति किसी को भी दे सकता है लेकिन मुस्लिम वसीयत द्वारा अपनी एक तिहाई सम्पत्ति की ही व्यवस्था कर सकता है। भारतीय उत्तराधिकार अधिनियम, 1925 के अन्तर्गत ईसाई, पारसी तथा विशेष विवाह अधिनियम, 1954 के अन्तर्गत विवाहित व्यक्ति (स्त्री-पुरुष) इस प्रकार के भेदभाव के शिकार नहीं हैं। प्रायः इन कानूनों में यौनाधार पर स्त्रियों के अधिकारों का हनन या पक्षपात नहीं किया गया है। लेकिन व्यक्तिगत सम्पत्ति के वसीयत करने के अधिकार पर यहाँ भी कोई प्रतिबन्ध नहीं है। इससे हिन्दू-मुस्लिम विधवाओं को जो थोड़ी-बहुत 'सुरक्षा' मिलती थी, वह भी नहीं मिलेगी (अगर उन्होंने विशेष विवाह अधिनियम के अन्तर्गत विवाह किया हो) हालाँकि वसीयत न होने की स्थिति में पत्नी को ज्यादा हिस्सा मिलेगा।

केरल, गोवा, पांडिचेरी में और पारसी व्यक्तिगत कानून के तहत उत्तराधिकार में स्त्रियों को पुरुषों के बराबर अधिकार आज भी नहीं हैं। गोवा की औरतें अभी भी मनु द्वारा बनाए उन हिन्दू कानून द्वारा उत्तराधिकार पाती हैं, जो हिन्दू औरतों तक पर लागू नहीं होते।

उत्तराधिकार कानून में कृषि और किराए की सम्पत्ति पर उत्तराधिकार के बारे में कोई प्रावधान नहीं किया गया है। इसके परिणामस्वरूप अनेक राज्यों में भूमि अधिकार (भूमिदार, सरदार, आसामी वगैरह) सिर्फ परिवार के पुरुषों के हाथ में ही बने हुए हैं। कुछ राज्यों में तो पुराने रीति-रिवाजों के आधार पर ही भूमि कानून व्यवस्था कायम है, जिसमें स्त्रियाँ पूर्ण रूप से अधिकारहीन कर दी गई हैं। केरल और पश्चिम बंगाल में हुए भूमि सुधार अपवाद हैं। कृषि भूमि पर, उत्तराधिकार कानून लागू ही नहीं होता, क्योंकि यह तो राज्य सरकार का मामला है।

कृषि भूमि का स्वामित्व या किराएदारी, पट्टेदारी के बारे में अधिकांश राज्यों ने जो कानून बनाए हैं, उनमें उत्तराधिकार की प्राथमिकता पुरुष वारिसों को ही दी गई है। पुरुष वारिस न होने पर ही विधवा स्त्रियों को उत्तराधिकार में कुछ मिल सकता है। विवाहित बेटियाँ और बहनें तो कहीं शामिल ही नहीं हैं। पंजाब, हरियाणा, उत्तर प्रदेश, दिल्ली, हिमाचल प्रदेश में विधवा स्त्रियों को दिए अधिकार भी सीमित हैं। मरने या पुनर्विवाह करने पर जमीन फिर मर्दों के हाथ में। राजस्थान, मध्य प्रदेश में पट्टेदारी के उत्तराधिकार व्यक्तिगत कानून के अनुसार ही रखे गए हैं।

ऐसे ही भेदभाव भूमि सुधार कानूनों में भी किए गए हैं। मूलतः कृषि भूमि पर

स्वामित्व या नियन्त्रण पुरुषों का ही बनाए रखने के लिए ऐसे कानून बनाए गए हैं कि स्त्रियों को उत्तराधिकार की प्राथमिकता नहीं दी गई है। विवाहित बेटियों को अधिकार न देने का एक तर्क यह भी दिया जाता है कि इससे कृषि भूमि के छोटे-छोटे टुकड़े हो जाएँगे। लेकिन सवाल है कि क्या बेटों को देने से ऐसा नहीं होता ? दूसरा तर्क यह भी होता है कि उन्हें जो देना था दहेज में दे दिया। कौन बताए कि उसमें उसे क्या मिला ? एक परिवार द्वारा दूसरे परिवार को दिया 'दहेज' क्या बेटी की 'जिम्मेवारी' सँभालने के लिए ही दिया जाता है ? सच तो यह है कि बेटी को न पिता के घर में कोई अधिकार है न पति के। वह तो सिर्फ 'पुत्राधिकारी जन्मने पर ही सौभाग्यशाली समझी जाती है।'

हदबन्दी और अतिरिक्त भूमि के बारे में बनाए कानूनों में परिवार की परिभाषा में पुरुष, पत्नी, नाबालिग पुत्र और अनब्याही नाबालिग पुत्री को ही शामिल किया गया है। बालिग बेटे हों, तो अतिरिक्त भूमि रखी जा सकती है, बेटियाँ हों तो नहीं। बालिग बेटा अलग यूनिट माना जाता है, परन्तु बालिग बेटी नहीं। (केरल इस मामले में अपवाद है। वहाँ इस प्रकार का कोई भेदभाव नहीं किया गया है।)

यौन भेदभाव के आधार पर इन कानूनों को कई बार संवैधानिक चुनौती दी गई लेकिन संविधान में प्रथम संशोधन के माध्यम से 1951 में ही अनुच्छेद 31 बी में यह प्रावधान कर दिया गया कि संविधान के नौवें परिशिष्ट में बने कानूनों की संवैधानिक वैधता को इस आधार पर चुनौती नहीं दी जा सकती कि वे मौलिक अधिकारों का हनन करते हैं।

परिणामस्वरूप 1980 में उत्तर प्रदेश जमींदारी समाप्ति और भूमि सुधार कानून 1950 को जब (इस आधार पर कि यह विवाहित बेटे-बेटियों के प्रति भेदभावपूर्ण है) संवैधानिक चुनौती दी गई, तो सर्वोच्च न्यायालय के न्यायमूर्ति कृष्ण अय्यर ने याचिका रद्द करते हुए कहा कि यौन भेदभाव के आधार पर इसे निरस्त करने का कोई भी ऐसा तर्क नहीं माना जा सकता जो सामाजिक उद्देश्यों को खंडित करता हो। यौन भेदभाव को उचित ठहराते हुए न्यायमूर्ति अय्यर ने कहा कि बालिग पुत्र के अतिरिक्त पेट भरने के लिए यह प्रावधान जरूरी है। (बालिग पुत्री का पेट भरने की जरूरत क्या है ?) आश्चर्यजनक रूप से न्यायमूर्ति अय्यर जो नारी अधिकारों के विश्व प्रसिद्ध अधिवक्ता माने जाते हैं, ने अपने निर्णय में तर्क दिया कि "जब भी कुछ कहा या किया जाता है, हमारे गाँवों में विवाहित महिलाओं को अपने पति की सेवाओं की जरूरत पड़ती है। सार्वजनिक स्थानों पर वे अपने पति के माध्यम से ही बोलती हैं। बड़े भूस्वामी या जमींदार कृषि भूमि के बँटवारे के सामाजिक उद्देश्यों को स्त्री भेदभाव का मुखौटा लगा कर विफल नहीं कर सकते।" कुल मिलाकर सर्वोच्च न्यायालय का यह फैसला, नारी हितों की बलि चढ़ाकर, वर्ग हितों की रक्षा करने में ही सफल रहा। ऐसी हालत में औरतों के 'अपने खेत' कैसे हो सकते हैं ?

दरअसल उत्तराधिकार सम्बन्धी सारे कानूनों की जड़ में पुरुष वर्चस्ववादी पुरानी

परम्परा अभी भी गहरे पैठी हुई है। परिवार और पूँजी का सम्पूर्ण स्वामित्व और नियन्त्रण मर्दों के हाथों में होने के कारण, समाज और राजसत्ता के सभी क्षेत्रों में स्त्रियों की स्थिति न के बराबर है। निर्णय लेने के प्रायः सभी मुख्य केन्द्रों पर मर्दों का सर्वाधिकार सुरक्षित है, जिसकी वजह से स्त्री के हिस्से में सिर्फ एक अँधेरा कोना ही बचा रह गया है। समय के साथ आवश्यक बदलाव न होने से मध्यवर्गीय संयुक्त परिवार ही नहीं, बल्कि एकल परिवार भी टूट रहे हैं। (पढ़ा नहीं क्या 'सारा आकाश', 'पाँच आँगनवाला घर' और 'आपका बंटी') इसे टूटने से पिताश्री बचा भी नहीं सकते।

'परिवार बचाओ' अन्तर्राष्ट्रीय अभियान के बावजूद अदालत में तलाक के मुकदमे अविवाहित माँओं और कुमारियों की संख्या बढ़ ही रही है ना ! विवाह संस्था और परिवार में स्त्री-पर यौन हिंसा, शोषण, उत्पीड़न और अमानवीय यातनाओं के कारण, (संयुक्त) परिवारों में सड़ते सम्बन्धों को आखिर कब तक निभाया-बचाया जा सकता है ? बाहर की बदलती दुनिया से 'घर' कब तक बेखबर रह सकता है ?

जब तक पूँजी पर पुत्राधिकार बना रहेगा, तब तक नारी मुक्ति, समानाधिकार, न्याय, स्वतन्त्रता, सम्मान, पहचान या गरिमा का सपना साकार होना असम्भव है। पूँजी में बराबर बँटवारा इतनी आसानी से पितृसत्ता करनेवाली भी नहीं। मानवाधिकारों का जितना मर्जी शोर मचता रहे। बराबरी की बात करो हर बार यही कहा जाता है, 'समानता का मतलब है 'समान व्यक्तियों में समानता', समझे (समझी) कुछ !'

देश के मर्दो एक होओ

संसद और विधान सभाओं में महिलाओं के लिए 33 प्रतिशत आरक्षण। संविधान संशोधन विधेयक 'पेश' तो कर दिया गया है लेकिन हम 'पास' कभी नहीं होने देंगे। हम (मर्द) जो हजारों सालों से हुकूमत करते रहे हैं, क्या इतना भी नहीं जानते-समझते कि सत्ता में 33 प्रतिशत आरक्षण का अर्थ (अनर्थ) क्या है ? जब हमने अपने प्रधानमन्त्री को ही एक शब्द तक बोलने नहीं दिया तो कानून मन्त्री हैं क्या चीज ? अपने आपको समझते क्या हैं ? ऐसे ही बिल पास करवा लेंगे और चाँदी की तश्तरी में रखकर देश का राजपाट 'बालकटी' या 'परकटी' औरतों को सौंपे देंगे ?'[1] हम अच्छी तरह जानते हैं कि बिल पास हो गया तो सैकड़ों साल तक देश में 'पेटीकोट' सरकार राज करेगी...हाँ ! पेटीकोट सरकार। सत्ता के लिए कांग्रेस, भाजपा, जनता दल, सीपीएम, सीपीआई, समता वगैरह की ममता छोड़-छाड़ अपनी 'महिला पार्टी' बना लेंगी तो ? आज के दिन, है किसी भी 'मर्द' पार्टी के पास 33 प्रतिशत संसद सदस्य ? 'महिला पार्टी' नहीं बनाएँगी या बना पाएँगी तो अपनी-अपनी पार्टी के 'मर्द' नेताओं की नाक में दम तो कर ही देंगी ना। आप नहीं जानते इन्हें। महिलाओं के मुद्दे पर फौरन एकजुट हो जाएँगी। तब कौन भुगतेगा इन (अ) बलाओं से ? बिना सोचे-समझे कह दिया, *"महिलाओं सम्बन्धी विधेयक पास हो या न हो, उसकी मुझे रत्ती-भर भी चिन्ता नहीं है।"*[2] बिल पास होने के बाद तो 'तेरह दिन' क्या एक मिनट के लिए भी आपको कोई प्रधानमन्त्री नहीं बनने देगी। 'रत्ती भर भी चिन्ता नहीं है' तो क्यों छपवाए थे 'घोषणा-पत्र' ? क्यों दिए थे 'आरक्षण के आश्वासन' ? क्यों ?

हमें मत बताओ कि 'इस बारे में हर व्यक्ति के दो चेहरे हैं'[3], पहला—वोट बटोरने के लिए झूठे घोषणा-पत्र छपवानेवाला, औरतों को बराबरी का अधिकार देने के आदर्श बघारनेवाला, समता-समानता—सामाजिक न्याय की नौटंकी करनेवाला और दूसरा औरतों को सिर्फ अपने पाँव की जूती समझनेवाला। अब यह कहने का कोई फायदा नहीं 'हमें देखना है कि आरक्षण में कितना प्रतिशत दिया जाना चाहिए।'[4] पहले क्यों नहीं सोचा-समझा कि इसके कितने 'भयंकर परिणाम' होंगे ? अब समझ में आ रहा है 'सामाजिक बदलाव के लिए सब्र और सबकी सहमति अनिवार्य है।' क्या आसमान टूट रहा था जो बिल पेश करते समय एक बार पूछा तक नहीं और चल दिए देश का राज सिंहासन सँभलवाने। पहले सलाह की होती तो शायद ये 'सिंहवाहिनियाँ' 10-15 प्रतिशत

पर मान भी जातीं लेकिन...अब कैसे मनाओगे ? यह तो शुक्र करो कि उस दिन हमने संसद में शोर-शराबा कर-करवा के टाल दिया वरना आपने तो कर दिया था 'सत्ता का श्राद्ध'। कटवा दी होतीं गर्दनें सरेआम समाज में। पता नहीं कैसे इन 'देवियों' के चक्कर में भूल गए कि भाई-भतीजे, बेटे-पोते बालिग हो चुके हैं ! आपको घर-परिवार-देश का मुखिया इसलिए थोड़े ही बनाया-बनवाया था कि आप हमारे ही भविष्य में आग लगा-लगता देंगे। मत भूलो कि हम मुखिया को जब चाहे हटा भी सकते हैं। अगर आप सचमुच इतने ही 'उदार सहृदय और प्रगतिशील, हैं या होना चाहते हैं तो *"ऐसे सुधारवादी (स्त्री या दलित पक्षधर) पितृसत्तात्मक को गोली मार दी जाएगी।'*[5]

क्या आपको नहीं पता कि महिला आरक्षण बिल या विधेयक यदि पास होता है तो संसद में महिलाओं का प्रतिशत बढ़ जाएगा और महिलाएँ उल्टे-सीधे बिल संसद में पुरुषों के विरुद्ध पास करवाने मे सफल हो जाएँगी...और न जाने कितने 'पुरुषों को इन विधेयकों के माध्यम से जेल में चक्की पीसनी पड़ेगी।'[6] भ्रूण हत्या से लेकर सती तक के सारे क़ानूनी हथियार, जिनके बलबूते पर हम आज तक न्याय (का नाटक) करते रहे हैं—रद्दी की टोकरी में फेंक दिए जाएँगे। "सत्ता में आते ही उन्होंने दहेज की बड़ी-बड़ी राशियों की सुविधा और उनके लिए घरेलू हत्याओं और बलात्कारों का सुख छीन लिया, वैसे कानून बना दिए या उनके सख्ती से पालन पर जोर दिया, तो हम न घर के रहेंगे, न घाट के..."[7] यह सिर्फ मेरे जैसे सिरफिरे दिमाग में उपजी बेबुनियाद आशंका या डर नहीं है, बल्कि सामान्य नागरिक से लेकर देश के महान बुद्धिजीवियों, पत्रकारों, सम्पादकों और नेताओं तक की मूल्यवान राय है। हम चाहते हैं कि *"स्त्रियों को आरक्षण दीजिए लेकिन संसद में नहीं, नौकरियों में"*[8] हम तो यहाँ तक कह रहे हैं कि "यह प्रतिनिधित्व एक-तिहाई क्यों, 50 प्रतिशत तक मिलना चाहिए, क्योंकि स्त्रियों की जनसंख्या कुल जनसंख्या का लगभग 50 प्रतिशत है। 'किन्तु' संविधान संशोधन इसका बहुत अच्छा तरीका नहीं है। इसका 'सही रास्ता' है स्त्रियों को विभिन्न कार्यक्षेत्रों में सेवाओं और पदों में समुचित प्रतिनिधित्व देकर 'इतना सक्षम' बनाया जाए कि स्त्रियाँ प्राचीन समाज-व्यवस्था की गुलामी को छोड़कर स्वयं आगे बढ़ें और राजनीति में 'खुलकर' हिस्सा लेने लगें।"[9]

हमें मालूम है कि बिल पेश करना आपकी राजनीतिक मजबूरी है/थी। आपने बिल पेश नहीं किया होता, तो अगले चुनाव में दूसरी राजनीतिक पार्टियाँ (महिला विरोधी, सती समर्थक) इसे आगामी चुनाव का मुख्य मुद्दा बनातीं और सब कालिख आपके चेहरे पर पोतते। (प्रफुल्ल बिडवई, टाइम्स ऑफ इंडिया, 6 जून, 1997) बिल पेश करना अगर आपकी मजबूरी थी/है तो इसे पास न होने देना भी हमारी मजबूरी है। किसके कितने चेहरे हैं—हम-आप सब सदियों से जानते-पहचानते हैं। आप कहते रहिए कि पिछड़ी औरतों के लिए हमारी माँग 'इस समय सिर्फ फूट डालने की नीयत से उठाई जा रही है'। हम भी दरअसल कहाँ चाहते हैं कि हमारे घरों की सती-सावित्रियाँ चूल्हा-चौका छोड़कर राजधानी आ पहुँचें। हमने कभी ऐसी माँग की भी नहीं लेकिन अगर आप

राजपाट उ (माँओं) या सुष (माँओं) को सँभलवाना ही चाहते हो, तो फिर हमारी बहनें, बहू-बेटियाँ (अनपढ़, गँवार मूखी) भी 'बालकटियों' के बराबर में आकर बैठेंगी—और देखते हैं कि कौन रोकता है ? सत्ता सँभालने का ठेका क्या सिर्फ पढ़े-लिखों ने ही ले रखा है ? सच पूछो तो इस 'राष्ट्रीय बहस' में हम ये सारे तर्क (कुतर्क) दे भी इसीलिए रहे हैं कि औरतों के साथ सदियों से किए 'पाप का प्रायश्चित' ही करना है और राजनीति से संन्यास लेकर घर बैठना है तो फिर लगे हाथ हम भी कर ही लें गंगा स्नान। आपको अकेले सारा पुण्य और आपकी औरतों को सत्ता-सुख थोड़े ही कमाने देंगे। सत्ता की शतरंज खेलना हम भी सीख गए हैं।

हाँ ! यह सच है कि हमें 'औरतों के राजनीतिक वर्चस्व से अपनी जमीन खिसकती नजर आ रही है' और 'राजनीति में अचानक इतना बड़ा बदलाव बर्दाश्त करने के लिए मानसिक रूप से तैयार नहीं हो पाए हैं।'[10] पर हमें यह भी मालूम है कि *'यह उत्तर आधुनिक स्त्रीलिंगी विमर्श विदेशी षड्यन्त्र (नहीं) है' न ही 'विकास का एक ऐतिहासिक चरण।'*[11] हमें लगता है कि यह सिर्फ 'उच्च वर्ग का सत्ता पर नियन्त्रण बनाए रखने का खेल है'[12] जो हम कभी जीतने नहीं देंगे। सर्वोच्च न्यायालय के निर्णय के बावजूद हमने तो शाहबानो को गुजारा भत्ता तक लेने नहीं दिया। रातों-रात नया कानून बनवा दिया कि नहीं ? सत्ता में तिहाई हिस्सा देने के सवाल पर तो हम पता नहीं क्या कुछ कर देंगे। अगर अब भी 'अधिकांश भारतीय महिलाओं को महसूस होता है कि राजनीतिक शक्ति पाने के सपने साकार होने का सही समय आ गया है'[13] तो वे देखती रहें सपने और देती रहें 'सड़कों पर निकलने' की धमकियाँ। हमारी सेहत पर क्या फर्क पड़ता है ? हमारे 'केन्द्र को देर-सबेर तोड़ना'[14] इतना आसान नहीं है। ये सब योद्धा *'जो समर्थन दिखा रहे हैं उनका पुरुषत्व भी इस 'क्रान्तिकारी' साबित हो सकनेवाले फैसले को असानी से नहीं पचा पा रहा है।'*[15] पचाएगा भी कैसे ? समर्थन करनेवाले दलों में औरतों की स्थिति क्या है ? हम सब अच्छी तरह जानते हैं। हर एक के दलदल में धधकते 'तन्दूर' तैयार हैं। जिन्होंने अब तक एक भी स्त्री या दलित को अपने दल की निर्णायक समिति (वर्किंग कमेटी, पोलित ब्यूरो) के योग्य नहीं समझा वही सबसे ज्यादा शोर मचा रहे हैं। चिल्लाते रहो कि 'कल औरतों का होगा'[16] लेकिन यह मत भूलो कि 'आज सिर्फ हमारा रहेगा।'। कल की कल देखेंगे।

क्या कहा आपने कि 'विरोध करनेवालों के असली चेहरे सामने आ गए हैं।' जी ! विरोध ही हमारा असली चेहरा है। आपकी तरह नहीं कि कहें कुछ और करें कुछ और ही। समर्थन के लिए 'अटल' रहनेवाले नेताओं के असली चेहरे देखने हैं तो उनकी युवा साध्वियों के चेहरे देखो, 'राजपूतों' के चेहरे देखो और 'मातृशक्ति' का पाठ पढ़ो। मत उठाओ यह सवाल कि ''पिछड़े वर्ग की, मुस्लिम समाज की या अल्पसंख्यक वर्ग की महिलाएँ क्या महिलाओं में नहीं आतीं ? इनके लिए अलग से आरक्षण क्यों ? पिछड़ी महिलाओं की वकालत करनेवाले क्या आरक्षण में भी आरक्षण चाहते हैं ? जो लोग शहरी महिलाओं की बजाए पिछड़ी महिलाओं के इतने ही हिमायती हैं, उन्होंने अब तक

उनके लिए क्यों नहीं सोचा ? क्या इससे पहले उन्हें पिछड़ी महिलाओं की उन्नति का ख्याल नहीं आया ?"[17]

खैर...सुनना ही चाहते हो तो हमारे सवाल भी सुनो। महिलाओं के लिए आरक्षण क्यों ? क्या वे भारतीय नागरिक नहीं हैं ? संविधान में स्त्री-पुरुष को बराबर के अधिकार हैं जो आरक्षण ही क्यों, धन, हिम्मत, हौसला, बाहुबल, बुद्धि अनुभव और राजयोग हो तो लड़ो और आ जाओ संसद में। बन जाओ प्रधानमन्त्री (इन्दिरा गाँधी) कौन रोकता है ? हमें अगर 'उन्नति का ख्याल' पहले नहीं आया था तो आपको भी कहाँ इन 'शोषित स्त्रियों की चिन्ता सता रही थी।' हम तो दलित, उत्पीड़ित, अनपढ़, गँवार, बेवकूफ थे अब तक, परन्तु आप तो सदियों से सुशिक्षित, सुसंस्कृत, महाज्ञानी, विद्वान और राजा-महाराजा थे मान्यवर ! आपने क्यों नहीं सोचा 'अर्धांगिनी' के बारे में ? नजर उठा कर देखो तो पता लगेगा कि अब तक अधिकांश महिला राजनेता विधवा, तलाकशुदा या चिरकुँआरियाँ क्यों हैं ? आप भी तो अब तक 'सेक्सी संन्यासिनों', स्वतन्त्र, शिक्षित और स्वावलम्बी मुक्त स्त्रियों या समाज सेविकाओं के सहारे सिंहासन पर कब्जा जमाए बैठे रहे हो। इससे पहले आपने भी कब सोचा था कि औरतें—वस्तु, भोग्या, गूँगी गुड़िया या खेती नहीं हैं ?

पूरी ईमानदारी से सच पूछना चाहते हो तो आप आज भी ऐसा कुछ नहीं मानते ! सिर्फ राजनीति कर रहे हो—वोटों की राजनीति, सवर्णों की राजनीति, शिक्षित शहरियों की राजनीति। सत्ता पर दुबारा कब्जे की यह नई चाल है आपकी और कुछ नहीं। मंडल के बाद सवर्णों के हाथों से राज सिंहासन खिसकता जा रहा है। आपको डर लग रहा है हमारी मायावतियों और फूलन देवियों से। वे आपकी किसी आरक्षण स्कीम के अन्तर्गत यहाँ तक नहीं आईं। हम और हमारी बहू-बेटियाँ तो बिना आरक्षण के भी यहाँ तक आ गई हैं। आप ही और आपकी राजदुलारियाँ हमें आगे बढ़ने से अब रोक नहीं सकते। हम फिर कहते हैं कि धर्म, जाति, वर्ग वगैरह-वगैरह के झगड़ों को और मत बढ़ाओ। औरतें फिर औरतें हैं—हमारी हों या आपकी। हम सब मर्द हैं तो मर्दों की तरह बात करें—औरतों को बीच में न लाएँ तो बेहतर होगा। सत्ता में तिहाई हिस्सा इन्हें दे देंगे तो सारी सम्पत्ति, शिक्षा, समाज, संविधान और संसद से लेकर स्वर्ग तक हमें सब कुछ छोड़ना पड़ेगा। छोड़कर कहाँ जाएँगे? सोचो, वरना बेमौत मार दिए जाओगे। समझो स्त्रियों का सत्ता-विमर्श वरना...ये 'दुर्गाएँ' हम सबका सत्यानाश कर देंगी।

हम मानते हैं—स्वीकारते हैं कि "पंचायती राज के प्रयोग के बाद हमें वास्तव में यह खतरा है कि औरतों को एक बार सत्ता-शक्ति मिल गई तो वे लम्बे समय तक हमारे हाथों में खेलती कठपुतलियाँ नहीं रहेंगी।"[18] संसद में आने के बाद ये सारी की सारी 'लक्ष्मीबाइयाँ' पार्टी की राजनीति छोड़, महिलाओं की राजनीति करेंगी। संसद, विधायिका, न्यायपालिका, कार्यपालिका, प्रेस, समाज, शिक्षा, स्वास्थ्य और उद्योग में सब जगह एक-आध औरत को प्रतीकात्मक रूप से कुर्सी देकर देश स्वतन्त्रता की स्वर्ण जयन्ती मना ही रहा है ना ! 45 साल तक सुप्रीम कोर्ट में एक भी महिला न्यायाधीश नहीं आई तो क्या

'न्याय' नहीं हो रहा था और फातिमा बीवी को ले आने से कौन सा लम्बा-चौड़ा फर्क पड़ गया ? सरोजिनी नायडू, इन्दिरा गाँधी, जयललिता से लेकर मायावती तक के राज में महिलाओं के कल्याण की कितनी क्रान्तिकारी परियोजनाएँ बनीं ? अब तक संसद (सत्ता) में आई महिलाओं ने महिलाओं के हित में क्या इतिहास रचा—कुछ बताओ तो ? एक तरफ आम भारतीय औरतों की हालत दिन-प्रति-दिन बदतर होती जा रही है और दूसरी तरफ जयललिताओं के घर में लूट का माल भरा पड़ा है। इसलिए हम बार-बार कह रहे हैं कि सामाजिक न्याय, महिला, मुक्ति अधिकार और बराबरी की बात मत करो। सारा चक्कर कुर्सी का है हुजूर ! कुर्सी का। इनके आने के बाद क्या हवाले, घोटाले, भ्रष्टाचार और रिश्वतखोरी खत्म हो जाएगी ? और ज्यादा होगी। आप नहीं जानते ये रिजर्व बैंक में जमा सारे सोने के गहने बनवा कर घर ले जाएँगी--देश को पता भी नहीं चलेगा। आप आरोप लगा-लगवा रहे हैं कि हम *"अपने मृत्युदंड के वारंट पर दस्तखत नहीं करना चाहते हैं।"*[19] कैसे और क्यों कर दें ब्लैक वारंट पर दस्तखत ? आप जानते/जानती हैं कि हमने प्रधानमन्त्री से मिलकर "इस विधेयक का टालने का अनुरोध ही नहीं किया, दबाव भी डाला !"[20] तो क्या हुआ ? अनुरोध और दबाव ही नहीं हम इससे आगे जा सकते हैं और जाएँगे। "पिछड़े वर्ग के लिए संविधान में आरक्षण की कोई व्यवस्था (ही) नहीं है।"[21] कहने से काम नहीं चलेगा। पहले यह व्यवस्था कीजिए...करिए संविधान में संशोधन। फिर महिला आरक्षण पर बात करेंगे। गाँव में हमारी औरतों को पीने का पानी नहीं है, खाने को रोटी नहीं है, तन ढँकने को कपड़ा नहीं है और आप बिना किसी सलाह या बहस के राजपाट लुटाने पर तुले हैं। असुरक्षा की राजनीति में 'जैंडर जस्टिस' की बातें उछालने का कोई लाभ नहीं।[22] मन्त्रीमंडल में 'चार और भिक्षुणियाँ' छोड़ भले ही चालीस शामिल कर लो, लेकिन याद रखना बुद्ध ने कहा था कि "स्त्रियों को संघ में स्थान दिया गया तो वह ज्यादा दिन टिक नहीं पाएगा।"[23]

आप वरिष्ठ और सम्माननीय हैं श्रीमन ! लेकिन आपका यह सुझाव कि "पिछड़े वर्ग की औरतों को प्रतिनिधित्व देना चाहते हो तो सभी राजनीतिक दल स्वेच्छा से उन्हें चुनावी टिकट दे दें, कानूनी आरक्षण देने से देश एक सदी पीछे चला जाएगा,"[24] विवेकसम्मत, न्यायसंगत नहीं है। अगर ऐसा ही है तो यह सुझाव सिर्फ पिछड़ी औरतों के लिए ही क्यों हो ? सबके लिए कर-करवा दो—हमें कोई एतराज नहीं। असहमति के लिए क्षमा चाहते हैं।

लगता है कि काफी कुछ उल्टा-सीधा कह दिया हमने। लेकिन संक्षेप में, अन्त में इतना और बता दें कि अगर अगले सत्र में बिल पास करवाने के लिए ह्विप जारी किया-करवाया तो हमें सारे देश को सच बताना पड़ेगा कि यह सब हंगामा, शोर-शराबा, विरोध, प्रदर्शन, गाली-गलौच और नारी विरोधी रुख आपके ही कहने पर करना पड़ रहा है। अभी बस इतना ही काफी है। जोर से बोलो, 'देश के मर्दो एक होओ।' जय हिन्द।

सन्दर्भ सूची

1. 16 मई, 1997 को संसद में विधेयक पर बहस के दौरान जनता दल के कार्यकारी अध्यक्ष शरद यादव का बयान।
2. उपरोक्त बहस के दौरान भारतीय जनता पार्टी के नेता श्री अटल बिहारी वाजपेयी की टिप्पणी।
3. प्रधानमन्त्री श्री इन्द्रकुमार गुजराल का दूरदर्शन पर साक्षात्कार और टाइम्स ऑफ इंडिया में रिपोर्ट।
4. टाइम्स ऑफ इंडिया में रिपोर्ट।
5. हंस, फरवरी, 1997 में 'स्त्री-विमर्श : सत्ता और समर्पण' लेख, अरविन्द जैन, पृ. 71
6. दैनिक हिन्दुस्तान, 17 जून, 1997 में रमेश डौरिया की पाठकीय प्रतिक्रिया।
7. हंस, अप्रैल, 1997 में सुप्रसिद्ध लेखक-सम्पादक श्री राजेन्द्र यादव द्वारा सम्पादकीय 'सिंहासन खाली करो कि...' पृ. 7
8. दूसरा शनिवार, 8 मार्च, 1997 में प्रसिद्ध लोहियावादी विचारक श्री मस्तराम कपूर का लेख, पृ. 10-11
9. वही।
10. 'नारी संवाद' मार्च, 1997, सम्पादकीय, पृ. 3
11. 'कोड़े में बदलती करुणा', सुधीश पचौरी, हंस, जून, 1997, पृ. 41
12. 'विमेन बिल : इलीट प्लाय टू परपिचुयेट कंट्रोल', सैयद शहाबुद्दीन, पॉयनियर, 22 अक्टूबर, 1996
13. 'पोलिटिकल पैट्रीआर्की : रिजर्वेशन अबाऊट पावर फ़ॉर विमेन', ललिता पाणिकर, टाइम्स ऑफ इंडिया, 25 मई, 1997
14. 'नई स्त्री और बिफरा हुआ मर्दवाद' सुधीश पचौरी, जनसत्ता, 29 मई, 1997
15. 'महिला आरक्षण के बहाने नए यथार्थ पर एक नजर', विष्णु नागर, हिन्दुस्तान, 27 मई, 1997
16. 'मूव ओवर, मिस्टर यादव यू आर इन माई सीट', विद्या सुब्रामनियम, टाइम्स ऑफ इंडिया, 27 मई, 1997
17. सम्पादकीय, हिन्दुस्तान, 19 मई, 1997
18. 'द सेकेंड क्लास सेक्स', टाइम्स ऑफ इंडिया, सम्पादकीय, 19 मई, 1997
19. माया, 15 जून, 1997, पृ. 84
20. वही, श्रीमती मधु दंडवते की टिप्पणी, पृ. 84
21. वही, गीता मुखर्जी का बयान, पृ. 86
22. फ्रंट लाइन, जैंडर इश्यू, पृ. 113-115, 13 जून, 1997
23. दूसरा शनिवार, जून, 1997, सम्पादकीय 'चार और भिक्षुणियाँ', पृ. 3
24. फ्रंड लाइन में ई.एम.एस. नम्बूदरीपाद का लेख, 27 जून, 1997, पृ. 94-95।

आत्महत्या का मौलिक अधिकार

सर्वोच्च न्यायालय के न्यायमूर्ति आर. एम. सहाय और बी.एल. हँसारिया ने भारतीय दंड संहिता 1860 की धारा 309 (जो आत्महत्या की कोशिश के लिए दोषी व्यक्ति को एक साल की कैद या जुर्माना या दोनों के बारे में है) को भारतीय संविधान के अनुच्छेद 21 (जीवन और व्यक्तिगत स्वतन्त्रता) के विरुद्ध बताते हुए असंवैधानिक घोषित किया है। संक्षेप में सुप्रीम कोर्ट के इस निर्णय का मतलब यह है कि आत्महत्या की कोशिश करना अब कानूनी अपराध नहीं माना जाएगा। निर्णय का मूल आधार यह है कि जो व्यक्ति आत्महत्या नहीं कर पाया और बच गया वह पहले ही बहुत दुख और पीड़ा भुगत चुका है, उसे दुबारा सजा देना क्रूरता और अन्याय होगा। न्यायमूर्ति महोदय के अनुसार, ऐसे व्यक्ति सचमुच मनोरोगी हैं और उनका समुचित इलाज होना चाहिए, न कि उन्हें अदालत के कटघरे में खड़ा करके वर्षों तक परेशान किया जाए।

फैसले से उठा विवाद

निःसन्देह सर्वोच्च न्यायालय का यह फैसला ऐतिहासिक है, किन्तु इस फैसले ने कई सवाल भी उठाए हैं, जिनकी अनदेखी नहीं की जा सकती। पहला सवाल तो यही है कि आखिर यह प्रावधान 134 साल तक अस्तित्व में कैसे रहा ? जबकि 44 साल तो संविधान को बने भी हो गए। स्पष्ट है कि इसके पीछे कोई तो कारण रहा ही होगा। वरना ऐसा 'क्रूर और अमानवीय' कानून इतने साल कैसे बना रह सकता था ?

सुप्रीम कोर्ट ने अपने फैसले में कहा है कि संविधान के अनुच्छेद के अनुसार जीवन के अधिकार में, मरने का अधिकार भी शामिल है। यानी आत्महत्या करना या न करना नागरिक का अधिकार है। अगर आत्महत्या करना किसी भी नागरिक का मौलिक अधिकार है, तो उसे आत्महत्या करने से रोकना भी उसके मौलिक अधिकारों का हनन होगा। अगर कोई व्यक्ति आत्महत्या करना चाहता है या कर रहा है तो उसे करने दीजिए। आत्महत्या करने से बचाना या बचाने की कोशिश, उसके मौलिक अधिकारों पर आक्रमण होगा। यहाँ प्रश्न उठता है कि यदि आत्महत्या करना मौलिक अधिकार है और आत्महत्या की कोशिश कोई अपराध नहीं तो फिर आत्महत्या के लिए प्रेरित करना (भारतीय दंड संहिता की धारा 306) कैसे अपराध बना रह सकता है ? स्पष्ट है कि ऐसी स्थिति में उस धारा को भी असंवैधानिक घोषित करना पड़ेगा। नतीजतन

दहेज, बलात्कार और अन्य कारणों से औरतों को आत्महत्या करने के लिए प्रेरित करनेवाले सारे अपराधियों को भी मुक्त करना पड़ सकता है।

अनुच्छेद 21 में प्रावधान है कि किसी भी नागरिक का जीवन और उसकी व्यक्तिगत स्वतन्त्रता कानून द्वारा स्थापित विधि के अलावा नहीं छीनी जाएगी। जीवन का यहाँ अर्थ सिर्फ जीने का अधिकार है जीवन का नहीं, क्योंकि जीवन और मृत्यु संविधान या राज्य या व्यक्ति के हाथ में नहीं है। क्या गर्भ में पल रहे हर भ्रूण को पैदा होने का अधिकार है ? नहीं। गर्भपात द्वारा भ्रूण हत्या करना कानूनन अपराध नहीं है। क्या जन्म और मृत्यु का निर्णय व्यक्ति के हाथ में है ? जो संविधान मनुष्य को पैदा होने का अधिकार नहीं दे सकता, उसे वह मरने का अधिकार कैसे दे सकता है ?

अन्य सम्बन्धित फैसले

मूलतः सुप्रीम कोर्ट के इस निर्णय का मुख्य आधार और तर्क बम्बई उच्च न्यायालय द्वारा मारुति श्रीपति दुबाल बनाम महाराष्ट्र राज्य के वाद पर आश्रित है, जिसमें न्यायमूर्ति पी.बी. सावन्त, जो बाद में सुप्रीम कोर्ट के न्यायाधीश बने, और कोलसे पाटिल ने पहली बार 25 जून, 1986 को भारतीय दंड संहिता की धारा 309 को भारतीय संविधान के अनुच्छेद 14 और 21 के विरुद्ध करार दिया था। न्यायमूर्ति महोदय का मानना था कि जीने के अधिकार में, न जीने या मरने का अधिकार भी शामिल है।

बम्बई उच्च न्यायालय के इस निर्णय के थोड़े ही दिन बाद आन्ध्र प्रदेश उच्च न्यायालय का एक निर्णय—चेन्ना जगदीश्वर बनाम आन्ध्र प्रदेश राज्य—भी प्रकाश में आया था, जिसमें न्यायमूर्ति श्रीमती अमरेश्वरी और पांडुरंग राव ने 16 अप्रैल, 1987 को दिए गए अपने निर्णय में कहा था कि धारा 309 संविधान के अनुच्छेद 14, 19, या 21 के विरुद्ध नहीं है। आन्ध्र प्रदेश उच्च न्यायालय ने इस सन्दर्भ में बम्बई उच्च न्यायालय से अपनी असहमति प्रगट की थी। द्रष्टव्य है कि इन दोनों निर्णयों से पहले 29 मार्च, 1985 को दिल्ली राज्य बनाम संजय कुमार भाटिया मामले में दिल्ली उच्च न्यायालय के न्यायमूर्ति राजेन्द्र सच्चर ने धारा 309 के कानून में बने रहने पर अपनी चिन्ता प्रगट करते हुए अपील खारिज कर दी थी। एक और मामले—दिल्ली उच्च न्यायालय बनाम योगेश शर्मा में भी दिल्ली उच्च न्यायालय के मुख्य न्यायाधीश राजेन्द्र सच्चर ने धारा 309 के औचित्य पर प्रश्न चिह्न लगाते हुए ऐसे 119 मामलों में अदालती कार्यवाही समाप्त करने का आदेश दिए थे। आत्महत्या की कोशिश के अपराध से मुक्त करते समय दिल्ली उच्च न्यायालय ने धारा 309 की संवैधानिक वैधता या जीने के अधिकार में आत्महत्या का अधिकार शामिल करने के तर्क को आधार नहीं बनाया था।

सुप्रीम कोर्ट और बम्बई हाई कोर्ट का तर्क यह है कि संविधान में जो मौलिक अधिकार प्रदान किए गए हैं उनमें सकारात्मक और नकारात्मक दोनों ही अधिकार शामिल हैं। अभिव्यक्ति की आजादी है, तो वहीं चुप रहने का भी अधिकार है। व्यापार करने की स्वतन्त्रता है, तो व्यापार न करने की भी आजादी है। इसी तरह अगर जीने

का अधिकार है तो न जीने का अधिकार या मरने का अधिकार भी है। यही तर्क वह आधार बिन्दु है, जहाँ से भटकाव शुरू होता है। सर्वोच्च न्यायालय के निर्णय में इस बात का ध्यान नहीं रखा गया कि जीने के अधिकार को मजबूत करने के लिए ही बाकी सारे मौलिक अधिकारों का जन्म हुआ, ताकि देश का हर नागरिक पूरी मानवीय गरिमा के साथ जी सके। कदाचित यही वजह है कि इसी मानवीय गरिमा के साथ जीने के अधिकार को सुदृढ़ करने लिए सर्वोच्च न्यायालय में अनेक मामलों में अनुच्छेद 21 यानी जीने के अधिकार में विदेश जाना, व्यक्तिगत गोपनीयता, कानूनी सहायता, जल्दी न्याय, हथकड़ी न लगाना, सार्वजनिक मृत्युदंड पर रोक, हिरासत में मारपीट पर रोक, डॉक्टरी सहायता आदि को जीने के अधिकार में शामिल माना है। भले ही राज्य अपने नागरिकों को जीने की मूलभूत आवश्यकताएँ भी न दे पाया हो, फिर भी सारी कोशिश यही रही है कि सभी व्यक्ति सम्मानपूर्वक जी सकें।

बम्बई हाई कोर्ट के निर्णय की आलोचना में प्रो. बी.बी. पांडे ने लिखा था "अनुच्छेद 19 के मौलिक अधिकारों की तुलना अनुच्छेद 21 से नहीं की जा सकती है, क्योंकि जीने के अधिकार से ही बाकी अधिकारों का उदय होता है। चुप रहने का अधिकार या व्यापार न करने का अधिकार सिर्फ कुछ समय के लिए ही हो सकता है लेकिन यदि मरने का अधिकार विधिक तौर पर अस्तित्व में आ गया हो तो उसे लौटाया नहीं जा सकता।"

उच्चतम न्यायालय के निर्णय में उल्लेख है कि आत्महत्या वर्ग, धर्म, जाति, उम्र और सेक्स को नहीं पहचानती। एक अमरीकी सर्वेक्षण के अनुसार सभी धर्मों के लोग आत्महत्या करते हैं और अमरीका में इसे 'आत्महत्या का धर्मनिरपेक्षीकरण' माना जाता है। यही नहीं हमारे देश में भी हिन्दू, मुस्लिम, सिख, ईसाई, बौद्ध, जैन और पारसी आदि सभी धर्मों के लोग आत्महत्या करते रहे हैं। हालाँकि भारत में अमरीका की तरह का कोई अध्ययन उपलब्ध नहीं है किन्तु यह सुनिश्चित रूप से कहा जा सकता है कि हमारे देश में भी 'आत्महत्या का धर्मनिरपेक्षीकरण' एक अरसे से जारी रहा है।

बम्बई हाई कोर्ट के निर्णय का हवाला देते हुए सुप्रीम कोर्ट ने कहा है कि हमारे देश में आत्महत्या के बहुत से रूप अस्तित्व में रहे हैं। जैसे जौहर (राजपूत महिलाओं द्वारा दुश्मन के हाथों बेइज्जत होने से बचने के लिए, सामूहिक रूप से जलकर मरना), समाधि, आमरण अनशन, आत्मदाह, सती (पति की चिता पर विधवा का जलकर मरना)। बहुत से सामाजिक, राजनीतिक और धार्मिक नेताओं ने आत्मदाह किया है और अभी भी करते हैं। बावजूद इसके समाज ने कभी भी इसे अस्वीकारा नहीं। बजाए अस्वीकारने के उसने इस प्रथा को महिमामंडित ही किया है और ऐसा करनेवालों की पूजा की है। निर्णय में इस सब दृष्टान्तों का उल्लेख करने के पीछे क्या मंशा है ? क्या सती, जौहर और आत्महत्या के उचित ठहराया जाना चाहिए ?

सुप्रीम कोर्ट ने अपने निर्णय में एक लेख का हवाला देते हुए कहा है कि 1986 में 18 साल से कम उम्र के युवकों द्वारा आत्महत्या के 7,545 मामले प्रकाश में आए

थे। उक्त लेख के मुताबिक 1990 में 60,000 लोगों ने आत्महत्या की, जिनमें 30,999 युवक 18-25 साल के थे। आत्महत्या के बारे में इक्का-दुक्का रिपोर्ट के अलावा कोई गहन अध्ययन सामग्री सुप्रीम कोर्ट के समक्ष नहीं थी।

बहरहाल, न्यायालय के इस निर्णय से भारतीय समाज के समक्ष कई तरह के प्रश्न चिह्न खड़े हो गए हैं, और कोई बड़ी बात नहीं कि कुछ समय बाद इन प्रश्नों का उत्तर खोजने के लिए समाज के फिर से सर्वोच्च न्यायालय का दरवाजा खटखटाना पड़े।

धर्मान्तरण और संविधान

कहने को भारत एक 'पन्थनिरपेक्ष' गणराज्य है। हर नागरिक-व्यक्ति को 'विचार अभिव्यक्ति, विश्वास, धर्म और उपासना की स्वतन्त्रता' है। संविधान के अनुच्छेद 25 में प्रावधान है कि 'सभी व्यक्तियों को अन्तःकरण की स्वतन्त्रता का और धर्म के अबाध रूप से मानने, आचरण करने और प्रचार करने का समानाधिकार होगा।' यहाँ धर्म का अर्थ है कोई भी धर्म और धर्म की स्वतन्त्रता के इस मौलिक अधिकार में धर्मान्तरण का अधिकार भी शामिल है। अनुच्छेद 15 के अनुसार केवल धर्म के आधार पर विभेद असंवैधानिक होगा। लेकिन 1954-56 में पारित हिन्दू विवाह अधिनियम, हिन्दू उत्तराधिकार अधिनियम, हिन्दू दत्तकता और भरण-पोषण अधिनियम, हिन्दू अल्पवयता और संरक्षकता अधिनियम और विशेष विवाह अधिनियम के अनेक प्रावधान ऐसे हैं, जो धर्म की स्वतन्त्रता के मौलिक अधिकार को अर्थहीन घोषित करते हैं। आश्चर्यजनक है कि धर्म की स्वतन्त्रता पर अंकुश लगाते, ये कानूनी प्रावधान असंवैधानिक नहीं माने जाते। संविधान में प्रदत्त मौलिक अधिकार के बावजूद, हिन्दू कानून कहते हैं कि हिन्दू हो तो हिन्दू बनकर रहो। और 'गर्व से कहो कि हम हिन्दू हैं।'—वरना...

यहाँ, 'हिन्दू' के कानूनी मतलब में बौद्ध, सिख और जैन भी शामिल हैं। हिन्दू (स्त्री या पुरुष) हिन्दू से विवाह करे या बच्चा गोद ले—किसी को कोई आपत्ति नहीं। मगर कोई हिन्दू (बौद्ध, सिख, जैन) किसी मुस्लिम, ईसाई या पारसी से विवाह करना चाहता है तो मुश्किल है। विवाह तो कर सकता है, लेकिन विशेष विवाह अधिनियम में प्रावधान है कि दूसरे धर्म के व्यक्ति से विवाह करने के फौरन बाद, हिन्दू (स्त्री-पुरुष) व्यक्ति के अपने परिवार से सारे सम्बन्ध समाप्त माने जाएँगे। संयुक्त परिवार की सम्पत्ति में हिस्सा है तो अपना हिस्सा लो और भूल जाओ। स्त्री का संयुक्त परिवार की सम्पत्ति में हिस्सा होता ही नहीं। अन्तर-धार्मिक विवाह पर कोई प्रतिबन्ध नहीं क्योंकि भारत एक धर्मनिरपेक्ष राज्य है। लेकिन परिवार में दूसरे धर्म के व्यक्ति का क्या काम ! क्या उसे 'परिवार' में घुसने से रोकने के लिए लगाई यह कानूनी शर्त (प्रतिबन्ध) किसी मौलिक अधिकार का हनन है ? नहीं ना ! यही तो है धर्मनिरपेक्षता। अगर बिना अपना धर्म बदले, किसी अन्य धर्म के व्यक्ति से विवाह करने पर कानून में यह 'सजा' है तो धर्मान्तरण पर क्या होगा ?

हिन्दू विवाह अधिनियम, 1955 की धारा 13 (i) (ii) के अनुसार अगर कोई हिन्दू

पति (या पत्नी) हिन्दू धर्म छोड़, मुसलमान या ईसाई बन जाए तो पत्नी (या पति) को इस आधार पर तलाक लेने का कानूनी अधिकार है। भले ही उसकी शादी, यह कानून लागू होने से पहले हो गई हो। चूँकि हिन्दू धर्म में बौद्ध, सिख या जैन धर्म के लोग भी शामिल हैं, इसलिए वे आपस में विवाह भी कर सकते हैं और धर्म परिवर्तन भी। लेकिन मुस्लिम या ईसाई धर्म स्वीकार करना चाहें तो तलाक के लिए तैयार रहें। अगर पति-पत्नी दोनों ही धर्म बदलकर मुस्लिम या ईसाई हो जाएँ तो कोई बात नहीं। परन्तु धर्म परिवर्तन के बाद तलाक लेना चाहें तो दिल्ली उच्च न्यायालय का फैसला है कि तलाक हिन्दू विवाह अधिनियम के अन्तर्गत ही होगा, क्योंकि विवाह भी इसी कानून के तहत हुआ था।

प्रायः नाबालिग बच्चों का धर्म, कानूनन वही माना जाता है जो उनके पिता का धर्म हो। पिता हिन्दू तो पुत्र-पुत्री भी हिन्दू ही माने जाएँगे। लेकिन अगर पिता हिन्दू धर्म त्यागकर, मुसलमान या ईसाई हो जाए तो ? तो क्या ?...हिन्दू संरक्षकता अधिनियम, 1956 की धारा 6 के अनुसार नाबालिग बेटे और अविवाहित बेटी का प्राकृतिक संरक्षक-पिता (और उसके बाद माता) होता है। मगर शर्त यह है कि अगर वह (पिता) हिन्दू नहीं रहा तो नाबालिग बच्चों का प्राकृतिक संरक्षक भी नहीं रहेगा। यानी अपने ही बच्चों पर सारे कानूनी अधिकार खत्म और पत्नी तलाक लेगी सो अलग। पत्नी से पीछा छुड़ाने के लिए अगर धर्म बदलने की सोच रहे हो तो भूल जाओ कि बच्चों पर तुम्हारा अधिकार बना रहेगा। 'हिन्दू' बच्चों का प्राकृतिक संरक्षक 'मुसलमान' या 'ईसाई' पिता कैसे हो सकता है ? बच्चों का 'धर्म भ्रष्ट' थोड़े ही होने देंगे। पिता हिन्दू नहीं रहा तो क्या हुआ ? बच्चों को 'हिन्दू धर्म की शिक्षा' माँ देगी।

निःसन्देह बच्चों का धर्म वही माना जाता है (कानून मानता रहा है) जो उसके पिता का धर्म है। प्रिवी कौंसिल से लेकर उच्च न्यायालयों तक के अनेक फैसले मौजूद हैं। अगर ऐसा है तो यह माना जाना चाहिए कि पिता द्वारा धर्मान्तरण के बाद, नया धर्म ही बच्चे का धर्म होगा। इसलिए यह कहना कि धर्मान्तरण के बाद पिता, अपने बच्चों का प्राकृतिक संरक्षक नहीं रहेगा—कहाँ तक न्यायसंगत है ? मान लो यह न्यायसंगत भी है तो उस स्थिति में क्या होगा जब दोनों (माता-पिता) धर्म परिवर्तन कर लें और हिन्दू न रहें ? क्या दोनों ही उस बच्चे के प्राकृतिक संरक्षक नहीं रहेंगे, तो नहीं जानता कि धर्म किस बला का नाम है। ऐसे में बच्चे का 'संरक्षक' कौन होगा ?

अगर पिता नाबालिग बच्चों का संरक्षक है और बच्चों का धर्म, पिता का धर्म ही माना जाता है तो धर्मान्तरण के बाद पिता को संरक्षकता से वंचित करने का अर्थ और उद्देश्य क्या है ? अगर बच्चा स्वयं धर्म नहीं बदल सकता और पिता का धर्म ही उसका धर्म है तो जाहिर है कि पिता का नया धर्म ही उसका भी धर्म होगा। अगर बच्चा स्वयं अपना धर्म बदल सकता है तो यह मानना पड़ेगा कि धर्मान्तरण के बाद बच्चे पर माता-पिता की संरक्षकता भी समाप्त हो जाएगी। क्यों नहीं हो सकती ? पिता धर्मान्तरण के बाद अगर संरक्षक नहीं माना जाएगा तो बच्चे द्वारा धर्मान्तरण के बाद पिता को

संरक्षक कैसे माना जा सकता है ?

क्या 1955-56 के धर्मान्तरण के खिलाफ लागू इन (असंवैधानिक और अनुचित) कानूनों के होते हुए और 'कड़े कानूनों की जरूरत' है ? इससे अधिक धार्मिक प्रतिबन्ध क्या हो सकते हैं—उनका पता तो 'राष्ट्रीय बहस' के बाद ही लगेगा। ऐसे भयावह समय में समान नागरिक संहिता बनाने की माँग कौन सुनेगा ? यह सही है कि हिन्दू दत्तकता और भरण-पोषण अधिनियम, 1956 की धारा 9 में प्रावधान है—अगर पिता जिन्दा है तो सिर्फ उसे ही यह अधिकार है कि वह सन्तान गोद दे सके। माँ की सिर्फ सहमति चाहिए और वह भी नहीं अलग माँ हिन्दू न रही हो। परन्तु अगर पिता ने धर्म बदल लिया और हिन्दू नहीं रहा हो तो वह अपनी सन्तान को गोद में देने का अधिकारी नहीं। देना ही होगा तो माँ दे देगी। वैसे भी हिन्दू ही, हिन्दू को 'हिन्दू' बच्चा गोद दे सकता है। और फिर धर्मान्तरण के बाद पिता, जब प्राकृतिक संरक्षक ही नहीं रहा तो हिन्दू बच्चे को गोद कैसे दे सकता है ? धर्म निरपेक्षता का सिद्धान्त अपनी जगह लेकिन हिन्दू सिर्फ हिन्दू बच्चे को, हिन्दू के हाथ से ही गोद ले सकता है।

इसी अधिनियम की धारा 18 के अनुसार, पत्नी को पति से अलग रहने और गुजारा भत्ता लेने का भी अधिकार होगा अगर पति ने धर्म बदल लिया है और हिन्दू नहीं रहा है। यानी तलाक ही नहीं, गुजारा भत्ता भी देना ही पड़ेगा। धर्म परिवर्तन करके जिम्मेवारी से मुक्त नहीं हो सकते। हाँ ! अगर पत्नी धर्मान्तरण करती है तो पति से गुजारा भत्ते की माँग नहीं कर सकती। क्यों ? कहना कठिन है।

इसी कड़ी में हिन्दू उत्तराधिकार अधिनियम, 1956 की धारा 25 को भी देखें। प्रावधान यह है कि इस अधिनियम के लागू होने से पहले या बाद में अगर धर्मान्तरण के कारण कोई व्यक्ति हिन्दू नहीं रहा है, धर्मान्तरण के बाद हुए उसके बच्चे या बच्चों के बच्चे, अपने किसी भी हिन्दू सम्बन्धी की सम्पत्ति में उत्तराधिकार पाने के 'अयोग्य' होंगे। बशर्ते कि बच्चे या उनके बच्चे उत्तराधिकार पाने के समय हिन्दू न हों, संक्षेप में अभिप्राय यह कि हिन्दू की किसी भी सम्पत्ति का उत्तराधिकारी हिन्दू ही होगा। हिन्दू धर्म की सम्पत्ति, हिन्दू धर्म में ही रहेगी। धर्म परिवर्तन से पहले हुए बच्चे 'हिन्दू' हैं, मगर बाद में हुए बच्चे मुस्लिम या ईसाई। धर्मान्तरण से पूर्व जन्मे बच्चों को उत्तराधिकार मिलेगा लेकिन बाद में हुए बच्चों को नहीं। उन्हें भी मिल सकता है बशर्ते कि 'हिन्दू' बन जाएँ। वरना...बिल्कुल नहीं। भारतीय संविधान और हिन्दू कानूनों के उपरोक्त अन्तर्विरोधों और विसंगतियों को समझना 'असम्भव' है। हिन्दू कोड बिल पर बहस के दौरान डॉ. अम्बेडकर ने कहा था, "यह कहना बहुत अच्छा लगता है कि हमने अपने संविधान में एक धर्मनिरपेक्ष राज्य की बात कही है...इसका अर्थ यह नहीं है कि हम धर्म को समाप्त कर सकते हैं। इसका अर्थ यह नहीं है कि हम लोगों की धार्मिक भावनाओं की कोई कद्र ही नहीं करेंगे। धर्मनिरपेक्ष राज्य का कुल अर्थ यह है कि यह संसद किसी भी एक धर्म को बाकी लोगों को लादने की अधिकारी नहीं है।" धार्मिक भावनाओं की कद्र नहीं करते तो धर्म के आधार पर विवाह से लेकर उत्तराधिकार तक

के ये हिन्दू कानून कैसे बना पाते ? 'संसद किसी भी एक धर्म को, बाकी लोगों पर लादने की अधिकारी नहीं है।' मगर क्या 'एक धर्म' को उसी धर्म के लोगों पर लादने की अधिकारी है ? क्या केवल धर्म के आधार पर परिवार, पत्नी (विवाह), सन्तान (संरक्षकता) और सम्पत्ति के अधिकारों को प्रत्यक्ष या परोक्ष प्रतिबन्ध लगानेवाले ये कानूनी प्रावधान, संविधान के अनुच्छेद 15 का उल्लंघन नहीं ? असंवैधानिक नहीं ? अगर नहीं तो फिर धार्मिक स्वतन्त्रता का अर्थ क्या है ?

उल्लेखनीय है कि 'कास्ट डिसेबिलिटी रिमूवल एक्ट, 1850' अभी भी लागू है और रद्द नहीं किया गया है। इस अधिनियम में प्रावधान है कि धर्म परिवर्तन (जाति बाहर) के कारण किसी भी व्यक्ति के अधिकार या सम्पत्ति को छीननेवाले कानून, प्रथा या रस्मो-रिवाज को अदालत द्वारा लागू नहीं करवाया जा सकता। यानी धर्मान्तरण के कारण जाति बाहर होने से किसी भी व्यक्ति के अधिकारों या सम्पत्ति पर कोई असर नहीं होगा। खेदजनक है कि धर्म की स्वतन्त्रता के इस कानून (1850) और संविधान में प्रदत्त व्यापक मौलिक अधिकारों के बावजूद आजाद भारत की संसद ने धर्मान्तरण के लिए उपरोक्त 'दंड' देना उचित समझा है। वरना 'धर्म खतरे में' पड़ जाता।

धर्मान्तरण पर प्रतिबन्ध निजी कानूनों तक ही सीमित नहीं—आरक्षण की राजनीति तक फैला हुआ है। राष्ट्रपति द्वारा जारी अनुसूचित जाति आदेश, 1950 के पैरा 3 में धार्मिक योग्यता निर्धारित करते हुआ कहा गया है कि कोई भी ऐसा व्यक्ति जो हिन्दू या सिख धर्म से अलग धर्म को मानता है, अनुसूचित जाति का सदस्य नहीं माना जाएगा। यानी संविधान और कानून में आरक्षण का लाभ सिर्फ अनुसूचित जाति के उन लोगों को ही मिलेगा जो हिन्दू या सिख धर्म के अनुयायी हैं। यह लाभ या 'विशेषाधिकार' उन्हें नहीं मिलेगा जिन्होंने धर्मान्तरण कर लिया है। और जो धर्मान्तरण करना चाहते हैं—सावधान। आरक्षण का फायदा उठाना चाहते हो तो हिन्दू या सिख बनकर ही रहना होगा। हाँ ! दुबारा धर्मान्तरण करके फिर हिन्दू या सिख बन जाओ तो भी आरक्षण मिल सकता है। बशर्ते कि जाति के लोग पुनः स्वीकार कर लें। धर्मनिरपेक्ष गणराज्य में दलितों और हरिजनों को आरक्षण के आदेश के साथ, हिन्दू या सिख बने रहने और हिन्दुत्व मानने की शर्त क्या वास्तव में धर्मान्तरण के विरुद्ध अध्यादेश (प्रतिबन्ध) नहीं ? शिक्षा और नौकरियों में आरक्षण के लिए इस आदेश या अध्यादेश की सामाजिक-राजनीतिक और धार्मिक पृष्ठभूमि क्या है ? राजसत्ता पर सवर्ण हिन्दुओं का कब्जा होने के कारण ही आरक्षण का आधार हिन्दू या सिख धर्म और हिन्दुत्व (सिख) रखा गया है। आरक्षण में धर्म की यह शर्त हरिजनों को धर्मान्तरण से रोकने का भी हथियार बनी और उनके 'घर वापसी' का रास्ता भी।

पन्थनिरपेक्ष राज्य 'किसी भी एक धर्म को बाकी लोगों पर लादने का अधिकारी नहीं है' परन्तु एक धर्म के लोगों को उसी धर्म में रोकने या वापस बुलाने के कानूनी रास्ते तो बना ही सकता है ना ! कहा जा सकता है कि संविधान अनुसूचित जाति के व्यक्तियों को भी धर्म की स्वतन्त्रता का मौलिक अधिकार प्रदान करता है। लेकिन

आरक्षण की सुविधा चाहिए तो धर्म की स्वतन्त्रता असम्भव है। आरक्षण के नाम पर राजसत्ता द्वारा धर्म की राजनीतिक और वर्ग हितों में रचे वैधानिक-सवैधानिक षड्यन्त्रों को कौन नहीं जानता ? इस सबके बावजूद धर्मनिरपेक्षता और सर्व धर्म समभाव के सिद्धान्त जिन्दाबाद...जिन्दाबाद।

जैसा कि हम पहले देख चुके हैं–हिन्दू विवाह, दत्तकता, संरक्षकता और उत्तराधिकार अधिनियमों को परिभाषित किया गया है कि हिन्दू के अर्थ में सिख, बौद्ध और जैन भी शामिल हैं। यही नहीं संविधान के अनुच्छेद 25 के स्पष्टीकरण 2 में भी कहा गया है, "खंड 2 के उपखंड (ख) में हिन्दुओं के प्रति निर्देश का यह अर्थ लगाया जाएगा कि उसके अन्तर्गत सिख, जैन या बौद्ध धर्म के माननेवाले व्यक्तियों के प्रति निर्देश है और हिन्दुओं की धार्मिक संस्थाओं के प्रति निर्देश का अर्थ तदनुसार लगाया जाएगा।" लेकिन अनुसूचित जाति आदेश 1950 के अनुसार हिन्दू या सिख धर्म के अलावा किसी अन्य धर्म को माननेवाला व्यक्ति अनुसूचित जाति का सदस्य नहीं माना जाएगा। आरक्षण का सवाल आते ही बौद्ध और जैन हिन्दू धर्म से बाहर क्यों कर दिए गए ? क्या सिर्फ इसलिए कि बौद्ध और जैन धर्म में जाति व्यवस्था नहीं है ?

हिन्दू निजी कानूनों में हिन्दू (बौद्ध, सिख, जैन) द्वारा मुस्लिम, ईसाई या पारसी धर्म में जाने पर ही प्रतिबन्ध लगाया गया था। लेकिन अनुसूचित जाति आदेश, 1950 ने अनुसूचित जाति के हिन्दुओं या सिखों पर बौद्ध या जैन धर्म में जाने पर भी प्रतिबन्ध लगा दिया है। और यह प्रतिबन्ध सिर्फ अनुसूचित जाति के ही हिन्दुओं और सिखों पर है–अन्य जाति के व्यक्तियों पर नहीं। आरक्षण चाहिए तो 'धर्मनिरपेक्ष' संविधान की यह शर्त भी माननी ही पड़ेगी, वरना तो हरिजनों और दलितों को बौद्ध या जैन बनने से रोकना नामुमकिन है। हिन्दू बहुमत के सामने, यही 'धर्म संकट' रहा होगा। धर्म और जाति के आधार पर आरक्षण की राजनीति का यह आदेश निःसन्देह धर्म की स्वतन्त्रता के मौलिक अधिकारों की हत्या करने के लिए रचा-रचाया चक्रव्यूह है। क्या यह बहुमत द्वारा अल्पमत के साथ 'साफ-सुथरा' भितरघात नहीं ? भितरघात नहीं करते तो सारे सत्ता समीकरण ही न बिगड़ जाते। आरक्षण आदेश और अन्य निजी कानूनों के बीच उत्पन्न अन्तर्विरोधों और विसंगतियों को आसानी से समझा जा सकता है। उदाहरण के लिए अगर कोई अनुसूचित जाति की लड़की (हिन्दू या सिख) किसी बौद्ध या जैन युवक के साथ विवाह करना चाहती है तो हिन्दू विवाह अधिनियम, 1955 के अन्तर्गत विवाह कर सकती है। किसी प्रकार का कोई कानूनी प्रतिबन्ध नहीं है। लेकिन विवाह करने के बाद लड़की को अनुसूचित जाति के आधार पर आरक्षण की सुविधा या लाभ नहीं मिलेगा। नहीं मिल सकता। हालाँकि यह सुविधा या लाभ उसे तब भी नहीं मिलेगा अगर वह किसी उच्च जाति के हिन्दू या सिख युवक से विवाह करे। मतलब यह कि आरक्षण की सुविधा चाहिए तो विवाह भी अपनी ही जाति या धर्म के व्यक्ति से करना होगा। हाँ ! उच्च वर्ग या जाति की लड़की अगर किसी अनुसूचित जाति के युवक से विवाह करती है तो उसे आरक्षण का लाभ मिल भी सकता है और नहीं भी। बहुत ही विचित्र

स्थिति है। सुप्रीम कोर्ट के अनुसार मिल सकता है लेकिन दिल्ली उच्च न्यायालय के एक फैसले के अनुसार नहीं।

एन.ई. होरो बनाम जहाँआरा जयपाल सिंह (ए.आई.आर. 1972 सुप्रीम कोर्ट 1980) में उच्च जाति की लड़की ने मुंडा जनजाति के युवक से विवाह किया। उस जनजाति के बड़े-बुजुर्गों द्वारा स्वीकार कर लिया गया। बाद में संसद की आरक्षित सीट खूँटी पर चुनाव लड़ने के लिए श्रीमती जहाँआरा जयपाल सिंह के नामांकन पत्र भरा लेकिन चुनाव अधिकारी ने रद्द कर दिया। बाद में पटना उच्च न्यायालय ने चुनाव रद्द करार दिया। अपील में सर्वोच्च न्यायालय ने कहा कि विवाह के बाद महिला द्वारा पति की स्थिति (जातीय) प्राप्त कर ली गई है। हालाँकि विवाह से पूर्व वह उच्च जाति की थी। जनजाति का सदस्य होने के लिए जरूरी नहीं है कि व्यक्ति वहाँ पैदा हुआ हो। विवाह के माध्यम से भी जनजाति का सदस्य बन सकता है। उच्च न्यायालय के फैसले को सही मानते हुए, सर्वोच्च न्यायालय ने अपील खारिज कर दी। लेकिन उर्मिला गिंडा बनाम भारत सरकार (ए.आई.आर. 1975 दिल्ली 115) के मामले में दिल्ली उच्च न्यायालय ने सर्वोच्च न्यायालय द्वारा निर्धारित सिद्धान्त को मानने से इनकार कर दिया। यहाँ उच्च जाति की एक लड़की ने अनुसूचित जाति के युवक (चमार) के साथ विवाह किया। अनुवादक की नौकरी के लिए अनुसूचित जाति की उम्मीदवार के रूप में नियुक्त न करने के लिए, सरकारी तर्क यह था कि अनुसूचित जाति के व्यक्ति से विवाह के आधार पर यह आरक्षित स्थान उसे नहीं दिया जा सकता। न्यायमूर्ति रंगा राजन ने फैसला सुनाया, "मुझे ऐसा लगता है कि उच्च जाति की महिला को अनुसूचित जाति के लिए आरक्षित स्थान के लिए प्रतियोगी होने की अनुमति (सिर्फ इस आधार पर देना कि उसने अनुसूचित जाति के व्यक्ति से विवाह किया है) देने से राज्य द्वारा बनाए कानूनी प्रावधानों को ही पराजित करना हो सकता है। राज्य द्वारा यह प्रावधान सामाजिक और शैक्षणिक रूप से पिछड़े वर्ग के द्वारा बनाए गए हैं ताकि उनके लिए स्थान आरक्षित रखे जा सकें।"

भारतीय परिप्रेक्ष्य में क्या अभी भी पत्नी का धर्म, जाति, सामाजिक स्थिति, पति की जाति, धर्म और सामाजिक स्थिति पर निर्भर नहीं करती ? यह मानना कि सिर्फ नौकरी के लिए ही उच्च जाति की लड़की ने अनुसूचित जाति के व्यक्ति से विवाह किया है—सर्वथा गलत है। अन्तर्जातीय या अन्तर्धार्मिक विवाह करना इतना आसान नहीं—बहुत हिम्मत और हौसला चाहिए। ऐसे विवाहों का आधार केवल नौकरियों में आरक्षण पाना ही नहीं होता। सामाजिक यथार्थ से आँख मूँदकर देखने से तो संकीर्ण न्यायिक दृष्टिकोण ही सामने आएगा। इस विवाह के परिणामस्वरूप हुए बच्चों के बारे में भी क्या इसी तरह से तर्क दिए जा सकते हैं ? खैर...दूसरी स्थिति यह भी हो सकती है कि अनुसूचित जाति की लड़की और बौद्ध या जैन धर्म का लड़का, हिन्दू विवाह अधिनियम, 1955 की बजाय, विशेष विवाह अधिनियम, 1954 के अन्तर्गत भी विवाह कर सकते हैं। बिना अपना-अपना धर्म बदले। विशेष विवाह अधिनियम के अनुसार हिन्दू, सिख, बौद्ध, जैन आपस में विवाह कर सकते हैं धर्मान्तरणवाला प्रतिबन्ध भी लागू नहीं होगा। सवाल है

कि क्या ऐसे में अनुसूचित जाति की लड़की (या लड़के) को आरक्षण का लाभ मिल सकता है ? इस सन्दर्भ में कोई नजीर अभी तक मेरी नजर में नहीं आई। लेकिन मेरा विचार है कि अगर विशेष विवाह अधिनियम के अन्तर्गत विवाह करें तो अनुसूचित जाति के लड़के या लड़की को आरक्षण के लाभ से वंचित नहीं किया जा सकता। नहीं किया जाना चाहिए। अगर मौजूदा 'कहानी चक्रव्यूह' को पूर्ण रूप से तोड़ना कठिन है तो जाहिर है कि सामाजिक-आर्थिक महत्त्वाकांक्षाएँ वैधानिक 'लूप होल्स' का लाभदायक रास्ता चुनने को विवश होंगी। हो रही हैं। वैधानिक या संवैधानिक प्रतिबन्धों से, सामाजिक संकल्पों को आखिर कब तक दबाया या कुचला जा सकता है ? सत्ता के हर नए षड्यन्त्र के साथ-साथ, सामाजिक समीकरण बदलते हैं और प्रतिरोध की रणनीति भी। आरक्षण के बाद पुनः धर्मान्तरण के तथ्य इसका प्रमाण हैं।

इस सन्दर्भ में दत्तकता (एडोपशन) सम्बन्धी विवाद पर दो निर्णय उल्लेखनीय हैं। पहला—शान्ता कुमार बनाम मैसूर राज्य (1971 (1) मैसूर लॉ जनरल 21) जिसमें अपीलार्थी को 16 वर्ष की उम्र में पिता ने अपने ही सम्बन्धी को गोद दे दिया था। सम्बन्धी सामाजिक और आर्थिक रूप से कमजोर वर्ग का है। आरक्षण के सवाल पर मैसूर उच्च न्यायालय का मानना था कि आरक्षण के लिए गोद लेनेवाले पिता की आमदनी या व्यवसाय को आधार मानना उचित नहीं। लेकिन दूसरे मामले—खजान सिंह बनाम भारत सरकार (ए.आई.आर. 1980 दिल्ली 50) में दिल्ली उच्च न्यायालय का कहना है कि खजान सिंह ने दत्तकता द्वारा अनुसूचित जाति की सदस्यता प्राप्त की है। उसके प्रमाण पत्र को रद्द नहीं किया जा सकता हालाँकि उसने कानूनी 'लूप होल' का फायदा उठाया है और अनुसूचित जाति के व्यक्ति के यहाँ गोद जाकर थोड़ी 'कैरियर प्लानिंग' की है। जाति परिवर्तन के पीछे नियम के प्रश्न व्यर्थ हैं।

माननीय न्यायमूर्ति ने अपने निर्णय में लिखा है, "वर्तमान भारतीय समाज में उच्च जाति के व्यक्ति द्वारा अनुसूचित जाति के व्यक्ति के यहाँ गोद जाने का फैसला लेने के लिए भी साहस और बुद्धिमत्ता की आवश्यकता है, भले ही उसने नौकरी पाने के लिए ऐसा किया हो। विद्वान न्यायाधीश ने अन्तर्जातीय विवाह और दत्तकता को प्रोत्साहित करती अनेक सरकारी योजनाओं का हवाला देते हुए यह मानने से साफ इनकार किया कि 'हरिजन हमेशा हरिजन रहेंगे।" सामाजिक समानता और संवैधानिक उद्देश्यों की पूर्ति के लिए अन्तर्जातीय और अन्तर्धार्मिक विवाह वगैरह अनिवार्य हैं।" धार्मिक प्रश्नों पर न्यायपालिका के निर्णय बेहद पेचीदा और अन्तर्विरोधी ही हैं।

निजी कानूनों से लेकर आरक्षण तक के सन्दर्भ में वैधानिक या संवैधानिक प्रावधानों में धर्मान्तरण पर प्रतिबन्ध लगाने के पीछे सुविचारित, सुनियोजित और दूरगामी सामाजिक-आर्थिक और धार्मिक ही नहीं, राजनीतिक उद्देश्य भी रहे हैं। सत्ताधारी वर्ग में उच्च वर्ग की उच्च जातियों का बहुमत रहा है। और यह बहुमत मूलरूप से कट्टर यथास्थितिवादी हिन्दू नेताओं का है। धर्म के सवाल पर संसद में हुए वाद-विवाद-संवाद और बहस के दौरान, हिन्दू धर्म की रक्षा में दिए गए नेताओं के बयानों या भाषणों को

पढ़कर समझा जा सकता है कि—असली मुद्दा क्या है ? हिन्दू धर्म के नाम पर अधिकांश राजनीतिक दलों की स्थिति ठीक वैसी ही है, जैसी महिला आरक्षण के प्रश्न पर रही है।

यही नहीं, 1968 में मध्य प्रदेश और उड़ीसा ने बलपूर्वक धर्मान्तरण रोकने के लिए कानून भी बनाए। मध्य प्रदेश उच्च न्यायालय ने इस कानून को संवैधानिक ठहराया लेकिन उड़ीसा उच्च न्यायालय ने नहीं। सर्वोच्च न्यायालय ने उड़ीसा प्रदेश उच्च न्यायालय के फैसले को सही मानते हुए मध्य प्रदेश उच्च न्यायालय का निर्णय रद्द कर दिया। सर्वोच्च न्यायालय के फैसले का मुख्य आधार यह था कि राज्य सरकार ऐसा अधिनियम नहीं बना सकती लेकिन इसके साथ ही यह भी स्थापना दी कि 'प्रचार' करने के अर्थ में धर्मान्तरण का अधिकार शामिल नहीं है। संविधान विशेषज्ञ, सर्वोच्च न्यायालय के इस फैसले को पूर्णतया गलत और अनुचित मानते हैं। लेकिन सही या गलत, सर्वोच्च न्यायालय का फैसला है...मानना ही पड़ेगा। हालाँकि ऐसा कोई कानून नहीं हो सकता, जो किसी भी व्यक्ति को धर्मान्तरण से रोक सके। और अगर धर्मान्तरण रोकने के लिए, कोई ऐसा कानून बनाया जा सकता है, जो संविधान सम्मत हो तो संसद को कौन रोक सकता है ?

संविधान की सीमाओं में कानून (सही-गलत) बनते रहे हैं और शायद भविष्य में भी बनते रहेंगे। सही या गलत होने पर संसद और समाज से लेकर सर्वोच्च न्यायालय तक 'बहस' हो सकती है। परन्तु धर्मान्तरण (या बल-छल पूर्वक धर्मान्तरण) को रोकने के लिए, हत्या और हिंसा की साम्प्रदायिक राजनीति के मौजूदा माहौल में 'उदारवादी मुखौटों' के साथ कोई बहस नहीं हो सकती। आतंक और धार्मिक उन्माद का एक रास्ता हत्या तक जाता है और दूसरा आत्महत्या तक। हत्याएँ बहुत हो चुकीं...अब यह समय, राष्ट्रीय बहस का नहीं, चिन्ता का है। उड़ीसा में जिन्दा जलाकर मारे गए ईसाई मिशनरी की विधवा ने तो कहा है, 'हत्यारे को माफी दे दो।' मगर क्या 'हत्यारों' को राष्ट्र, कभी क्षमा कर पाएगा ?

बच्चों पर माँ के अधिकार

बच्चों पर माँ के अधिकार (संरक्षकता) सम्बन्धी, सर्वोच्च न्यायालय का फैसला (गीता हरीहरन बनाम रिजर्व बैंक ऑफ इंडिया, जजमेंट टुडे 99 (1) सुप्रीम कोर्ट, 524, दिनांक 17 फरवरी, 1999) क्या सचमुच 'अभूतपूर्व' या 'ऐतिहासिक फैसला' है ? इस 'स्वागत योग्य' निर्णय ने 'आधी दुनिया' के सुलगते सवालों को सुलझा लैंगिक न्याय (जेंडर जस्टिस) के नए प्रतिमान स्थापित किए हैं या कुछ समय के लिए सवैधानिक संकट टाल दिया है ? सर्वोच्च न्यायालय के न्यायमूर्तियों ने सिर्फ न्याय की जादुई भाषा रची है या वास्तव में ही संवेदन की अन्तर्राष्ट्रीय शब्दावली को दूरगामी अर्थों में परिभाषित किया है ? संचार माध्यमों द्वारा निर्णय के सम्पादकीय अभिनन्दनों का असली अभिप्राय जन चेतना का प्रचार-प्रसार है या भ्रामक छवि निर्माण ? निःसन्देह न्यायिक विवेक और प्रतिभा ने न्याय किया है परन्तु महत्त्वपूर्ण और विचारणीय विषय है कि स्त्री को अपने बच्चों की संरक्षकता का समानाधिकार मिला या नहीं ? अगर अधिकारों का बराबर बँटवारा नहीं हुआ तो क्या माँ के साथ सच में न्याय हुआ है ?

एक सम्पादकीय टिप्पणी के अनुसार 'उच्चतम न्यायालय ने अपने एक ऐतिहासिक फैसले में पिता की ही तरह माँ को भी एक नाबालिग बच्चे की स्वाभाविक अभिभावक होने का अधिकार दिया है। अभी तक केवल पिता ही नाबालिग बच्चे के अभिभावक के रूप में मान्य था।'' माँ को 'अभिभावक होने का अधिकार' दिया है मगर केवल कुछ अपरिहार्य स्थितियों में ही। इसे समानाधिकार कैसे कहा जा सकता है ? फैसले के अनुसार माँ, बच्चों के पिता की अनुमति, अनुपस्थिति या शारीरिक-मानसिक अक्षमता की स्थिति में ही संरक्षक बन या बनाई जा सकती है। संरक्षकता प्रमाण पत्र हासिल करने के लिए कोर्ट-कचहरी के सिवा कोई विकल्प नहीं।

खैर, हिन्दू अल्पवयता और संरक्षकता अधिनियम, 1956 की धारा 6 में प्रावधान है कि किसी भी नाबालिग हिन्दू और उसकी सम्पत्ति (संयुक्त परिवार की सम्पत्ति के हित के अलावा) का प्राकृतिक संरक्षक–

(क) लड़के और अविवाहित लड़की की स्थिति में पिता और उसके बाद माता होगी, बशर्ते कि पाँच साल तक के बच्चों की अभिरक्षा आमतौर पर माँ के पास रहेगी।

(ख) अवैध पुत्र या अवैध अविवाहित पुत्री की प्राकृतिक संरक्षक माँ होगी और उसके बाद पिता।

(ग) विवाहित लड़की की स्थिति में उसका प्राकृतिक संरक्षक पति होगा। बशर्ते कि कोई व्यक्ति किसी नाबालिग या प्राकृतिक संरक्षक होने का अधिकारी नहीं होगा (इस धारा के अन्तर्गत)–

(क) अगर वह हिन्दू नहीं रहा है, या

(ख) अगर उसने पूर्ण रूप से संसार छोड़ संन्यास ले लिया है।

स्पष्टीकरण : इस धारा में 'पिता' और 'माता' की परिभाषा में सौतेले पिता और सौतेली माता शामिल नहीं हैं।

उपरोक्त प्रावधान के अनुसार, नाबालिग बच्चों का संरक्षक पिता और उसके बाद माता होगी, यहाँ नाबालिग बच्चों (पुत्र और अविवाहित पुत्री) से अभिप्राय सिर्फ वैध बच्चों से ही है। क्योंकि अवैध लड़के या अवैध अविवाहित लड़की की प्राकृतिक संरक्षक माँ होगी और उसके बाद पिता (अगर पता चला तो)। यानी वैध पुत्र-पुत्रियाँ पिता के और अवैध माता के। और हाँ, विवाहित लड़की (नाबालिग) का प्राकृतिक संरक्षक उसका पति होगा। (भले ही वह भी नाबालिग हो। देश में बाल विवाह अभी भी हर साल होते ही रहते हैं और ऐसे विवाह कानूनन भी मान्य ही हैं। रद्द थोड़े ही समझे जाते हैं।) इस सन्दर्भ में उच्च न्यायालयों से लेकर सर्वोच्च न्यायालय तक की अनेक नजीरें उपलब्ध हैं।

उपरोक्त वैधानिक पृष्ठभूमि में वैध पुत्र-पुत्रियों का प्राकृतिक संरक्षक पिता और उसके बाद माता होगी। प्रावधान में लिखे शब्द 'एंड ऑफ्टर हिम' का अर्थ अभी तक यही समझा जाता रहा है कि 'उसके जीवन काल के बाद'। यही अर्थ (अनर्थ) इस मुकदमे की बहस का मुख्य मुद्दा भी है और संवैधानिक चुनौती भी। अपीलार्थी स्त्रियों की दलील यह है कि यह प्रावधान लिंग के आधार पर विभेद है। इसलिए संविधान के अनुच्छेद 14 और 15 का उल्लंघन। अनुच्छेद 14 के अनुसार, हर व्यक्ति को कानून में समानता और समान कानूनी संरक्षण और मौलिक अधिकार प्रदान किया गया है और अनुच्छेद 15 में प्रबन्ध है कि राज्य किसी भी नागरिक के साथ केवल धर्म, वंश, जाति या लिंग के आधार पर विभेद नहीं करेगा। पिता के जीवन काल तक, अपने ही बच्चों पर माँ को कोई अधिकार नहीं देना–लिंग के आधार पर विभेद नहीं तो क्या है ?

सर्वोच्च न्यायालय के न्यायमूर्तियों डॉ.ए.एस. आनन्द, एम. श्रीनिवासन और उमेश सी. बैनर्जी के सामने बेहद गम्भीर, जटिल और पेचीदा 'धर्म संकट' की स्थिति थी। उन्हीं के शब्दों में 'क्या इस धारा को समझने का यह ढंग सही है और क्या धारा में लिखा शब्द 'बाद में' का एकमात्र अर्थ 'जीवन काल के बाद' (ऑफ्टर द लाइफ टाइम) ही है ? अगर इस प्रश्न का उत्तर सकारात्मक 'हाँ' दिया जाता है तो इस धारा को असंवैधानिक होने के कारण रद्द ठहराना होगा, क्योंकि निस्सन्देह यह संविधान द्वारा निर्धारित एक सिद्धान्त लैंगिक समानता का उल्लंघन करता है। हिन्दू संरक्षकता अधिनियम 1956 में लागू हुआ था, यानी संविधान बनने के छह साल बाद। क्या संसद की मंशा संवैधानिक सीमाओं का अतिक्रमण करना था या उसने संविधान द्वारा प्रदत्त मौलिक

अधिकारों को अनदेखा किया, जो अनिवार्य रूप से लिंग के आधार पर विभेद पर प्रतिबन्ध लगाते हैं ? हमारे विचार से नहीं। यह स्थापित हो चुका है कि अगर किसी एक संरचना (व्याख्या) से कोई कानून असंवैधानिक हो जाएगा जबकि किसी दूसरी उपलब्ध संरचना (व्याख्या) से संवैधानिक सीमाओं में ही रहता है तो अदालत दूसरी संरचना को प्राथमिकता देगी। इस आधार पर ही यह माना जाना चाहिए कि विधायिका ने संविधान के अनुसार ही कार्य किया है और आमतौर पर अदालतें, वैधानिक प्रावधानों की संवैधानिकता के पक्ष में ही रहती हैं।

सर्वोच्च न्यायालय के समक्ष समस्या यह है कि संरक्षकता सम्बन्धी प्रावधान को न पूर्ण रूप से स्वीकारा जा सकता है और न नकारा जा सकता है। न लिंग के आधार पर विभेद को अनदेखा किया जा सकता है और न विभेद को स्वीकार करके प्रावधान को असंवैधानिक घोषित किया जा सकता है। ऐसी दोनों ही स्थितियों के परिणाम जोखिम भरे हैं। एक तरफ संवैधानिक संकट की सम्भावना है और दूसरी तरफ लैंगिक न्याय की पुकार। ऐसे में कानूनी प्रावधान की 'भाषा के साथ बिना कोई हिंसा किए' ही रास्ता तलाशना-तराशना जरूरी है। समानाधिकार सम्भव नहीं मगर फैसला लम्बे समय तक 'सुरक्षित' रखना भी मुश्किल है। संसद, संविधान और लैंगिक न्याय के बीच बहस में से उठकर नहीं जाया जा सकता। शायद इसीलिए 'मध्यम मार्ग' अपनाना उचित समझा गया है। संविधान और संसद की लाज भी बच गई और स्त्रियों के साथ अभूतपूर्व न्याय का तकाजा भी पूरा हो गया। आप कह सकते हैं कि और विकल्प भी क्या था/है ?

उल्लेखनीय है कि न्यायमूर्ति एम.पी. ठक्कर की अध्यक्षता में गठित विधि आयोग की 133वीं रिपोर्ट 22 मार्च, 1990 को राज्यसभा में पेश की गई थी, जिसमें हिन्दू अल्प वयस्कता और संरक्षकता अधिनियम की कुछ धाराओं में संशोधन की सिफारिश की गई है। आयोग ने सुझाव दिया है कि माता-पिता दोनों को ही प्राकृतिक संरक्षक माना जाना चाहिए क्योंकि मौजूदा प्रावधान भारतीय संविधान के अनुच्छेद 15 के विरुद्ध है। आयोग कि यह सिफारिश निश्चित रूप से 'स्वागत योग्य' है। भले ही इससे महिलाओं को सिर्फ कागजी अधिकार मिल पाए। वह भी तब, जब भारतीय संसद इसे मानकर कानून बना दे। आशंका इसलिए है कि न जाने कितनी ही ऐसी सिफारिशें कानून और न्याय मन्त्रालय में पड़ी धूल चाट रही होंगी। इस सुझाव के आधार पर नया कानून बनाना पितृसत्तात्मक समाज की जड़ों में मट्ठा डालना होगा। क्या भारतीय पुरुष पंचायत इसे स्वीकार करेगी ?

आश्चर्यजनक है कि सर्वोच्च न्यायालय के निर्णय में विधि आयोग की सिफारिशों का हवाला तक नहीं है। सम्भव है बहस के दौरान विद्वान वकीलों का ही नहीं, न्यायमूर्तियों का ध्यान भी इस ओर न गया हो। अगर निर्णय के समय न्यायमूर्तियों के सामने विधि आयोग की रिपोर्ट रही होती तो हो सकता है कि निर्णय का रुख कुछ और होता। और कुछ न सही गम्भीरतापूर्वक पुनर्विचार और व्यापक बहस तो होती ही।

अन्तर्राष्ट्रीय परिप्रेक्ष्य के चक्कर में अक्सर राष्ट्रीय परिप्रेक्ष्य उपेक्षित रह जाता है।

इसी सन्दर्भ में यह जानना भी महत्त्वपूर्ण है कि संरक्षकता कानून की धारा सात में प्रावधान है कि बेटा गोद लेने पर बेटे की प्राकृतिक संरक्षकता का हक गोद लेनेवाले पिता और उसके बाद माता को मिलेगा। विधि आयोग ने सलाह दी है कि हिन्दू दत्तकता और भरण-पोषण अधिनियम 1956 की धारा सात के अनुसार जब बेटा या बेटी दोनों को ही गोद लेने का अधिकार दिया गया है तो संरक्षकता कानून में प्राकृतिक संरक्षकता का हक सिर्फ बेटा गोद लेने के बारे में ही क्यों ? बेटी गोद लेने पर भी समान रूप से यह अधिकार होना चाहिए। पर भारतीय समाज में बेटियाँ गोद लेने का दुस्साहस कितने लोग करते हैं ? 'दुस्साहसियों' को सजा मिलनी चाहिए, संरक्षकता नहीं।

उस समय भी समाचार पत्रों ने विधि आयोग की इस सिफारिश को खबरों में सिरे से गायब कर दिया गया। क्या इसलिए कि जब तक भ्रम बना रहे अच्छा है ? कहना न होगा कि विधि आयोग की सिफारिशों को समाचार पत्रों ने 'क्रान्तिकारी' और 'महिलाओं को समान अधिकार' देने के अभूतपूर्व सुझाव के रूप में प्रचारित किया था लेकिन यह प्रचार काफी हद तक भ्रामक था। मुझे लगता है कि स्त्रियों को कुछ भी अधिकार देने या देने की बात तक करने की जरूरत से ज्यादा विज्ञापित किया जाता है ताकि सबको यह अहसास और विश्वास हो सके कि भारतीय हिन्दू समाज, स्त्रियों के प्रति कितना उदार, सहृदय और न्यायप्रिय है।

'अबलाओं' को पुरुष समाज अधिकारी नहीं—दान और दया का पात्र समझता है। समानाधिकार देने से उसका वर्चस्व न टूट जाएगा। सारे सत्ता समीकरण न बदल जाएँगे। अपने 'जीवन काल' में पुरुष (पिता, पति, पुत्र) स्त्री को समानता देने का खतरा उठाने से अभी भी बहुत डरता है। इसलिए आसानी से कुछ भी नहीं देगा या देना चाहता। हिम्मत हो तो आगे बढ़कर छीन लो...हथिया लो। फैसले का विरोध करने के साथ-साथ स्त्री के विरुद्ध खड़ी सामाजिक, राजनीतिक, आर्थिक और वैधानिक व्यवस्था के विरोध का फैसला लेना भी जरूरी है। वरना 'उनका फैसला' तो संवैधानिक सन्तुलन बचाने-बनाने की 'इफ' और 'बट' यानी अगर-मगर, किन्तु-परन्तु और यद्यपि-लेकिन के दुष्चक्र में ही फँसा रहेगा या संविधान की सीमाओं पर गश्त लगाता रहेगा।

समानाधिकार के संघर्ष में कानून और न्यायपालिका की भूमिका सीमित ही नहीं, अनिश्चित भी है। पति की 'अनुपस्थिति' में पत्नी को 'कार्यवाहक संरक्षक' समझने, मानने से मिली राहत (जैसी और जितनी भी) से फिलहाल यह समझना पड़ेगा कि 'जस्टिस' का अर्थ सिर्फ 'जस्ट आईस' नहीं है। बर्फ पिघलने की शुरुआत का स्वागत है, मगर इसे सत्य या न्याय की विजय कहना कठिन है, क्योंकि अन्याय न होने का अर्थ, न्याय होना भी तो नहीं है।

कन्यादान अनिवार्य नहीं

आन्ध्र प्रदेश उच्च न्यायालय के न्यायमूर्ति रमेश माधव बापत ने शान्ति देवी बनाम रामलाल अग्रवाल (1998) के मामले में निर्णय सुनाते हुए कहा है, ''हिन्दू विवाह अधिनियम के अन्तर्गत वैध विवाह के लिए 'कन्यादान' अनिवार्य रस्म नहीं।' विद्वान न्यायमूर्ति के फैसले का आधार तर्क यह है कि 1978 के बाद हिन्दू विवाह अधिनियम 1955 और बाल विवाह निरोधक अधिनियम में प्रावधान है कि विवाह के समय दूल्हे की उम्र 21 साल और दुल्हन की उम्र 18 साल से अधिक होनी चाहिए। इससे पहले जब नाबालिग बच्चों का विवाह किया जाता था, तो पिता की सहमति अनिवार्य होती थी। यानी पिता द्वारा दामाद को पुत्री 'दान' में देने का वह अर्थ अब पूर्णतया समाप्त हो गया है। हालाँकि 1978 के बाद भी बाल विवाह दंडनीय अपराध भले ही हों, गैर-कानूनी रूप से अवैध-शून्य या गैर-कानूनी नहीं माने जाते। एक साल के लड़के का विवाह अगर छह महीने की लड़की के साथ करवा दिया जाए, तो वह विवाह कानून की नजर में पूर्ण रूप से वैध विवाह ही माना जाएगा। यही नहीं, एक साल का नाबालिग पति अपनी छह महीने की पत्नी का प्राकृतिक संरक्षक भी होगा। इस सन्दर्भ में उच्च न्यायालयों से लेकर सर्वोच्च न्यायालय तक की सैकड़ों नजीरें उपलब्ध हैं।

दरअसल इस मुकदमे में पति-पत्नी का तलाक हो चुका था। बेटियाँ अपनी माँ के साथ रहती थीं। एक बेटी का विवाह होना था। पिता ने अदालत में मुकदमा दायर किया कि उसे अपनी बेटी का कन्यादान करने की अनुमति प्रदान की जाए। उसका तर्क था कि बिना 'कन्यादान' के बेटी का विवाह कैसे होगा ? और पिता के अलावा 'कन्यादान' करेगा कौन ? पिता अदालत से 'स्टे ऑर्डर' ले आया, तो बेटियों ने उच्च न्यायालय का दरवाजा खटखटाया। बेटी का तर्क यह था कि वह वाणिज्य स्नातक है, बालिग है। इतनी समझदार भी है कि यह व्यक्तिगत निर्णय ले सके कि उसे अपनी पसन्द के किस लड़के से कब और कैसे विवाह करना है। पिता द्वारा 'कन्यादान' करने की न कानूनी जरूरत है और न धार्मिक-सामाजिक बन्धन। वह नहीं चाहती कि कोई उसका 'कन्यादान' करे। वह कोई वस्तु नहीं, जिसको दान या उपहार में दिया जा सके।

इसे एक उल्लेखनीय और सराहनीय फैसला भी कहा जा सकता है। इसलिए भी कि यहाँ न्यायिक दृष्टिकोण 'मनुवादी' नहीं है। सबसे अधिक महत्त्वपूर्ण बात यह है कि शिक्षित और सजग स्त्रियाँ अपने बारे में स्वयं फैसले ले रही हैं। यह पितृसत्ता के लिए

एक चुनौती भी है और चेतावनी भी कि नारी चेतना आग की तरह फैल रही है। अगर समय रहते परिवार के ढाँचे में आमूलचूल परिवर्तन और हर स्तर पर समानाधिकार नहीं होगा या किया जाएगा, तो निश्चय ही इसे अब और बचाना मुश्किल है।

साधन-सम्पन्न वर्ग की स्त्रियाँ 'कन्यादान' के सवाल पर कोर्ट-कचहरी कर सकती हैं, मगर वंचित नारी-समाज क्या करे ? हर साल हजारों की संख्या में दूध पीते बच्चों का विवाह होता है। बाल विवाह कानून में कितने झोल हैं, यह बताने की जरूरत नहीं। यह सही है कि सिर्फ कानून बनाने से सामाजिक बदलाव सम्भव नहीं। मगर यह भी सच है कि बिना कोई कारगर कानून बनाए स्थितियाँ नहीं बदलेंगी। इस सन्दर्भ में राजस्थान उच्च न्यायालय के न्यायमूर्ति अंशुमान ने एक लोकहित याचिका पर सुनाए फैसले में लिखा है, "मैं सिर्फ इसी नतीजे पर पहुँचता हूँ कि बाल विवाह एक शर्मनाक सामाजिक बुराई है। इसे सिर्फ समाज रोक सकता है। कोई भी सरकार या उसके नौकरशाह ऐसे विवाहों को होने से रोक ही नहीं सकते। वास्तव में इस बुराई को केवल तभी समाप्त किया जा सकता है, जब राजस्थान (देश) की आम जनता इस वर्षों पुरानी परम्परा के खिलाफ खुद विद्रोह करेगी। यह वह प्राचीन परम्परा है, जिसे कोई भी सभ्य समाज उचित नहीं ठहरा सकता।" मतलब कानून, अदालत, संसद कुछ नहीं कर सकती, कुछ नहीं करेगी, जो भी करना है, जनता को स्वयं करना होगा।

ऐसे में सवाल यह है कि जो बालिग, शिक्षित और साधन-सम्पन्न वर्ग की लड़कियाँ (स्त्रियाँ) नहीं हैं, वे क्या करें ? कहाँ जाएँ ? उनके मानवीय और वैधानिक अधिकारों पर विचार कौन करेगा ? क्या शिक्षित वर्ग की महिलाओं का वंचित स्त्री समाज के प्रति कोई उत्तरदायित्व नहीं ? आखिर अदालतें कब तक कहती रहेंगी, "यह काम विधायिका का है कि वे कानून बदलें और स्त्रियों को हर क्षेत्र में समानाधिकार प्रदान करें। हमारा काम कानून बदलना नहीं, बल्कि हमारा दायित्व सिर्फ इसकी व्याख्या करना है।" संसद में कब तक अन्दर-बाहर 'चुप्पी का षड्यन्त्र' चलता रहेगा ? लाखों अबोध बालिकाओं के 'चुनाव क्षेत्र' का प्रतिनिधित्व करने के लिए जरूरी है कि महिला आरक्षण विधेयक केवल 'पेश' होकर न रह जाए, 'पास' भी हो।

कोख, कानून और क्रूरता

किसी भी स्त्री (विवाहित, अविवाहित) का माँ बनना या न बनना उसका अधिकार है। गर्भपात सम्बन्धी कानून के अनुसार, 'वयस्क स्त्री द्वारा गर्भपात करवाने के लिए किसी (पति, पिता, अभिभावक) की भी सहमति या स्वीकृति की आवश्यकता नहीं।' लेकिन हिन्दू विवाह अधिनियम 1955 की धारा 13 की व्याख्या करते हुए कुछ उच्च न्यायालयों के विद्वान न्यायमूर्तियों का निर्णय है कि पत्नी द्वारा पति की सहमति के बिना गर्भपात करवाना 'क्रूरता' है और इस आधार पर पति तलाक लेने का अधिकारी है। 1971 में बने मेडिकल टर्मिनेशन ऑफ प्रेगनेंसी एक्ट और 1955 में बनाए गए हिन्दू विवाह अधिनियम के कानूनी प्रावधानों की व्याख्या बेहद अन्तर्विरोधी और विसंगतिपूर्ण लगती है, इसलिए इनका विवेक सम्मत न्यायिक पुनर्मूल्यांकन जरूरी है।

इस सन्दर्भ में श्रीमती सत्या बनाम श्रीराम (ए.आई.आर. 1983 पंजाब एवं हरियाणा 252) के मामले में न्यायमूर्ति आई.एस. टिवाणा का फैसला उल्लेखनीय है। पति का आरोप था कि उसकी पत्नी ने बिना उसकी मर्जी के दो बार गर्भपात करवाया है, जो हिन्दू विवाह अधिनियम के अन्तर्गत 'क्रूरता' है। जालन्धर के अतिरिक्त जिला न्यायाधीश बलवन्त सिंह तेजी ने पति की सहमति के बिना गर्भपात को क्रूरता मानते हुए तलाक की डिक्री मंजूर कर ली। इस निर्णय के विरुद्ध पत्नी ने उच्च न्यायालय में अपील दायर की।

न्यायमूर्ति टिवाणा ने अपने निर्णय में कहा, 'जहाँ पति, उसकी बहन और माता-पिता परिवार में बच्चे के लिए सदा पागल (क्रेजी) थे, लेकिन पत्नी ने दो बार गर्भपात करवा कर उनकी सारी उम्मीदों पर पानी फेर दिया। पत्नी का ऐसा व्यवहार पति के प्रति शारीरिक नहीं तो कम-से-कम मानसिक क्रूरता अवश्य है। इस आधार पर तलाक लेने के लिए पति पूर्णरूप से अधिकारी है।

विद्वान न्यायमूर्ति ने अपने फैसले में फोरब्स बनाम फोरब्स (1955) केस का हवाला दिया, जिसमें कहा गया था, 'अगर पत्नी जानबूझकर और लगातार पति की इस स्वाभाविक और कानूनी इच्छा को सन्तुष्ट करने से इनकार करती है कि उसे बच्चे चाहिए और उससे वंचित होने के कारण वह बेचैन होता है तथा उसके मानसिक स्वास्थ्य पर प्रभाव पड़ता है तो पत्नी क्रूरता की दोषी है।' यहाँ विचारणीय तथ्य यह है कि इस निर्णय के समय, इंग्लैंड (भारत में भी) में कानूनी रूप से गर्भपात की अनुमति नहीं थी। मगर इस बारे में न वकीलों ने कोई बहस की और न न्यायमूर्ति ने विचार।

खैर...न्यायमूर्ति ने निर्णय के अन्त में कहा, 'इस मुकदमे में यह क्रूरता इसलिए भी है कि दोनों पक्ष हिन्दू हैं। ऐसे में अदालतों को हिन्दू विवाह सम्बन्धी कानून को रेखांकित करते समय सामान्य सिद्धान्तों पर भी उचित ध्यान देना चाहिए। हिन्दुओं में पुत्र होने का बहुत महत्त्व है। पुत्र होने के अनेक आध्यात्मिक लाभ (अन्तिम संस्कार और पूर्वजों को पिंड दान वगैरह) हैं। इस प्रश्न का यह कोई जवाब नहीं कि पति, पुत्र गोद ले सकता है।'

आश्चर्यजनक है कि उपरोक्त मुकदमे में गर्भपात सम्बन्धी कानूनी प्रावधानों को देखने, समझने और विचारने को कोशिश ही नहीं की गई। इरा अधिनिगम की धारा 3 के अनुसार अगर गर्भवती महिला की जान का या शारीरिक या मानसिक आघात का खतरा है, तो डॉक्टर द्वारा गर्भपात किया जा सकता है। अगर यह आशंका या भय है कि पैदा होनेवाला बच्चा शारीरिक या मानसिक रूप से अपंग हो सकता है तो भी गर्भपात किया जा सकता है। कानून में स्पष्ट रूप से कहा गया है कि अगर बलात्कार या गर्भ निरोधक उपकरणों के बावजूद गर्भ रह गया है तो यह माना जाएगा कि गर्भवती स्त्री के मानसिक स्वास्थ्य पर गहरी चोट आएगी।

हाँ, अठारह वर्ष से कम उम्र की स्त्री या वयस्क मगर अपंग और मानरिाक रूग से विक्षिप्त महिला के गर्भपात के लिए उसके अभिभावक की लिखित अनुमति अनिवार्य है। अन्य मामलों में (बालिग महिलाओं) गर्भवती स्त्री की सहमति के बिना गर्भ समापन नहीं किया जा सकता। कानून के किसी भी प्रावधान में पत्नी द्वारा गर्भपात करवाने के लिए पति की सहमति अनिवार्य नहीं है, बशर्ते कि पत्नी की उम्र अठारह साल से अधिक हो। नाबालिग पत्नी का प्राकृतिक संरक्षक पति माना जाता है (कानून द्वारा) मगर पति भी नाबालिग हो, तो उसकी अनुमति का आखिर क्या मतलब है ? अगर कोई बालिग विवाहिता गर्भपात करवाना चाहती है, तो यह दायित्व डॉक्टरों का है कि गर्भपात कानून द्वारा निर्धारित उचित कारणों को देख-समझकर गर्भ समापन करें। अगर पत्नी द्वारा गर्भपात करवाना गैर-कानूनी नहीं है, तो फिर इसे तलाक के लिए 'क्रूरता' कैसे (क्यों) माना जा सकता है ? अगर गर्भपात कानून, स्त्री को स्वतन्त्र रूप से निर्णय लेने का अप्रतिबन्धित अधिकार प्रदान करता है, तो हिन्दू विवाह अधिनियम के अन्तर्गत 'क्रूरता' की न्यायिक व्याख्या भी इसी अधिकार को ध्यान में रख करनी होगी। दो अलग-अलग कानूनों के बीच अगर कोई टकराव है तो यह देखना भी नितान्त आवश्यक है कि बाद में बने कानून का मुख्य उद्देश्य क्या है ?

यहाँ उल्लेखनीय है कि गर्भ निरोधक उपकरणों से लेकर गर्भपात तक के कानूनों की पृष्ठभूमि और सामाजिक, आर्थिक, राजनीतिक कारणों को अनदेखा नहीं किया जा सकता। अगर गर्भपात कानून की व्याख्या, परम्परागत पुरुष मानसिकता के अनुसार ही की जाती है तो इसका अर्थ (अनर्थ) यथास्थिति बनाए, बचाए रखना भी होगा और स्त्रियों को समानाधिकार से वंचित करना भी। विवाहिता स्त्री द्वारा गर्भपात के निर्णय को 'क्रूरता' कहना-मानना, क्या स्त्री अधिकारों का न्यायिक अपहरण नहीं ? कानून की इससे अधिक 'क्रूर' व्याख्या या न्यायिक 'क्रूरता' और क्या हो सकती है ? अगर स्त्री

का अपनी देह (प्रजनन) पर ही नियन्त्रण या अधिकार नहीं, तो इसका अर्थ है कि उसे कोई आजादी नहीं है।

गर्भपात और क्रूरता के सवाल पर दीपक कुमार अरोड़ा बनाम सम्पूर्ण अरोड़ा (1983 डी.एम.सी. भाग एक, पृष्ठ 182) के मामले में दिल्ली उच्च न्यायालय की खंडपीठ ने अपने फैसले में कहा था, "कानूनी प्रस्थापना के रूप में यह नहीं कहा जा सकता कि जब कभी भी पत्नी अपने पति की सहमति के बिना गर्भ समापन करवाती है तो यह अपने आप में क्रूरता ही होगा। शारीरिक और मानसिक कारणों से पत्नी द्वारा गर्भपात करना अनिवार्य भी हो सकता है।" लेकिन कुछ ही वर्षों बाद सुशील कुमार वर्मा बनाम उषा (ए.आई.आर. 1987 दिल्ली 86) केस में दिल्ली उच्च न्यायालय के विद्वान न्यायमूर्तियों ने अरोड़ा केस के निर्णय को पूर्णतया नजरअन्दाज करते हुए, पत्नी द्वारा बिना पति की सहमति से प्रथम गर्भ समापन को क्रूरता माना। विद्वान न्यायमूर्तियों ने कहा, "विवाह का मुख्य उद्देश्य सन्तानोत्पत्ति ही है और प्रथम गर्भ के भ्रूण को समाप्त करके, पत्नी ने विवाह के मुख्य उद्देश्य को ही विफल कर दिया है।" इस निर्णय के अनुसार गर्भपात के मामले में, पत्नी द्वारा पति की सहमति लेना अनिवार्य हो गया है। पति की सहमति (आज्ञा या आदेश) के बिना गर्भपात 'क्रूरता' होगा और परिणामस्वरूप तलाक...तलाक...तलाक। स्त्रियाँ भले ही मानती रहें कि, 'यह हमारी देह है और हम इसकी खुद स्वामी।' गर्भपात का कानूनी अधिकार है मगर पति परमेश्वर की अनुमति के बिना, ऐसे कागजी कानूनों का क्या फायदा ?

इसके ठीक विपरीत स्थिति यह भी है कि स्त्रियाँ पति और परिवार के दबाव में भ्रूण परीक्षण करवा कर अधिकांश मामलों में कन्या भ्रूण का समापन करवाने को विवश हैं। इस क्रूरता के बारे में शायद ही कोई न्यायिक फैसला, मिसाल के तौर पर उपलब्ध हो। विधान...संविधान की भाषा अपनी जगह सही होने के बावजूद, गलत परिभाषा की शिकार होती ही है, हो रही है। कहना मुश्किल है कि नारी अधिकारों की वैधानिक भाषा वंश परम्परा से संचालित पुरुष परिभाषाओं द्वारा कब तक आखेट होता रहेगा।

कहना न होगा कि जनसंख्या नियन्त्रण के लिए, गर्भनिरोधक उपकरणों से लेकर गर्भपात तक की कानूनी छूट देना राजसत्ता की विवशता थी, क्योंकि उसकी तमाम योजनाएँ विफल हो रही थी। जनसंख्या नियन्त्रण का सीधा मतलब था स्त्री कोख पर नियन्त्रण, जिसे स्त्री के सन्दर्भ में 'यौन क्रान्ति' से लेकर 'देह मुक्ति' तक समझा-समझाया गया। परिवार नियोजन (कल्याण) का सन्देश घर-घर पहुँचाया गया और 'छोटा परिवार सुख का आधार' माना जाने लगा। किन्तु इस छोटे परिवार को कम-से-कम एक पुत्र अवश्य चाहिए ताकि वंश परम्परा कायम रहे। इस बीच अमनियोसेंटोसिस टेस्ट द्वारा गर्भपरीक्षण और मालूम होते ही कन्या भ्रूण की हत्या, पहले से अधिक सुविधाजनक हो गई। नतीजा हमारे सामने है कि पिछले तीस सालों में पुरुषों की संख्या की अपेक्षा, स्त्रियों की संख्या लगातार कम होती जा रही है। विवाहित स्त्री अभी भी घरेलू गुलाम बनी हुई है और पति परमेश्वर। स्त्री के लिए बांझ होना भी अपराध और बेटियों की

माँ होना भी सजा। वह सिर्फ बेटों की माँ के रूप में ही स्वीकृत या सम्मानित होती (रही) है। कानून...एक हाथ से अधिकार (यहाँ गर्भपात का हक) देता है और दूसरे हाथ से ('क्रूरता' कहकर) छीन लेता है। छीन रहा है। ऊपर से दावा यह है कानून के समक्ष सब बराबर हैं। क्या यही है बराबरी ? नहीं, नहीं बराबरी का मतलब तो 'बराबरों में बराबरी', ही होता है ना।

सर्वोच्च न्यायालय के एक निर्णयानुसार हर वयस्क स्त्री को माँ बनने (या न बनने) का अधिकार है, भले ही वह अविवाहित हो और अगर नौकरीपेशा है तो मातृत्व अवकाश पाने की अधिकारी भी है। इस सन्दर्भ में नर्गिस मिर्जा बनाम एअर इंडिया (ए.आई.आर. 1981 सुप्रीम कोर्ट 1829) का उल्लेख महत्त्वपूर्ण है। सर्वज्ञात है कि सुप्रीम कोर्ट के निर्णय के पहले, एअर इंडिया में परिचारिकाएँ नौकरी के चार साल बाद विवाह तो कर सकती थीं लेकिन माँ बनते ही नौकरी से हटा दी जाती थीं। माननीय न्यायमूर्तियों ने कहा, 'परिचारिकाओं को इस प्रकार नौकरी से हटाना अमानवीय और क्रूर ही नहीं बल्कि खुले तौर पर भारतीय स्त्रित्व का अपमान भी है। विवाह संस्था एक पवित्र और सम्मान योग्य संस्था है।'

इसके साथ-साथ सर्वोच्च न्यायालय के विद्वान न्यायमूर्ति रंगनाथ मिश्रा ने दहेज हत्या के बहुचर्चित सुधा गोयल केस (दिल्ली प्रशासन बनाम लक्ष्मण कुमार, ए.आई.आर. 1986 सुप्रीम कोर्ट 250) में कहा था, "हाल के दिनों में सारी दुनिया में ही मर्दों और औरतों के बीच गहरी प्रतिस्पर्धा सी आ गई है। औरतें एक अलग वर्ग के रूप में समानता की माँग के लिए सिर उठा रही हैं।...यह आपसी प्रतिस्पर्धा किस हद तक न्यायसंगत है ?..."

एअर इंडिया ही नहीं बल्कि उड़ीसा उच्च न्यायिक सेवा नियमों में भी यह प्रावधान था कि जिला न्यायाधीश के पद के लिए विवाहित महिलाएँ अयोग्य मानी जाएँगी। उड़ीसा उच्च न्यायालय ने इसे संविधान के अनुच्छेद चौदह का उल्लंघन माना था। (देखें ए.आई.आर. 1969 उड़ीसा 237)।

सत्ता का जनसंख्या नियन्त्रण के लिए परिवार नियोजन पर जोर है जो परिवार का वंश परम्परा की रक्षा के लिए पुत्र पर। स्त्री, विवाह और मातृत्व का दायित्व निभाते हुए अपने अस्तित्व और अस्मिता को कैसा बचा सकती है ? वह तो अपनी देह के बारे में भी स्वयं निर्णय नहीं ले पा रही। अपनी मर्जी का फैसला करते ही, कानून की दुधारी तलवार उसकी गर्दन पर आ टिकती है और न्याय की भाषा-परिभाषा 'क्रूरता' माना जा सकता है।

'क्रूरता' है तो कल गर्भ निरोधक गोली खाना भी, 'क्रूरता' माना जा सकता है।' 'क्रूरता' की कोई निश्चित परिभाषा तो किसी कानून में है नहीं। हर बार उपलब्ध तथ्यों, स्थितियों और परिस्थितियों के आधार पर बदली जाती रही है। संविधान समीक्षा के शोर-शराबे में स्त्री की चीख कौन सुनेगा ? स्त्री विरोधी विधानों की भाषा-परिभाषा की 'समीक्षा' या पुनर्समीक्षा कब और कैसे होगी ?

दूसरी औरत होने की सजा

मौजूदा भारतीय समाज में सभी धर्म-वर्ग (मुस्लिम के अलावा) के लोगों के लिए, एकल विवाह की ही कानूनी व्यवस्था है। पति या पत्नी के जीवित रहते (बिना तलाक) दूसरा विवाह, अवैध ही नहीं दंडनीय अपराध भी है, बशर्ते कि कानूनी रूप से मान्य शर्तें पूरी हों। मसलन 'सप्तपदी' वगैरह। लेकिन ऐसे विवाह के परिणामस्वरूप हुए बच्चे, वैधानिक दृष्टि से 'वैध' ही नहीं बल्कि, अपने-माँ-बाप की सम्पत्ति में भी बराबर के हकदार होंगे। हालाँकि उन्हें 'संयुक्त परिवार की सम्पत्ति बँटवाने का कोई अधिकार नहीं होगा।' आश्चर्यजनक है कि दूसरी पत्नी को पति से गुजरा भत्ता तक नहीं मिल सकता। हिन्दू विवाह अधिनियम 1955 की धारा 5 में विवाह के लिए तय पाँच शर्तों में से सर्वप्रथम शर्त यह है कि किसी भी पक्ष (वर-वधू) का पति या पत्नी (विवाह के समय) जीवित नहीं होना चाहिए। वरना धारा 11 के अनुसार विवाह पूर्णतया रद्द माना जाएगा और धारा 17 के अनुसार ऐसा विवाह रद्द ही नहीं बल्कि भारतीय दंड संहिता 1860 की धारा 494-495 के तहत दंडनीय अपराध भी होगा। धारा 5 की शर्त है कि विवाह के समय वर-वधू दोनों में से किसी का भी पति या पत्नी जीवित नहीं होना चाहिए और धारा 17 कहती है कि दोनों में से किसी एक का भी पति या पत्नी जीवित है, तो दूसरा विवाह अवैध और दंडनीय अपराध होगा। अगर दोनों में से किसी एक का पति या पत्नी जीवित है, तो दूसरा पक्ष पता लगने पर (अगर चाहे) विवाह को रद्द तो घोषित करवा सकता है मगर दंड नहीं दिलवा सकता/सकती। लेकिन अगर दोनों के ही पति-पत्नी जीवित हों, तो कौन किसके विरुद्ध दावा दायर करेगा ? जाहिर है दोनों चुप रहेंगे। भारतीय दंड संहिता की धारा 494 में प्रावधान है कि पति या पत्नी के जीवित रहते दूसरा विवाह दंडनीय अपराध है और प्रमाणित होने पर अधिकतम सात साल कैद और जुर्माना हो सकता है। परन्तु आपराधिक प्रक्रिया संहिता 1973 उपरोक्त अपराध को संज्ञेय अपराध नहीं मानती, लिहाजा अपराध जमानत योग्य भी है। मतलब यह कि पुलिस या अदालत पीड़ित पक्ष द्वारा शिकायत (प्रमाण सहित) के बिना कोई कानूनी कार्यवाही नहीं कर सकती और शिकायत पर कोई कार्यवाही होगी, तो अभियुक्त को जमानत पर छोड़ना ही पड़ेगा। आपराधिक प्रक्रिया संहिता की धारा 198 के अनुसार शिकायत का अधिकार सिर्फ पहले पति या पत्नी को ही उपलब्ध है, न कि दूसरे पति या पत्नी को। वे चाहें तो किसी भी कारणवश खामोश रह, दूसरे विवाह को 'वैधता'

प्रदान कर सकते हैं।

हिन्दू विवाह अधिनियम लागू होने (18 मई, 1955) से पहले एकान्त विवाह का नियम सिर्फ स्त्रियों का लागू होता था। पुरुष चाहे जितनी मर्जी पत्नियाँ रख सकता था। पुरुषों के लिए भी एकल विवाह का कानूनी प्रावधान बना-बनाया गया। लेकिन कानून की अदालती व्याख्याओं ने सम्भावित सामाजिक परिवर्तन की प्रक्रिया में गतिरोधक की भूमिका ही निभाई। भाऊराव शंकर लोखंडे बनाम महाराष्ट्र (ए.आई.आर. 1965 सुप्रीम कोर्ट 1564) के मामले में माननीय न्यायमूर्तियों ने धारा 494 की व्याख्या करते हुए स्थापना दी कि "हू एवर मैरीज" का मतलब है "हू एवर मैरीज वैलिडली।" उन्होंने आगे कहा : "सिर्फ यह तथ्य कि कोई स्त्री-पुरुष पति-पत्नी की तरह रहते हैं, किसी भी कीमत पर उन्हें पति-पत्नी का स्थान नहीं दे देता, भले ही वे बाहर समाज के सामने पति-पत्नी के रूप में पेश करते हैं और समाज भी स्वीकार करता हो।" न्यायमूर्तियों ने बहुत स्पष्ट रूप से लिखा है कि दूसरा विवाह भी विधिवत होना परमानिवार्य है, वरना दंडनीय अपराध नहीं। इस निर्णय के पदचिह्नों पर ही चलते हुए अनेक निर्णय आते चले गए। (ए.आई.आर. 1966 सुप्रीम कोर्ट 614 और ए. आई. आर. 1971 सुप्रीम कोर्ट 1153 ए. आई. आर. 1979 सुप्रीम कोर्ट 713,848) पुनर्विवाह के आपराधिक मामलों में भी सार्वजनिक और न्यायिक सहानुभूति इतनी पारदर्शी है कि किसी अतिरिक्त टिप्पणी की आवश्यकता नहीं। इस सन्दर्भ में अनेक उच्च न्यायालयों के बहुत से निर्णय बताए-गिनाए जा सकते हैं। सर्वोच्च न्यायालय का ही एक और फैसला, शान्ति देव वर्मा बनाम कंचन पर्वा देवी (1991 क्रिमिनल लॉ जरनल 660) विशेष रूप से उल्लेखनीय है। अपीलार्थी ने 1962 में पहला विवाह किया और बिना तलाक लिए 1969 में दूसरा। पहली पत्नी की शिकायत पर मजिस्ट्रेट ने पति व अन्य व्यक्तियों को डेढ़ वर्ष कारावास की सजा सुनाई। मगर अपील में सत्र न्यायाधीश ने सबको बाइज्जत बरी कर दिया। उच्च न्यायालय ने सिर्फ पति को दोषी माना और बाकी सब को रिहा कर दिया। 1979 में पति ने सर्वोच्च न्यायालय में विशेष अनुमति याचिका दायर की जिसका फैसला (10 अक्टूबर, 1990) सुनाते हुए न्यायमूर्ति रतनावेल पांडियन और के. जयचन्दा रेड्डी ने कहा, "उच्च न्यायालय के निर्णय को बहुत ध्यान से देखने के बाद हमारा विचार है कि विवाह में सप्तपदी के सन्दर्भ में विश्वसनीय साक्ष्यों के बिना, उच्च न्यायालय द्वारा (पत्रों के आधार पर) अर्थ निकालना उचित नहीं।" उपरोक्त निर्णय के ठीक एक साल बाद बम्बई उच्च न्यायालय के न्यायमूर्ति एम.एफ. सलदाना ने इन्दू भाग्य नातेकर बनाम भाग्य पांडुरंग नातेकर व अन्य (1992 क्रिमिनल लॉ जनरल 601) के अपील में कहा कि शिकायतकर्ता के लिए यह जरूरी नहीं है कि विवाह सम्बन्धी सभी रीति-रिवाज और कर्मकांडों को प्रमाणित करे। विश्वसनीय साक्ष्यों (विवाह प्रमाण पत्र) के आधार पर भी आरोप सिद्ध किया जा सकता है। न्यायमूर्ति सलदाना ने अपील में उठे प्रश्नों को 'बेहद महत्त्वपूर्ण समाजशास्त्री सवाल' मानते हुए निर्णय में लिखा : "दूसरा विवाह करने सम्बन्धी अपराध, विवाह की सामाजिक संस्था की जड़ों पर आघात करता है और

भारतीय दंड संहिता बनानेवालों ने से गम्भीर अपराध के रूप में वर्गीकृत किया है। क्योंकि यह मौजूदा विवाह संस्था को नष्ट करता है। इस अपराध के प्रायः आरोप लगाए जाते हैं लेकिन दुर्लभ मामलों में ही अदालतों के समक्ष प्रमाणित हुआ है या होता है। धारा 494 की व्याख्या करते समय, जो कि विभिन्न उच्च न्यायालयों और सर्वोच्च न्यायालय के सामने भी विचारणीय विषय रहा है, हालाँकि विभिन्न तथ्यों और स्थितियों में, अदालत को यह ध्यान में रखना चाहिए कि गम्भीर परिणामों के कारण ऐसा विवाह करनेवाले बहुत सजग रहते हैं और जहाँ तक सम्भव हो तथ्य गुप्त या गोपनीय रखते हैं। लेकिन पीड़ित पक्ष शिकायत करता है, तो अदालत सबूत माँगती है और प्रमाणों के अभाव में अधिकांश दोषी व्यक्तियों को आपराधिक अदालतों द्वारा रिहा कर दिया जाता है।'' बच्चों के सन्दर्भ में पेरूमल गुंडर बनाम पछायप्पन (एफ.आई.आर. 1990 मद्रास 110) के मामले में विद्वान न्यायमूर्ति रतनम का फैसला विचारणीय है। विद्वान न्यायमूर्ति के फैसले का आधार तर्क यह है कि 1953 में किया गया दूसरा विवाह, हिन्दू विवाह अधिनियम और मद्रास हिन्दू (पुनर्विवाह एवं तलाक) अधिनियम 1949 के अन्तर्गत शुरू से अब तक अवैध और गैरकानूनी है। यही नहीं, हिन्दू विवाह अधिनियम में 1976 के संशोधन से पहले तक इस विवाह के परिणामस्वरूप हुए बच्चे भी 'अवैध' ही माने जाते हैं। 1979 के संशोधन ने 'अवैध' बच्चों को वैधता और अपने माता-पिता की सम्पत्ति में कानूनी अधिकार प्रदान किए हैं। यह अधिकार सिर्फ उनके माता-पिता की सम्पत्ति तक ही सीमित है न कि अन्य व्यक्तियों की सम्पत्ति पर भी। संशोधन के उपरान्त बने कानूनी प्रावधान ऐसे बच्चों को संयुक्त परिवार में 'कोपार्शनर' का दर्जा नहीं देते। उनके अधिकार 'वैध' बच्चों के बराबर नहीं हैं।

खैर...पति-पत्नी के जीवित रहते, दूसरा विवाह पूर्णतया अवैध भी है और दंडनीय अपराध भी, मगर विवाह के परिणामस्वरूप हुए बच्चों को वैध ही नहीं बल्कि माँ-बाप की सम्पत्ति में उत्तराधिकारी भी माना जाएगा। संयुक्त परिवार की सम्पत्ति में, बँटवारा करवाने का हक नहीं मिला तो क्या हुआ ? पितृ सत्ता ने अपनी सन्तान को 'अवैध, हरामी' और अपनी सम्पत्ति के अधिकारों से वंचित होने से तो आखिर बचा ही लिया ना ! न्यायायिक व्याख्याओं के कारण अधिकांश पुरुष सजा से भी बच ही गए। यहाँ महत्त्वपूर्ण सवाल यह आ खड़ा होता है कि ऐसे दूसरे विवाह में स्त्री की स्थिति क्या बनती है ? उसके हक और अधिकारों का क्या होगा ? क्या वह बिना किसी कानूनी अधिकार या सुरक्षा के केवल दंडित ही होगी ? या जब तक पुरुष (पति, प्रेमी) की दया पात्र बनी रहेगी, तब तक ही रोटी, कपड़ा, मकान, सुरक्षा और सुख-सुविधा का सपना देख सकती है ? कानून और 'न्याय मन्दिरों' से तो गुजारा भत्ते के नाम पर, फूटी कौड़ी तक न मिलेगी। हाँ, स्त्री (और वह भी 'दूसरी औरत') के प्रति पुरुष पंचायत द्वारा बनाए कानूनों की भाषा-परिभाषा का सार संक्षेप यही है। ऐसा ही है न्यायशास्त्र। सुना नहीं ! सुप्रीमकोर्ट के विद्वान न्यायमूर्तियों ने कहा है : 'पत्नी का अर्थ है, केवल कानूनी रूप से विवाहित पत्नी।' (यमुनाबाई बनाम अनन्त राव, ए.आई.आर. 1988

सुप्रीमकोर्ट 644) 'पत्नी की परिभाषा में रखैल शामिल नहीं होती' (1984 (2) क्राइम 690 म.प्र.) 'पहली पत्नी के होते हुए, दूसरी को पत्नी कैसे माना जा सकता है ? नहीं, उसे गुजारा भत्ता नहीं मिल सकता। जिस स्त्री का विवाह ही 'अवैध' हो, उसे गुजारा भत्ता पाने का अधिकार नहीं'। बाजी राव (1980 क्रिमिनल लॉ जनरल 473, बकुला बाई बनाम गंगा राम (1988) सुप्रीम कोर्ट केसस 537)।

'दूसरी औरत' को जब गुजारा भत्ता देने पर ही यह न्याय (?) हो रहा है, तो कल्पना की जा सकती है कि पुरुष (पति, प्रेमी) की सम्पत्ति में से क्या मिल सकता है ? बिना तलाक लिए दूसरा विवाह 'अवैध' और दंडनीय अपराध मगर पुरुष की सन्तान वैध' ही नहीं सम्पत्ति में भी हकदार होगी। मगर पत्नी यानी 'दूसरी स्त्री' को गुजारा भत्ता तक नहीं मिल सकता। इस स्त्री के पहले विवाह के बच्चे (अगर हों) दूसरे पति के लिए 'सौतेले' माने जाएँगे, जिन्हें न गुजारा भत्ता पाने का हक और न सम्पत्ति में कोई अधिकार। पुरुष के अपने 'अवैध, हरामी और नाजायाज' पुत्र-पुत्रियों को तो (सिर्फ) गुजारा भत्ता पाने का हक है, लेकिन 'सौतेली' सन्तान या 'दूसरी स्त्री' को नहीं, भले ही पुरुष ने दूसरा विवाह धोखे से किया हो, ऐसे में 'दूसरी स्त्री' सिर्फ विवाह को रद्द घोषित करवा सकती है। दंड दिलवाने का उसे कोई कानूनी अधिकार नहीं। न्याय की नजर में यह 'दूसरी' (भले ही कितनी ही निर्दोष और अबोध क्यों न हो) पुरुष की 'रक्षिता या रखैल' के सिवा कुछ नहीं, जिसे न सामाजिक सम्मान मिल सकता है और न कोई कानूनी अधिकार।

'न्याय की देवी' (देवता) गान्धारी के तरह न जाने कब तक आँखों पर पट्टी बाँधे रहेंगे ? कब तक ! 'धृतराष्ट्र' की विवशता तो समझी जा सकती है, मगर 'गान्धारी' का 'पतिव्रत' समझ से बाहर है। धृत (राष्ट्र) जन्म से ही अन्धा है गाँधारी ! मगर तुम (पट्टी खोल) देख सकती हो...देखो 'द्रोपदी' के साथ क्या न्याय (अन्याय) कर रहे हैं, तुम्हारे लाडले बेटे। एक बार पट्टी खोल देखो तो सही।

'सौतेला' होने का मतलब

नान्योत्पन्ना प्रजाऽस्तीह न चाप्यन्यपरिग्रहे।
न द्वितीयश्च साध्वीनां क्वचिद्भर्तोपदिश्यते॥

(मनु. 5/162)

(न पर-पुरुष से उत्पन्न हुई सन्तान अपनी है और न पर-स्त्री के गर्भ से जन्मी सन्तान। कुलीन स्त्रियों के लिए दूसरा पति बनाने का उपदेश या अनुमति नहीं।)

पाठकों को यह पढ़-जानकर बेहद आश्चर्य होगा कि भारतीय कानून के किसी भी अधिनियम में, माँ, माता, जननी यानी 'मदर' को परिभाषित नहीं किया जा सकता है। द जनरल क्लाजज एक्ट की धारा 3, उपधारा 20 में बाप, पिता यानी 'फादर' को तो परिभाषित किया गया है, लेकिन माँ को नहीं। माँ को परिभाषित करने की आवश्यकता नहीं थी या कानून निर्माता पुरुषों ने जान-बूझकर इसे भुला दिया ? ऐसे क्यों और कैसे हुआ—कहना कठिन है। शायद इसलिए कि माँ एक निश्चित सत्य है और पिता मात्र अनुमान या अनिश्चित तथ्य, जिसे परिभाषित करना अनिवार्य है। कुछ समय पहले सर्वोच्च न्यायालय के माननीय न्यायमूर्ति डॉ. ए.एस. आनन्द और फैजाउदीन के सामने यह गम्भीर प्रश्न आ खड़ा हुआ कि क्या माँ शब्द की परिभाषा में, सौतेली माँ भी शामिल है ? क्या आपराधिक प्रक्रिया संहिता, 1973 की धारा 125 के अन्तर्गत सौतेली माँ को भी अपने सौतेले बेटे से गुजारा भत्ता पाने का अधिकार है या नहीं ?

कीर्तिकान्त डी. वदोदरिया बनाम गुजरात राज्य (II (1997) डी.एम.सी : 164, सुप्रीम कोर्ट) के निर्णय में न्यायमूर्ति ने लिखा है कि इस सन्दर्भ में विभिन्न उच्च न्यायालयों के बीच गम्भीर विवाद और अन्तर्विरोध हैं। गुजरात, उड़ीसा और इलाहाबाद उच्च न्यायालय के निर्णयों के अनुसार माँ शब्द की परिभाषा में सौतेली माँ भी शामिल है, इसलिए उसे सौतेले बेटे से गुजारा भत्ता लेने का हक है। मगर इसके विपरीत बम्बई, मध्य प्रदेश और आन्ध्र प्रदेश उच्च न्यायालयों का फैसला है कि माँ और सौतेली माँ दो अलग-अलग और विभिन्न अस्तित्व हैं। सौतेली माँ को, अपनी माँ के बराबर नहीं माना जा सकता। दुनिया भर के शब्दकोष उलटने-पलटने के बाद सर्वोच्च न्यायालय के विद्वान न्यायमूर्ति भी इसी नतीजे पर पहुँचे 'माँ शब्द का साफ-साफ अर्थ है—वह प्राकृतिक माँ जिसने बच्चे को जन्म दिया, न कि वह जो दूसरा विवाह करके पिता की

पत्नी बन गई है।'...ऐसा है इसलिए, दूसरी स्त्री को जिसे बच्चे के पिता ने पत्नी बनाया है, बच्चे की माँ का स्थान नहीं दिया जा सकता क्योंकि उनके बीच कोई खून का रिश्ता नहीं है।'

निर्णय में उल्लेख है कि जनरल क्लाजज एक्ट के अनुसार पिता की परिभाषा में दत्तक पिता भी शामिल है (बशर्ते कि व्यक्तिगत कानून में दत्तकता की अनुमति हो) हो सकता है। इसे आधार मानें तो माँ की परिभाषा में दत्तक माता' तो शामिल हो सकती है, लेकिन सौतेली माँ नहीं। माँ (शब्द की परिभाषा) की खोज में बम्बई उच्च न्यायालय का बहुत पुराना फैसला, वैध बनाम नत्था गोविन्द लाल (1885, 9 इंडियन लॉ रिपोर्ट 279) देखा तो पता चला कि मनु और भिताक्षरा के अनुसार माता का अर्थ है—जननी यानी पुराने हिन्दू कानून में भी माँ का मतलब बच्चे को जन्म देनेवाली स्त्री ही है। 'सैरोगेट मदर' के बारे में तो अभी बहस शुरू भी नहीं हुई।

विद्वान न्यायमूर्तियों ने अपने फैसले में लिखा है कि यह मानना बेहद मुश्किल होगा कि विधायिका सामाजिक ताने-बाने और परिवारों में सम्बन्धों की संरचना से अनभिज्ञ थी। हमारे समाज में मौजूद विभिन्न प्रकार के सम्बन्धों के बारे में संसद को बेखबर नहीं माना जा सकता। विशेषकर उस समय जब आपराधिक प्रक्रिया संहिता, 1973 की धारा 125 में पहली बार माता-पिता और तलाकशुदा पत्नी के गुजारे भत्ते का प्रावधान कर रही थी, क्योंकि पुरानी संहिता (1898) में ऐसा कोई प्रावधान नहीं था। महत्त्वपूर्ण है कि प्रावधान में लिखे शब्द उसके माता या पिता' में सौतेली माता का पिता शामिल नहीं किए गए हैं और इससे विधायिका की मंशा का स्पष्ट संकेत मिलता है।

धर्मशास्त्रों से लेकर संसद की मंशा और उच्च न्यायालयों की व्याख्याओं तक पर गम्भीरतापूर्वक विचार-विश्लेषण के बाद माननीय न्यायमूर्तियों ने धारा 125 के उद्देश्य, लक्ष्य, अभिप्राय और सीमाओं को ध्यान में रखते हुए कहा कि इस प्रावधान का मुख्य ध्येय स्त्रियों, बच्चों और वृद्ध गाता पिता के साथ सामाजिक न्याय करना है और उन्हें निराश्रय तथा भिखारी बनने से बचाना है, क्योंकि जो अपना गुजारा स्वयं नहीं कर सकते और सहारे के लिए नैतिक रूप से अधिकारी हैं—उनकी देखभाल के लिए, उन्हें जिम्मेवारी सौंप बाध्य करना होगा जो समर्थ हैं।..धारा 125 का प्रमुख उद्देश्य या लक्ष्य साफ-साफ यह है कि पत्नी, बच्चों और माता-पिता को संकट निराश्रयता और भुखमरी की स्थिति में बेसहारा नहीं छोड़ा जा सकता। धारा 125 के इस सामाजिक उद्देश्य को ध्यान में रखते हुए इसकी उदार व्याख्या अनिवार्य है, ताकि कानून निर्माताओं की नियत (इच्छा या भावना) को सार्थक अर्थ दे सकें। परिणामस्वरूप इस उद्देश्य की पूर्ति के लिए हमारे विचार से एक निःसन्तान सौतेली माँ अपने सौतेले बेटे से गुजारा भत्ता लेने की हकदार है बशर्ते कि वह विधवा (भी) हो या अगर पति जीवित है मगर सहारा देने में पूर्णतया असक्षम है। पुत्र द्वारा असक्षम पिता की देखभाल करने का कर्त्तव्य तो खैर हर सम्भव सवाल से परे तक तय है।...कानून बनानेवालों की ऐसी कोई मंशा नहीं कही जा सकती कि अपने पुत्र-पुत्रों या पति के रहते कुछ भी सौतेली माँ को सौतेले बेटे

से गुजारा भत्ता माँगने का हक है।

माननीय न्यायमूर्तियों ने उपरोक्त मुकदमे के तथ्यों, स्थितियों और परिस्थितियों पर गहनता से विचार करने के बाद प्रथमद्रष्टा तौर पर पाया कि सौतेली माँ के अपने पाँच पुत्र भी हैं और साधन-सम्पन्न पति भी, इसलिए ऐसा लगता है कि 'प्रतिवादी (स्त्री) ने जान-बूझकर अपने सौतेले बेटे को दंडित और परेशान करने के लिए मुकदमा दायर किया है जो पूर्णतया अनुचित है।' कुल मिलाकर नतीजा यह निकलता है कि माँ होने का मतलब सिर्फ जननी है, इसलिए सौतेली माँ को गुजारा भत्ता चाहिए तो अपने पति से ले। पति मर गया हो या अक्षम हो, तो अपने पुत्रों से माँगे। अपने पुत्र न हों, तो सौतेले बेटे से माँग सकती है वरना नहीं यानी सर्वप्रथम निःसन्तान होनी चाहिए और फिर विधवा तभी मिलेगा गुजारा भत्ता। सौतेली माँ हमेशा सौतेली ही मानी-समझी जाएगी—समाज ही नहीं, सर्वोच्च न्यायालय में भी।

सर्वोच्च न्यायालय के माननीय न्यायमूर्तियों की बेहद 'उदार व्यख्या' के बावजूद सौतेली माँ को सौतेले बेटे से गुजारा भत्ता (अधिकतम 500 रुपया महीना) नहीं मिला/मिलेगा, क्योंकि वह निःसन्तान विधवा नहीं है। अपने बेटे गुजारा भत्ता देने लायक हैं नहीं और सौतेले बेटे से कानून लेने नहीं देता या देगा। ऐसे में सौतेली माँ कहाँ जाए ? क्या करे ? अपना पति या बेटे रोटी देते या दे देने योग्य होते, तो (बेचारी) स्त्री सौतेले बेटे के साथ कोर्ट-कचहरी क्यों करती ? सौतेले बेटे को 'दंडित और परेशान' करने में क्या वह स्वयं ही (या भी), दंडित और परेशान नहीं हो रही ? क्या इतनी आसान है गुजरात की सेशन कोर्ट से सुप्रीम कोर्ट तक मुकदमेबाजी ? जिसके पास खाने को रोटी नहीं, वह किस बलबूते पर दूसरों को परेशान करने के लिए अदालत भागती-दौड़ती रहेगी? ऐसे ही अनेक अनसुलझे सवाल हैं, जिसका कोई सन्तोषजनक जवाब नहीं मिल रहा। कानून के किले में सौतेले संस्कारों की सीलन आखिर कब समाप्त होगी या कब तक बनी रहेगी—कहना कठिन है।

सर्वोच्च-न्यायालय के इस निर्णय से पहले भी सौतेली माँ, न्याय का दरवाजा खटखटाती रही हैं और बाद में भी, लेकिन सौतेली ही मानी जाती रही है। उपरोक्त निर्णय (दिनांक 26 अप्रैल, 1996) के बाद, मिलते-जुलते तथ्यों पर एक और फैसला (लेखराज बनाम कलावती, II (1997) डी.एम.सी. 256) पंजाब और हरियाणा उच्च न्यायालय के न्यायमूर्ति पी.के. जैन ने 6 फरवरी, 1997 को सुनाया है। जाहिर है सर्वोच्च न्यायालय की नजीर के आधार पर सौतेली माँ को फिर बताया-समझाया गया कि अपने बेटों से लो गुजारा भत्ता, सौतेले बेटे के कुछ नहीं मिल सकता। अदालत इससे ज्यादा 'उदार' नहीं हो सकती। खैर...अगर न्यायालय की 'उदारता' सचमुच सराहनीय और सौतेले पुत्र का तर्क भी अकाट्य है, तो सवाल सिर्फ इतना ही है कि क्या केवल सारा कसूर सौतेली माँ का है ? समस्या उतनी सरल नहीं, जितनी सरलता से सुलझी मान ली गई है और न जाने कब तक मानी जाती रहेगी। सौतेली माँ हो या बेटा-बेटी, भारतीय समाज में सब 'शापग्रस्त' हैं।

सौतेली माँ से भी अधिक त्रासद स्थिति सौतेले बेटे-बेटियों की है। तलाक के बाद अगर कोई स्त्री दुबारा विवाह करे तो पहले पति से हुए बच्चे दूसरे पति के लिए सौतेले माने जाएँगे और उन सौतेले बच्चों को सौतेले पिता से न गुजारा भत्ता मिल सकता है और न उत्तराधिकार में फूटी कौड़ी, जो लेना हो अपने 'बाप' से लो या अपनी माँ से। मुझसे (सौतेले माता-पिता या भाई-बहन) तुम्हारा कोई वास्ता नहीं। कितनी विसंगतिपूर्ण और विडम्बनापूर्ण है यह कानूनी धारा (125) कि पुरुष से उसकी 'अवैध सन्तान' तो गुजारा भत्ता ले सकती है, लेकिन सौतेली सन्तान नहीं। विधिवत विवाहित पत्नी ही गुजारा भत्ता माँग सकती है, दूसरी पत्नी (या रखैल) नहीं। माँ-बाप अब (सुप्रीम कोई के एक निर्णय के बाद) विवाहित बेटी से भी गुजारा भत्ता वसूल कर सकते हैं, लेकिन विवाहित बेटियाँ अपने बाप से गुजारा भत्ता लेने की हकदार नहीं। पति (पुरुष) को रखैल रखने (व्यभिचार करने) का कानूनी अधिकार है, मगर (व्यभिचारिणी) पत्नी को पति से गुजारा भत्ता तक नहीं मिलेगा।

विधि आयोग की 133वीं रिपोर्ट (1990) में तो यहाँ तक रिफारिश की गई थी कि 'नाबालिग बच्चों को सौतेली माँ के साथ न रहने दिया जाए...नाबालिग लड़की को सौतेले पिता के साथ न रहने दिया जाए...(यौन शोषण का खतरा है)...जहाँ माँ-बाप दोनों ने ही विवाद कर लिया हो वहाँ अदालत फैसला करे कि बच्चे किसे दिए जाएँ...।'

क्या भारतीय समाज और कानून 'कैकेयी' और 'सत्यवती' की सौतेली माँ की छवि से कभी मुक्त नहीं होगा और सौतेली माँ (या सन्तान) को हमेशा खलनायिका (या खलनायक) की भूमिका में ही देखता रहेगा ? कैसे और कब होगा 'सौतेलों' के साथ न्याय या सामाजिक न्याय ? पिछले तीन दशकों में तलाक और पुनर्विवाह लगातार बढ़े हैं। परिणामस्वरूप बहुत से ऐसे परिवारों में सभी सदस्य एक-दूसरे के लिए सौतेले हैं। किसी के लिए बाप सौतेला है और किसी के लिए माँ। किसी के लिए भाई सौतेला है और किसी के लिए बहन। सौतेलापन बढ़ रहा है मगर कानून वही सदियों पुराना !

पितृत्व परीक्षण : न्यायपालिका धर्मसंकट में

पितृसत्तात्मक समाजों में वैध सन्तान के लिए विवाह संस्था अनिवार्य है। विवाह संस्था से बाहर जन्मे बच्चे अवैध (नाजायज, हरामी बास्टर्ड) कहलाते हैं। वैध बच्चे पिता के और अवैध माँ के 'सम्बन्धी' माने जाते हैं। रद्द घोषित विवाह से उत्पन्न बच्चे अब (1976 के बाद) अवैध नहीं वैध माने जाएँगे, लेकिन शेष अशेष बच्चे अवैध। अवैध बच्चों को पिता का उत्तराधिकारी नहीं, बल्कि माँ का ही उत्तराधिकारी माना जाता है। भले ही माँ के पास उत्तराधिकार में देने के लिए कुछ हो या नहीं। अवैध पुत्र को माँ से उत्तराधिकार में सम्पत्ति तो मिल सकती है, लेकिन गुजारा भत्ता नहीं। आपराधिक प्रक्रिया संहिता की धारा 125 में प्रावधान है कि पिता से वैध ही नहीं अवैध बच्चे भी गुजारा भत्ता ले सकते हैं। सर्वोच्च न्यायालय के शब्दों में इस कानून का उद्देश्य, 'अतीत में हुए, किए पापों के लिए दंडित करना नहीं, बल्कि भविष्य को भुखमरी से बचाना है।' (जागीर कौर बनाम जसवन्त सिंह ए.आई.आर. 1963 सुप्रीम कोर्ट 1521) माननीय न्यायमूर्तियों के फैसले में यह भी कहा गया है कि अवैध बच्चे को गुजारा भत्ता देते समय, अदालत को इस सच का पता लगाना होगा कि तमाम तार्किकताओं में तथाकथित पिता के अलावा कोई और व्यक्ति पिता नहीं हो सकता यानी पहले सिद्ध करो (सन्देह से परे तक) कि अमुक व्यक्ति तुम्हारा पिता है...वही पिता है...और कोई हो ही नहीं सकता। पितृत्व परीक्षण हो नहीं सकता। अदालत पिता को बाध्य नहीं कर सकती। पिता के बारे में ठोस प्रमाण नहीं तो गुजारा भत्ता कैसे मिल सकता है ? हाँ ! आपको 'अवैध पुत्र' और आपकी माँ को 'बदलचन स्त्री' का प्रमाण पत्र अवश्य मिल जाएगा।

सर्वोच्च न्यायालय के (फैसले के) पदचिह्नों पर पोषित, दुरैईराजू बनाम नीला, (1976 क्रिमिनल लॉ जरनल 1507) से लेकर अहिल्या बनाम छलिया (1992 क्रिमिनल लॉ जरनल 493) वगैरह अनेक ऐसे निर्णय मौजूद हैं, जिनमें पिता प्रमाणित करने की सारी जिम्मेदारी स्त्री को सौंपी गई है। परिणामस्वरूप अवैध बच्चों की अधिकांश अपील, दलील 'डैड लैटर्स' बनकर रह जाती है।

आश्चर्यजनक है कि अवैध बच्चे अपने पिता से गुजारा भत्ता ले सकते हैं। बशर्ते कि प्रमाणित कर सकें। लेकिन आन्ध्र प्रदेश उच्च न्यायालय के विद्वान न्यायमूर्ति सुभाषण रेड्डी का फैसला है कि धारा 125 में कहीं भी यह व्यवस्था नहीं है कि पिता या माता अपने अवैध पुत्र से गुजारा भत्ता ले सकें। (कमला देवी बनाम कमला कुमार शेखर व

अन्य। (1994) डी.एम.सी. 183 इस निर्णय का निचोड़ यह होगा कि स्त्री, पुरुष (पति प्रेमी) से ही नहीं अपने ही पुत्र (अवैध) से भी गुजारा भत्ता नहीं ले सकती।

गौतम कुंडू बनाम पश्चिम बंगाल (ए.आई.आर. 1993 सुप्रीम कोर्ट 2295) में अपीलार्थी ने 16 जनवरी, 1990 को विवाह किया। अप्रैल, 1990 में पत्नी परीक्षा देने के लिए अपने मायके चली गई। अप्रैल में ही गर्भवती भी हो गई थी। पति और ससुरालवाले चाहते थे कि गर्भपात करवा ले, लेकिन पत्नी नहीं मानी तो उसे काफी प्रताड़ित किया गया। खैर...अक्टूबर में वापिस आ गई और जनवरी, 1991 में एक बालिका को जन्म दिया। गुजारा भत्ते की याचिका पर अदालत ने अगस्त '91 से उसे और बच्चे को 500 रुपए महीना गुजारा भत्ते का आदेश दे दिया, लेकिन पति ने इसके विरुद्ध अपील दायर कर दी। इसके बाद अपीलार्थी ने एक और याचिका दायर की जिसमें बच्चे के खून की जाँच करवाने की प्रार्थना की गई थी। पति का आरोप यह था कि वह बच्ची का बाप नहीं है और पत्नी व्यभिचार की दोषी है। उच्च न्यायालय ने याचिका रद्द की तो पति ने उच्चतम न्यायालय में विशेष अनुमति याचिका दायर कर दी।

सर्वोच्च न्यायालय के विद्वान न्यायमूर्ति श्री ए.एम. अहमदी और एस. मोहन ने 1837 से लेकर 1987 तक हुए अनेक निर्णयों और साक्ष्य अधिनियम की धारा 112 का गम्भीरतापूर्वक विवेचन करते हुए कहा कि यह निराधार याचिका गुजारा भत्ता न देने की कोशिश के सिवा और कुछ नहीं।

माननीय न्यायमूर्तियों ने कहा कि भारतीय अदालतें कानूनी रुटीन में खून की जाँच के आदेश नहीं दे सकती। जहाँ याचिका का उद्देश्य लम्बी-चौड़ी जाँच करवाना हो, खून की जाँच करवाने की प्रार्थना स्वीकार नहीं की जा सकती। प्रथमदृष्टा ठोस सबूत होने चाहिए कि गर्भ के समय पति के लिए पत्नी उपलब्ध नहीं थी, ताकि साक्ष्य अधिनियम की धारा 112 के तहत मान्यता को गलत ठहराया जा सके। अदालतों को ध्यानपूर्वक देखना चाहिए। कि खून जाँच के आदेशों का क्या परिणाम होगा कहीं बच्चा अवैध और पत्नी व्यभिचारिणी के रूप में तो नहीं मानी जाएगी। और अन्तिम बात यह कि किसी भी व्यक्ति को खून की जाँच के लिए, नमूना देने के लिए बाध्य नहीं किया जा सकता।

इस सन्दर्भ में सर्वोच्च न्यायालय का उपरोक्त फैसला विवाह संस्था के भीतर जन्मे बच्चों के बारे में तो सराहनीय कहा जा सकता है, परन्तु विवाह संस्था के बाहर पैदा हुए बच्चों के बारे में नहीं। वैधता अवैधता की यह अवधारणा मूलतः पितृसत्ता के चक्रव्यूह को न्यायिक मान्यता प्रदान करती है।

न्यायमूर्तियों ने पितृत्व परीक्षण के बारे में स्पष्ट रूप से स्थापना दी कि भारतीय साक्ष्य अधिनियम की धारा 112 रहते 'अंग्रेजी कानून' का प्रयोग नहीं किया जा सकता। पितृत्व और वैधता की मान्यता को गलत सिद्ध करने के लिए तभी अनुमति दी जा सकती है, जब पति द्वारा पत्नी से सहवास की कोई सम्भावना ही न हो। और फिर किसी भी व्यक्ति को बच्चे के प्राकृतिक संरक्षक के नाते खून का नमूना देने के लिए बाध्य

नहीं किया जा सकता। संसद भी शायद नहीं कर सकती। ज्यादा-से-ज्यादा, मना करने पर प्रतिकूल संकेत लिए जा सकते हैं, लेकिन कुछ मामलों में उच्च न्यायालयों का मत है कि 'प्रतिकूल संकेत' भी नहीं लिए जा सकते।

इस विषय विशेष पर स्वाति लोढा बनाम राजस्थान (1991 क्रिमिनल लॉ जरनल 939) में न्यायमूर्ति श्री नवीन चन्द्रा शर्मा का फैसला संविधान के अनुच्छेद 20 और बलात्कार सम्बन्धी प्रावधान 376 (भारतीय दंड संहिता) के सन्दर्भ में महत्त्वपूर्ण रूप से उल्लेखनीय है। न्यायमूर्ति शर्मा का कहना है कि खून की जाँच (पितृत्व परीक्षण) के लिए नमूना देने के लिए अभियुक्त को आदेश दिया जा सकता है कि अगर वह नमूना न दे, तो इसे उसके विरुद्ध 'अन्य प्रमाण' की तरह इस्तेमाल भी किया जा सकता है।

विद्वान न्यायमूर्ति ने अपने निर्णय में लिखा 'स्वाति में एक वह माँ नहीं बोल रही जो बच्चे को किसी कानूनी अधिकार के लिए उसके (माता) पिता का निर्धारण करवाना चाहती है। यह एक स्त्री के प्रतिशोध का परिणाम है जो वह राजकुमार के खिलाफ ले रही है, जिसने उसका कौमार्य, अस्मिता और पवित्रता भंग करने के बाद किसी दूसरी स्त्री से शादी कर ली है।'

उपरोक्त निर्णयों से स्पष्ट कि, 'पैटरनिटी टेस्ट' करवाना दरअसल पिता का नाम (असली) पिता है कौन। इतनी सी सूचना भर पितृसत्ता के तमाम भेद खोल सकती है, जो निश्चित रूप से विस्फोटक सिद्ध होगी। केरल उच्च न्यायालय के शब्दों में 'निस्सन्देह कुछ (ही) मामलों में यह सम्भव है कि पति को ऐसे बच्चे भी पालने पड़ें, जिनका शायद वह पिता ही नहीं है। (1975 केरल लॉ टाइम्स 533)

निस्सन्देह मौजूदा भारतीय कानून व्यवस्था में गुजारा भत्ता सम्बन्धी वैधानिक स्थिति बेहद विवादास्पद, अव्यवस्थित, भेदभावपूर्ण और विसंगतिपूर्ण है। अवैध बच्चे पिता से गुजारा भत्ता ले सकते हैं, लेकिन सौतेले बच्चे नहीं। दूसरे विवाह से हुए बच्चों को अवैध नहीं वैध माना जाएगा, मगर दूसरी पत्नी को गुजरा भत्ता तक नहीं मिलेगा भले ही विवाह धोखे से किया गया हो। अधिकतम 500 रुपया महीना गुजारा भत्ते के लिए भी सालों कोर्ट कचहरी करनी पड़ेगी। स्त्री के साथ नयाय में ऐसी देर (अँधेर) का एक ही अर्थ है अन्याय। ऐसे में प्रश्न है कि आखिर 'आधी दुनिया' के साथ न्याय (सामाजिक, आर्थिक, राजनीतिक) कब होगा ? कैसे होगा ?

अदालत, अँधेरा और आधी दुनिया

'समानता का अर्थ है समान लोगों में समानता'

(संविधान के अनुच्छेद 14 पर सुप्रीम कोर्ट का निर्णय)

हमारे देश का पूरा न्यायिक ढाँचा, सारे कानून और कानूनी प्रक्रिया 1947 में स्वतन्त्रता प्राप्ति के समय वही थी जो अंग्रेजों के शासनकाल में थी। लेकिन 26 जनवरी, 1950 को हमारा अपना संविधान बना। लिहाजा उन हिस्सों को हमने अपने कानून के दायरे से बाहर निकाल दिया, जो कहीं न कहीं हमारे राष्ट्रीय आन्दोलन की भावना के प्रतिकूल थे। अन्यथा तमाम कानून पूर्ववत् रहे, चाहे भारतीय दंड संहिता हो, आपराधिक प्रक्रिया संहिता हो, साक्ष्य अधिनियम हो या दूसरे कानून हों। 1950 में अपना संविधान बनने के बाद पहली बार मौलिक अधिकार, समानता का अधिकार, अभिव्यक्ति और सम्पत्ति का अधिकार, धार्मिक स्वतन्त्रता का अधिकार...न्याय और सामाजिक न्याय जैसे मुद्दों की बात हुई। इसके बाद 1955-56 में कुछ नए कानून बने और कुछ कानूनों में संशोधन हुआ। हिन्दू विवाह अधिनियम, उत्तराधिकार अधिनियम भरण-पोषण अधिनियम, दत्तक ग्रहण जैसे कानून अस्तित्व में आए। नए कानून, नए अधिकार और नई न्याय व्यवस्था का एक विश्वास भारतीय जनमानस में पैदा हुआ।

न्याय व्यवस्था पर समग्र रूप से गहन चिन्तन करने की आवश्यकता है। ब्रिटिश काल के दौरान बने कानून अपने आप में पूर्ण हो सकते हैं। मसलन, भारतीय दंड संहिता जिसमें अब तक बहुत कम संशोधन हुए हैं। मगर आजादी के बाद भारतीय संसद ने जो कानून बनाए, उनमें पूर्णता का अभाव दिखाई देता है। कोई भी कानून जब तक पूर्ण दस्तावेज बनकर समाज के सामने नहीं आता, तब तक उस कानून से कोई लाभान्वित नहीं होता। अगर कानून अपने में पूर्णता लिए हुए नहीं है और उससे बच निकलने के रास्ते मौजूद हों तो उसे लागू करना अर्थहीन हो जाता है। 1860 के कानूनों से 2000 के भारतीय समाज को न्याय दे पाना असम्भव लगता है और 'संविधान के मूल ढाँचे में संशोधन नहीं किया जा सकता' (सुप्रीम कोर्ट)।

भारत के जिन लोगों के नाम पर संविधान के कायदे-कानून, नियम और अधिनियम बनाए गए हैं उनमें से अधिकांश लोग अनपढ़, अँगूठा टेक हैं। लेकिन कानून की अज्ञानता उनके लिए भी कोई बहाना नहीं हो सकती। हालाँकि अच्छे-खासे, पढ़े-लिखे

लोग तो दूर, कानून-विशेषज्ञों, वकीलों और न्यायाधीशों में से शायद ही कोई ऐसा मिले, जिसे देश के सभी कानूनों की पूर्ण जानकारी हो।

सच है कि समय और समाज बदलने के साथ-साथ नए कानून भी बनाने पड़े और अपने संविधान में भी संशोधन करने पड़े। श्रम कानून, सामाजिक कानून, दहेज कानून, सती कानून, विदेशी मुद्रा कानून और अनेक नए कानून बने। लेकिन कानून का सहारा लेकर जिस तरह अंग्रेज दमन करते थे, उसी तरह हमारे यहाँ व्यवस्था द्वारा दमन हुआ।

प्रभुतासम्पन्न वर्ग कानून को हमेशा अपने अस्तित्व को बचाने या बनाए रखने के लिए बनाता है। उसकी व्याख्याएँ लोकतान्त्रिक देशों में न्यायपालिका द्वारा अपने ढंग से की जाती हैं। लेकिन मूलतः यह सारा अधिकार संसद के पास है। पिछले पचास वर्षों का इतिहास देखें तो कुछ समय को छोड़कर देश पर एक दल ने ही शासन किया और उसने पूरे अधिकार के साथ जो चाहे वे कानून बनाए। कुछ कानून, जो ऐसा लगता भी है कि सामाजिक सन्दर्भों में औरतों के लिए, बच्चों के लिए, मजदूरों के लिए बनाए गए, वे भी इतने आधे-अधूरे, बनाए गए कि उनका पूरा लाभ इन वर्गों को नहीं मिल पाया। अपराध, बलात्कार, औरतों के प्रति अत्याचार, दहेज के कारण होनेवाली मौतें, कहीं भी किसी जगह कोई कमी नहीं आई। पचास वर्षों में कानून का सामाजिक न्याय के साथ जो रिश्ता बना, वह यह है कि अपराध करनेवाले 98 प्रतिशत लोग छूट जाते हैं। कानून की अपनी बारीकियाँ हो सकती हैं लेकिन मूलतः कानून का जो ढाँचा हमारे पास है, उसमें जो भी कानूनी सुविधाएँ हैं वे साधन सम्पन्न लोगों के लिए अधिक हैं। गरीब आदमी आज भी पुलिस, कोर्ट-कचहरी, कानून से डरता है। शायद उतना ही डरता है जितना अंग्रेजों के शासन काल में डरता था क्योंकि कानून आज भी उसकी पहुँच से बाहर है। जिस व्यक्ति के पास पैसा है, वह अच्छा वकील करने की स्थिति में है, वर्षों मुकदमा लड़ सकता है। लेकिन गरीब आदमी की स्थिति यह है कि वह न वकीलों की फीस देने की स्थिति में है और न सवेरे से शाम तक कोर्ट-कचहरी में बैठने की स्थिति में । बड़ी मुश्किल से कहीं से पैसा जुटाकर कनिष्ठ वकील कर भी लिया तो वह वरिष्ठ वकील के मुकाबले कहीं खड़ा नहीं हो पाता।

संविधान के एक-एक अनुच्छेद और कानून की एक-एक धारा के बारे में विभिन्न मत हैं। देश की सबसे बड़ी न्यायिक संस्था 'उच्चतम न्यायालय' अपने ही फैसलों को कितनी बार रद्द कर चुकी है। अधिनियम, नियम, अधिसूचनाएँ और निर्णयों की बहुतायतता हो गई है। वकीलों को ही समझ नहीं आता तो आम लोगों की क्या समझ में आएगा ? लोग किसी निर्णय को सुनकर खुश होते हैं अरे ! यह तो मेरे पक्ष में है, अगले दिन सुनने में आएगा कि इस निर्णय को तो उच्च न्यायालय ने खारिज (ओवर रूल) कर दिया। उच्च न्यायालय के निर्णय को अगले साल उच्चतम न्यायालय ने खारिज कर दिया और उच्चतम न्यायालय का निर्णय है तो उसने उसे स्वयं खारिज कर दिया। तो आप पता लगाते रहिए कि कौन से निर्णय वैध हैं और किन्हें खारिज कर दिया गया है। इसकी वजह से एक भयंकर जटिल स्थिति बनती जा रही है।

कुल मिलाकर वर्तमान भारतीय कानून व्यवस्था एक ऐसा घना अँधेरा जंगल हो गया है जिसे पार करना बेहद जोखिम भरा काम है और शायद इसीलिए आम आदमी कोर्ट-कचहरी के नाम तक से आतंकित रहता है। कानून, पुलिस, अदालतों और वकीलों का भय छोड़, कर्ज लेकर खर्च करने के बाद भी सालों तक अगर किसी मुकदमे (दीवानी या फौजदारी) का निर्णय ही न हो तो वह क्या करे ? न्याय मिलने में विलम्ब का अर्थ है न्याय का न मिलना। तो फिर क्या उसमे साथ न्याय हो रहा है ? या ऐसे में न्याय हो भी सकता है या नहीं ? अगर न्याय सस्ता और शीघ्र सुलभ हो ही नहीं सकता, तब क्या जरूरी नहीं है कि पूरी कानून और न्याय व्यवस्था में अमूल-चूल परिवर्तन हो ताकि हर नागरिक के साथ न्याय हो सके ? न्याय की नींव का नया पत्थर कब रखा जाएगा, कहना अभी बहुत मुश्किल है।

यही वजह है कि आज देश में बेरोजगारी, गरीबी, भुखमरी, अशिक्षा, अकाल जैसी समस्याएँ हैं। बाल मजदूरी के खिलाफ कानून बना, बाल विवाह के खिलाफ कानून बना, क्या इनमें से कोई भी समस्या हल हो पाई ? जाहिर है नहीं। और ऐसा नहीं है कि इन कानूनों का पालन ठीक से न हो पाने के कारण यह समस्या जैसी की तैसी मौजूद है। अगर इन कानूनों को पूरी ईमानदारी के लागू किया जाए तब भी इनमें से कोई समस्या खत्म नहीं होनेवाली, क्योंकि हमने जो कानून बनाए उनका अगर बारीकी से अध्ययन करें तो पता चलेगा कि ये इतने आधे-अधूरे हैं कि इनके लागू करने से भी कुछ नहीं होगा। अब तक सैकड़ों नए कानून बने, सैकड़ों बार उनमें संशोधन हुआ लेकिन कानून के मूल ढाँचे में कोई खास परिवर्तन नहीं होनेवाला। भारतीय दंड संहिता, साक्ष्य अधिनियम, आपराधिक प्रक्रिया संहिता, व्यक्तिगत कानून आदि में कहीं कोई मूलभूत परिवर्तन नहीं किया गया या जो नए कानून बने भी उनमें इतने छिद्र हैं कि उनको पास करने से भी कुछ नहीं हुआ।

सवाल है कि ऐसी क्या खामियाँ रह गई हैं कि आम समाज और न्याय के बीच की दूरी कम होने की बजाए बढ़ती चली गई ? इस मामले में सबसे पहले हमें कानून को अपने समाज के स्तर पर देखना चाहिए था, संसद के स्तर पर देखना चाहिए था और क्रियान्वयन के स्तर पर देखना चाहिए था लेकिन ऐसा नहीं हुआ। न्यायपालिका में जो लोग बैठे हैं उनका आम आदमी से जो सरोकार होना चाहिए था, वह नहीं था। ऐसा भी नहीं है कि न्याय प्रणाली में सुधारवादी आन्दोलन न चले हों। न्यायमूर्ति पी.एन. भगवती से लेकर न्यायिक सक्रियता के इस दौर तक अनेक ऐसे आन्दोलन चले और उनका कुछ-न-कुछ लाभ भी समाज को हुआ होगा लेकिन स्वतन्त्रता के इन पचास वर्षों में हम न्यायपालिका की तटस्थ आलोचना की परम्परा भी विकसित नहीं कर पाए। हमारे यहाँ अभिव्यक्ति की स्वतन्त्रता की बात जाती है लेकिन यदि कोई पत्रकार न्यायपालिका पर कोई टीका-टिप्पणी करना चाहे तो उसके सामने हमेशा अदालत की अवमानना की तलवार लटकती रहती है। न्यायपालिका का यह डर भी पिछले पचास वर्षों में नहीं निकाल पाए।

सारी जनहित याचिकाओं के बावजूद और सारी न्यायिक सक्रियता के 'छाया युद्ध'

के बावजूद क्या हम बलात्कार की शिकार महिलाओं को कोई राहत दे पाए ? क्या हम गरीब आदमी...निचले तबके के आदमी को कोई राहत दे पाए ? पर्यावरण प्रदूषण पर अदालतों के अनेक आदेश आए। अब हजारों फैक्ट्रियों को बन्द करने की बात चल रही है। झुग्गी-झोंपड़ियों को हटाने का भी मसला चलता रहता है लेकिन सवाल यह है कि यदि आप इन सब निर्णयों को उच्च वर्ग की दृष्टि से देखेंगे तो ये सब निर्णय समाजोपयोगी नजर आएँगे लेकिन यदि मजदूरों की दृष्टि से, झुग्गी-झोंपड़ीवासियों की दृष्टि से देखेंगे तो ये निर्णय सम्भवतः समाजोपयोगी न लगें, बल्कि जनविरोधी सिद्ध हों।

न्यायापालिका में क्या सुधार हो, पिछले पचास वर्षों में यह हमारी प्राथमिकता कभी नहीं रही। यही वजह है कि पिछले पचास वर्षों में कानून व्यवस्था में आम आदमी की आस्था हम पैदा नहीं कर पाए। आस्था हो भी तो कैसे ?

देश की अदालतों में लाखों मुकदमे सालों से विचाराधीन पड़े हैं और हर रोज यह संख्या बढ़ती जा रही है। न्यायाधीशों की संख्या में अगर तीन गुना वृद्धि है तो मुकदमों की संख्या की बीस गुना। आखिर मुकदमों का फैसला कैसे हो? दीवानी मुकदमों में 'स्टे' (स्थगन आदेश) और फौजदारी मुकदमों में 'बेल' (जमानत) के बाद तो बस अगली तारीखें ही पड़ती रहती हैं। कारण यह नहीं अनेक हैं। कभी जवाब तैयार नहीं, कभी वकील साहब बीमार, कभी इसका वकील नहीं आया, तो कभी उसका वकील गायब, कभी किसी राजनेता की मृत्यु के कारण अदालत बन्द, तो कभी किसी न्यायमूर्ति का निधन, कभी गवाह हाजिर नहीं है तो कभी सरकारी वकील। सब कुछ हो जाने के बाद भी फैसला सुरक्षित और आप महीनों क्या सालों फैसला सुनाए जानेवाले दिन का इन्तजार करते रहिए। इस बीच अगर जज साहब रिटायर हो गए या...तो मुकदमे की सुनवाई फिर से होगी। मान तो फैसला हो भी गया तो क्या जरूरी है कि दूसरा पक्ष हाई कोर्ट या सुप्रीम कोर्ट में अपील दायर नहीं करेगा ? करेगा तो फिर अपील में सालों लगेंगे। अपील नहीं तो विशेष याचिका दायर होगी या आपको करनी पड़ेगी।

समाज में एक खास तरह का भ्रम फैलाया जा रहा है कि बहुत से उदारवादी सुधारवादी कानून बनाए गए हैं। बाल-विवाह के खिलाफ, दहेज-हत्या के खिलाफ, वगैरह-वगैरह। लेकिन उनको सही ढंग से लागू किया जाता। ये सभी बातें कोरी लफ्फाजी हैं। अगर ईमानदारी से इन बातों की जाँच-पड़ताल की जाए तो कुछ और ही तथ्य सामने आते हैं। 1978 में हिन्दू विवाह अधिनियम और बाल-विवाह अधिनियम में संशोधन किया गया। संशोधित कानून के तहत लड़की की उम्र शादी के वक्त 15 से बढ़कर 18 साल और लड़के की उम्र 18 से बढ़कर 21 साल कर दी गई। लेकिन दूसरी ओर इससे सम्बन्धित जो जरूरी व्यवस्थाएँ अन्य कानूनों में हैं, उन्हें यूँ ही छोड़ दिया गया। मसलन हिन्दू विवाह अधिनियम और बाल-विवाह अधिनियम में तो लड़की की शादी की उम्र 18 साल कर दी गई, लेकिन भारतीय दंड संहिता को संशोधित नहीं किया गया, जिसकी धारा 375 में पति-पत्नी के रिश्ते की उम्र 15 साल है। इसी तरह धारा 376 में उल्लिखित है कि 12 साल से ज्यादा और 15 साल से कम उम्र की विवाहित युवती से शारीरिक सम्बन्ध रखनेवाला पति बलात्कार का आरोपी होगा और

उसे दो साल की कैद या जुर्माना हो सकता है। जबकि दूसरी ओर साधारण बलात्कार के मुकदमों में अधिकतम सजा आजीवन कारावास और न्यूनतम 7 साल की कैद का प्रावधान है। इस तरह परस्पर विरोधी बातें स्पष्ट दिखाई देती हैं।

हिन्दू विवाह अधिनियम में एक और विसंगति है कि 18 साल से कम उम्र की लड़की के साथ विवाह वर्जित है और ऐसा करनेवाले व्यक्ति को 15 दिन की कैद या सजा या 100 रुपए का जुर्माना हो सकता है। लेकिन जो मुकदमे आज तक निर्णीत हुए हैं, उनमें देखा गया है कि इस तरह के विवाह भले ही दंडनीय अपराध हैं लेकिन अवैध नहीं हैं। सवाल यह उठता है कि जब विवाह अवैध नहीं है, तो सजा क्यों ? इतना ही नहीं, हिन्दू विवाह अधिनियम और बाल-विवाह अधिनियम की और भी विसंगतियाँ हैं। प्रावधान यह है कि अगर किसी लड़की का 15 साल से पहले विवाह रचा दिया गया तो वह लड़की 15 साल की होने के बाद मगर 18 वर्ष से पहले इस विवाह को अस्वीकृत कर सकती है। यानी कानून खुद मान रहा है कि 15 साल से कम उम्र की लड़की की शादी उसके घरवाले कर सकते हैं। अमीना प्रकरण को ही लें तो 15 साल की होने के बाद वह तलाक ले सकती है। पहले तो वह 15 साल की होने का इन्तजार करे, उसके बाद अदालतों के चक्कर लगाए। सवाल उठता है कि इतनी कम उम्र में लड़की के पास मुकदमे के खर्च के लिए पैसा कहाँ से आएगा ? वह भी उस स्थिति में जब उसके घरवाले उसके विरुद्ध थे और घरवाले चाहते हैं कि यह शादी कायम रहे। अब वह अपने बलबूते पर तलाक लेना चाहती है तो कैसे ले ? इस तरह के सैकड़ों विरोधाभास हमारे कानूनों में हैं। जब हमारी विधायिका ही इस तरह के कानून बनाती है तो न्यायपालिका भी क्या करेगी ? उसकी अपनी सीमाएँ भी तो हैं जिन्हें लाँघना मुमकिन नहीं।

बहुचर्चित सुधा गोयल हत्याकांड के अपराधी अगर दिल्ली में रहकर सजा के बावजूद जेल जाने से बच सकते हैं तो फिर अचर्चित दूर-दराज के इलाकों में तो कुछ भी हो सकता है। (ए.आई.आर. 1986 सुप्रीम कोर्ट 250) और क्या ऐसा सिर्फ इसी मामले में हुआ होगा ? हो सकता है और बहुत से मामलों में अपराधी फाइलें गायब करवा जेल से बाहर हों ? दहेज हत्याओं के मामले में अभी तक एक भी सजा-ए-मौत नहीं, क्यों ? मथुरा से लेकर भँवरी बाई और सुधा गोयल से लेकर रूपकँवर सती कांड तक की न्याय यात्रा में हजारों-हजार ऐसे मुकदमे, आँकड़े, तर्क-कुतर्क, जाल-जंजाल और सुलगते सवाल समाज के सामने आज भी मुँह बाए खड़े हैं। अन्याय, शोषण और हिंसा की शिकार स्त्रियों के लिए घर-परिवार की दहलीज से अदालत के दरवाजे के बीच बहुत लम्बी-चौड़ी गहरी खाई है, जिसे पार कर पाना बेहद दुःसाध्य काम है। स्वतन्त्रता की स्वर्ण जयन्ती के शोर में बेबस औरतों और भूखे बच्चों की चीख कौन सुनेगा ? कात्यायनी के शब्दों में हमें तो डर है/कहीं लोग हमारी मदद के बिना ही/न्याय पा लेने की/कोशिश न करने लगें।

पचास साल अदालत के बाहर अँधेरे में खड़ी आधी दुनिया के साथ न्याय का फैसला कब तक सुरक्षित रहेगा या रखा जाएगा ? कब, कौन, कहाँ, कैसे सुनेगा इनके दर्दों की दलील और न्याय की अपील ?

कामकाजी महिलाओं का यौन उत्पीड़न

दफ्तरों में कामकाजी महिलाओं के यौन उत्पीड़न को रोकने के लिए सर्वोच्च न्यायालय द्वारा जारी निर्देश स्वागत योग्य है, किन्तु यह महज चर्चा का विषय बनकर रह जाएगा। हो सकता है कि यह निर्देश थोड़ा-बहुत मौलिक परिवर्तन कर दे। सर्वोच्च न्यायालय के इस निर्देश की भाषा पर गौर करें, तो लगता है जैसे इसमें तर्क और न्याय का अभाव है। साथ ही यह निर्देश किसी राजनीतिक दल का चुनाव घोषणा पत्र जैसा लगता है। उक्त निर्देश में न्यायालय ने खुद स्वीकार किया कि महिलाओं के यौन उत्पीड़न को रोकने में वर्तमान कानून अपर्याप्त हैं। हालाँकि कानून बनाने का अधिकार संसद को है और इसे लागू कराने की जिम्मेदारी कार्यपालिका की है। बलात्कार और दहेज विरोधी कानूनों के साथ ही लचर रवैया अपनाया जाता है। इसका कारण यह है कि यह अपने-आप में विरोधाभासी और विडम्बनाओं का पुलिन्दा है।

अदालत ने अपने निर्देश में कहा है कि अगर यौन उत्पीड़न का कोई आपराधिक और कानूनी मामला बनता हो तो नियोक्ता खुद भी प्रथम सूचना रिपोर्ट (एफ.आई. आर.) दर्ज कराए। इस वक्त भारत में भारतीय दंड संहिता की दो धाराओं अर्थात् धारा 354 और 506 के तहत एफ.आई.आर. दर्ज होती है। पर इन दो कानूनी प्रावधानों को सख्ती से लागू करने और इनकी खामियों को दूर करने की दिशा में अदालत ने कोई कदम नहीं उठाया है। ऐसे अधिकांश मामलों में अपराध साबित करना मुश्किल होता है। इन कानूनी प्रक्रियाओं से गुजरना इतना त्रासद और अपमानजनक है कि एक साधारण महिला को न्याय मिल पाना बहुत मुश्किल हो जाता है।

यही हाल बलात्कार सम्बन्धी कानूनों का है। जैसे भारतीय साक्ष्य अधिनियम 1873 की धारा 155 (4) के अनुसार यदि किसी व्यक्ति पर बलात्कार का आरोप है और वह प्रमाणित कर दे कि बलात्कार की शिकार महिला बदचलन और चरित्रहीन है, तो वह व्यक्ति बाइज्जत बरी हो सकता है। इसी आधार पर शीर्ष अदालत ने कई मुजरिमों को बरी किया या सजा कम की। भारतीय न्यायालयों में ऐसे निर्णयों के सैकड़ों उदाहरण देखे जा सकते हैं, जहाँ कानून के भेदभावपूर्ण होने के कारण अपराधी छूटते रहे हैं। मथुरा बलात्कार मामले में तो हद हो गई, जिसमें उसके साथ थाने में बलात्कार हुआ और सर्वोच्च न्यायालय ने अपने फैसले में कहा कि मथुरा एक बदचलन लड़की थी जो अपनी मर्जी से पुलिसवालों के पास आई थी। यदि इसे सच भी मान लें तो क्या सरकारी

दफ्तर या थाने में किसी महिला के साथ उसके सहमति से सम्भोग करने की कानून इजाजत देता है ? क्या यह राजकीय सेवा अधिनियम का उल्लंघन नहीं ? दरअसल समूची भारतीय न्यायिक प्रक्रिया और कानून औरतों के प्रति होनेवाले अपराधों को बढ़ावा देनेवाले हैं। ऐसे में शीर्ष अदालत के मौजूदा आदेश का भी वैसा ही हश्र होगा, जो पहले के कानूनों का हुआ। आप देख लें कि इन कानूनों के तहत औरतों पर अत्याचार करनेवाले कितने लोगों को सजा हुई है !

इस आदेश में सबसे बड़ी खामी यह है कि यह लागू कैसे होगा या इसके कार्यान्वयन की प्रक्रिया क्या होगी, यह नहीं बताया गया है। सभी कार्यालयों में अनुशासन के नियम, विभागीय जाँच आदि का प्रावधान तो पहले से है। हाँ, स्थानान्तरणवाली बात जरूर नई है, पर मेरा ख्याल है कि इसका बड़े पैमाने पर दुरुपयोग होगा।

यह नहीं माना जा सकता है कि शीर्ष अदालत के इस आदेश से महिलाओं का यौन उत्पीड़न रुक जाएगा। इस आदेश पर बारीकी से दृष्टि डालने पर इसकी दुर्व्याख्या होने की ज्यादा सम्भावना है। प्रश्न है कि क्या किसी सामान्य मजाक या तारीफ को यौन उत्पीड़न मान लिया जाए, क्योंकि जिस तरह हमारे समाज में तब्दीलियाँ आ रही हैं, उसे देखते हुए 'समस्या' के मूल कारणों पर विचार किए बिना केवल एक नीतिशास्त्रीय वक्तव्य से बात नहीं बनेगी। कुछ अर्थों में यह एक प्रतिगामी आदेश लगता है। जिन क्रियाओं को अदालत ने यौन उत्पीड़न माना है, उनसे मुक्त जगह इस पृथ्वी पर भला कहाँ है ?

आज जिस ढंग से मीडिया आम आदमी की चेतना में औरत की छवि लगातार एक 'सेक्सी वस्तु' के रूप में प्रक्षेपित करता जा रहा है, इसका कहीं न कहीं घर या दफ्तर में पुरुषों के व्यवहार में असर तो होगा ही। व्यावसायिक हितों के कारण एक ओर हम इसे रोक नहीं सकते, तो दूसरी ओर हम चाहते हैं कि हमारे घर में पारम्परिक मूल्य-मर्यादा बरकरार रहें—यह कैसे सम्भव है ? प्रश्न यह भी है कि क्या अश्लीलता और अश्लील व्यवहार पर कानून में कोई संगति और आम राय बन पाई है ? भारतीय दंड संहिता की धारा 292 और 'इंडिसेंट रिप्रेजेंटेशन ऑफ वूमेन एक्ट' के तहत कितने मामलों में सजा हुई है ?

कामकाजी महिलाओं की स्थिति तो फिर भी बेहतर है। परिवार के भीतर आम औरतों पर होनेवाले अत्याचार लगातार बढ़ रहे हैं। समाज में अकेली रहनेवाली औरतों की संख्या लगातार बढ़ रही है। उसके पारम्परिक रक्षक पिता-पति और पुत्र ही हिंसक हो रहे हैं। ऐसी स्थिति में कोई कानून क्या कर लेगा ? दरअसल हमारा पूरा समाज, प्रशासन और न्यायपालिका, राजनीति और अर्थतन्त्र औरत के विरोध में खड़ा है यह जटिल समस्या है। इससे निपटने के लिए शिक्षा और संस्कारों में भी बदलाव की जरूरत है। जैसे-जैसे कामकाजी महिलाओं की संख्या बढ़ेगी, उसी दर से यह समस्या थोड़ी कम भी होगी। लेकिन औरतों में जितना अन्याय और उत्पीड़न के प्रति विरोध बढ़ेगा, उनके प्रति, पितृ-सत्ता द्वारा दमन भी बढ़ेगा।

इसलिए औरतों का यौन उत्पीड़न केवल एक कानूनी मामला नहीं है, बल्कि यह सामाजिक मामला भी है। यदि सामाजिक और प्रशासनिक स्तर पर कुछ अधिक नहीं किया गया तो अन्य कानूनों की तरह सर्वोच्च न्यायालय के इस आदेश से भी कोई ठोस परिणाम नहीं निकलेगा, पर इस दिशा में यह आदेश एक सकारात्मक कदम तो है ही।

बदनामी का भय और खामोशी के खतरे

कार्य स्थल पर महिलाओं के साथ छेड़छाड़ या यौन उत्पीड़न को मानवीय अधिकारों के विरुद्ध मानते हुए सुप्रीम कोर्ट के मुख्य न्यायाधीश श्री ए.एस.आनन्द और न्यायमूर्ति बी.एन. खरे ने (एप्रेल एक्सपोर्ट प्रोमेशन काउंसिल बनाम ए.के. चोपड़ा, (1) 1999 एस. एल.टी. 212) 20 जनवरी, 1999 को सुनाए गए एक उल्लेखनीय फैसले में कहा है कि "यौन शोषण के ऐसे मामलों को अति संवेदनशीलता के साथ देखना चाहिए। ऐसे मुकदमों में वरिष्ठ अधिकारियों के प्रति सहानुभूति पूर्णतया गलत है और रहम का कोई औचित्य नहीं। ऐसे मामले में सजा कम करने से कामकाजी महिलाओं में विश्वासहीनता बढ़ेगी और यह एक प्रतिगामी कदम होगा।"

माननीय न्यायमूर्ति ने दिल्ली के उच्च न्यायालय के फैसले को रद्द करते हुए काउंसिल द्वारा मिस्टर चोपड़ा को नौकरी से हटाने के निर्णय को सही ठहराया। सुप्रीम कोर्ट में बहस के दौरान चोपड़ा के वरिष्ठ वकीलों (के.टी.एस. तुलसी वगैरह) ने कहा कि उनका मुवक्किल अपने कर्मों का प्रायश्चित करने को तैयार है और लिखित माफीनामा देने या मिस 'एक्स' से माफी माँगने को भी राजी है। मगर न्यायमूर्तियों ने कहा, "हमें खेद है कि अब बहुत देर हो चुकी है...।"

सर्वोच्च न्यायालय के फैसले में महिला का नाम मिस 'एक्स' लिखा गया है। न्यायमूर्तियों ने जानबूझकर महिला का असली नाम नहीं लिया, ताकि उसके मान-सम्मान की रक्षा की जा सके। बलात्कार के मामलों में कुछ उच्च न्यायालय पहले भी ऐसा प्रयास कर चुके हैं। हालाँकि नाम की गोपनीयता ऊपरी तौर पर महिलाओं के पक्ष में दिखाई देती है, परन्तु कहीं गहरे में यह उदारता इस बात पर विशेष जोर देती लगती है कि लोगों को पता लगेगा, तो महिला की ही बदनामी होगी। समाज में बदनामी का भय अक्सर महिलाओं को शिकायत करने से रोकता है, रोकता रहा है। 'परिवार की प्रतिष्ठा' का सवाल, स्त्रियों को चुप करने के लिए विवश करता रहा है। परिणामस्वरूप स्त्रियों के विरुद्ध (यौन) हिंसा लगातार बढ़ती जा रही है। गुमनामी के अँधेरों का अपना एक खतरा भी है।

खैर...सर्वोच्च न्यायालय के इस महत्त्वपूर्ण फैसले से ठीक दो साल पहले 20 जनवरी, 1997 को दिल्ली उच्च न्यायालय के माननीय न्यायमूर्ति श्री दलवीर भंडारे ने अपने निर्णय में कहा था, "अपीलार्थी के विरुद्ध आरोप यह है कि उसने मिस सुचित्रा

विश्नोई (क्लर्क कम टाइपिस्ट) के साथ छेड़छाड़ की कोशिश की, न कि यह कि उसने वास्तव में कोई छोड़छाड़ की। (ही ओनली 'ट्राइड टू मोलेस्ट', नॉट 'मोलेस्टिड')। मैंने मुकदमे के इस महत्त्वपूर्ण पक्ष पर भी विचार किया है कि शिकायतकर्ता ने पाँच दिनों तक इस घटना के बारे में किसी को भी कुछ नहीं कहा, जबकि कथित घटना के समय बहुत से वरिष्ठ अधिकारी माजूद थे।" तभी तथ्यों और स्थितियों को सम्पूर्णता में देखते हुए न्यायमूर्ति भंडारे ने कहा कि 'न्याय का लक्ष्य' पूरा हो जाएगा, अगर अपीलार्थी को नौकरी में बहाल कर दिया जाए। लेकिन वह इस अवधि को वेतन पाने का अधिकारी नहीं होगा। बाकी सब लाभ उसे मिलेंगे। अपीलार्थी को कम-से-कम दो साल दिल्ली कार्यालय से बाहर नियुक्त किया जाएगा। (66(1997) दिल्ली लॉ टाइम्स 327)।

इस निर्णय के विरुद्ध काउंसिल और मिस्टर चोपड़ा दोनों ने ही दिल्ली उच्च न्यायालय में अपील दायर की। मुख्य न्यायाधीश श्री महेन्द्र नारायण और न्यायमूर्ति एस. के. महाजन ने काउंसिल की अपील पूर्णतया नामंजूर कर दी और मिस्टर चोपड़ा की अपील को आंशिक रूप से स्वीकार करते हुए कहा कि, "हमारे विचार से छोड़छाड़ का तथ्यों से कोई साक्ष्य नहीं है। इस अवधि के वेतन के बिना नौकरी में बहाली का आदेश उचित नहीं है। चूँकि नौकरी में बहाली के आदेश किए गए हैं, इसलिए हमारा मत है कि ए.के. चोपड़ा को पूर्व वेतन सहित नौकरी में बहाल किया जाए।" (68, 1997) दिल्ली में लॉ टाइम्स 303, निर्णय दिनाँक 15.7.1997)

मिस सुचित्रा विश्नोई (नहीं...मिस 'एक्स') के साथ यौन उत्पीड़न के उपरोक्त मामले में 12 अगस्त, 1988 से लेकर 20 जनवरी, 1999 (लगभग साढ़े दस साल) तक कोर्ट-कचहरी करने के बाद अन्ततः जो ऐतिहासिक फैसला हमारे सामने है—क्या वह सम्भव को पता, अगर मिस 'एक्स', गूँगी गुड़िया बनी रहतीं ? स्त्रियों की खामोशी पुरुषों को अधिक हिंसा, हत्या, अपराध, दमन, शोषण और उत्पीड़न करने (करते रहने) का अवसर भी देती है और (मौन) आमन्त्रण भी। शाबाश...सुचित्रा...शाबाश !

जीने का मौलिक अधिकार और बलात्कार

'बलात्कार एक ऐसा अनुभव है, जो पीड़िता के जीवन की बुनियाद को हिला देता है। बहुत सी स्त्रियों के लिए इसका दुष्परिणाम लम्बे समय तक बना रहता है, व्यक्तिगत सम्बन्धों की क्षमता को बुरी तरह से प्रभावित करता है, व्यवहार और मूल्यों को बदल आतंक पैदा करता है।' (डब्ल्यू यंग, रेप स्टडी, 1983) सर्वोच्च न्यायालय के विद्वान न्यायमूर्ति श्री एस. सागीर अहमद और आर.पी. सेठी ने अपने एक ऐतिहासिक निर्णय (दिनांक 28, जनवरी, 2000) में कहा है कि किसी भी स्त्री के साथ बलात्कार, मौलिक अधिकारों का उल्लंघन है। सरकारी कर्मचारियों द्वारा किए गए दुष्कर्म के लिए, केन्द्र सरकार को भी जिम्मेवार ठहराया जा सकता है। विशेषकर हर्जाना अदा करने के लिए। भारतीय संविधान के अनुच्छेद 21 के अन्तर्गत भारतीय ही नहीं, विदेशी नागरिकों को भी जीवन और स्वतन्त्रता का मौलिक अधिकार प्राप्त है।

सर्वोच्च न्यायालय के इस अभूतपूर्व निर्णय के, निश्चित रूप से बहुत दूरगामी परिणाम होंगे। यौन हिंसा की शिकार स्त्रियों के मुकदमों में, अतीत के अनेक विवादास्पद फैसलों को देखते हुए, इसे सचमुच 'न्यायिक प्रायश्चित' या 'भूल सुधार' भी कहा जा सकता है। पुलिस हिरासत में पुलिसकर्मियों द्वारा बलात्कार के विचाराधीन मामलों में, यह निर्णय अनेक नए आयाम जोड़ने की महत्त्वपूर्ण भूमिका निभा सकता है। हालाँकि कुछ संविधान विशेषज्ञ अधिवक्ताओं का कहना है कि हर्जाने के आदेशों से पहले, अपराध प्रभावित होना अनिवार्य है। यदि इस तर्क को सही मानें तो समस्या वहीं की वहीं अटकी रह जाएगी। अपराध प्रमाणित होने में तो लम्बा समय लगेगा और सम्भव है कानूनी तकनीकियों के जाल में उलझ जाए।

संक्षेप में उपरोक्त मुकदमे के तथ्यों के अनुसार बाँग्लादेश की नागरिक हनुफा खातून के साथ हावड़ा रेलवे स्टेशन के यात्री निवास में कुछ रेलवे कर्मचारियों ने सामूहिक बलात्कार किया। हनुफा खातून को 26 फरवरी, 1998 को हावड़ा से अजमेर जाना था। बलात्कार की दुर्घटना के बाद कलकत्ता उच्च न्यायालय की एक वकील चन्द्रिमा दास ने रेलवे बोर्ड के अध्यक्ष से लेकर पुलिस अफसरों और केन्द्र सरकार तक के विरुद्ध एक याचिका उच्च न्यायालय में दायर की, जिसमें हर्जाने के अलावा कुछ आवश्यक दिशा-निर्देश देने की माँग भी की गई थी। सुनवाई के बाद उच्च न्यायालय ने केन्द्र सरकार को आदेश दिया कि पीड़िता को दस लाख रुपया बतौर हर्जाना अदा

करे। उच्च न्यायालय के निर्णय के विरुद्ध, अध्यक्ष रेलवे बोर्ड ने सुप्रीम कोर्ट में विशेष अनुमति याचिका दायर की, जिसे बहस सुनने के बाद खारिज कर दिया गया। सर्वोच्च न्यायालय में सरकारी वकीलों द्वारा प्रस्तुत तर्कों में मुख्य तर्क यह था कि हनुफा खातून भारतीय नागरिक नहीं, बल्कि विदेशी है, इसलिए रेलवे हर्जाना देने के लिए जिम्मेवार नहीं है। यह भी कहा गया कि कर्मचारियों द्वारा किए गए अपराध के लिए रेलवे या केन्द्र सरकार को जिम्मेवार नहीं ठहराया जा सकता। बहस के दौरान सरकारी वकीलों ने दलील दी कि यह कुछ व्यक्तियों द्वारा किया गया अपराध है, जिसके लिए उन पर मुकदमा चलाया जाएगा और उन्हें दोषी पाए जाने पर दंडित भी किया जा सकता है और जुर्माना भी वसूला जा सकता है, लेकिन रेलवे या केन्द्र सरकार को जिम्मेवार नहीं ठहराया जा सकता। विद्वान वकीलों ने चन्द्रिमा दास द्वारा दायर याचिका की वैधता पर भी सवाल उठाते हुए कहा कि वकील साहिबा को ऐसी याचिका दायर करने का कोई कानूनी अधिकार नहीं, परन्तु सरकारी महाधिवक्ता के तमाम तर्कों को रद्द करते हुए माननीय न्यायमूर्तियों ने विशेष अनुमति याचिका खारिज कर दी।

विद्वान न्यायमूर्तियों ने सरकारी अफसरों और पुलिसकर्मियों द्वारा किए गए दुष्कर्मों के मामलों में पीड़ितों को हर्जाना देने सम्बन्धी अनेक महत्त्वपूर्ण नजीरों का हवाला दिया है। इनमें रुदुल शाह (1983), भीमसिंह (1985), सहेली (1980), इन्द्र सिंह (1995), डी.के. बसु (1997), कौशल्या (1998) से लेकर मंजू भाटिया (1998) तक शामिल हैं। जनहित याचिकाओं और उनमें प्रबुद्ध समाजसेवी वकीलों की भूमिका को रेखांकित करते हुए, निर्णय में बहुत से उदाहरण दिए गए हैं। मौलिक अधिकार और विदेशी नागरिकता के सवाल पर न्यायमूर्तियों ने मानवाधिकारों से लेकर स्त्रियों के विरुद्ध हिंसा सम्बन्धी अन्तर्राष्ट्रीय प्रस्तावों तक का विस्तार से उल्लेख करते हुए कहा कि न्यायाधीशों और वकीलों को मानवाधिकारों के अन्तर्राष्ट्रीय न्यायशास्त्र के प्रति जागरूक और सचेत रहना चाहिए, विशेषकर महिलाओं के सुरक्षा सम्बन्धी मानवाधिकारों से। न्यायमूर्तियों ने अपने निर्णय में अनवर बनाम जम्मू-कश्मीर (1971) का जिक्र करते हुए कहा कि भारतीय संविधान के अनुच्छेद 20, 21 और 22 में प्रदत्त मौलिक अधिकार सिर्फ भारतीय नागरिकों को ही उपलब्ध नहीं, बल्कि विदेशी नागरिकों को भी उपलब्ध हैं। बलात्कार को मौलिक अधिकार का उल्लंघन घोषित करनेवाले निर्णय (बौद्धिसत्व बनाम सुभद्रा चक्रवर्ती, 1996) को सही ठहराते हुए निर्णय में कहा गया है—'बलात्कार सिर्फ एक स्त्री के विरुद्ध अपराध नहीं बल्कि समस्त समाज के विरुद्ध अपराध है। यह स्त्री की सम्पूर्ण मनोभावना को ध्वस्त कर देता है और उसे भयंकर भावनात्मक संकट में धकेलता है, इसलिए बलात्कार सबसे अधिक घृणित अपराध है। यह मूल मानवाधिकारों के विरुद्ध अपराध है और पीड़िता के सबसे अधिक प्रिय अधिकार का उल्लंघन है, उदाहरण के लिए जीने का अधिकार जिसमें सम्मान से जीने का अधिकार शामिल है।'

माननीय न्यायमूर्तियों ने अपने फैसले में लिखा कि हनुफा खातून इस देश की नागरिक नहीं है लेकिन फिर भी उसे संविधान द्वारा प्रदत्त जीने के मौलिक अधिकार

प्राप्त हैं। सम्मान से जीने का उसे भी उतना ही अधिकार है, जितना किसी भारतीय नागरिक को। विदेशी नागरिक होने के कारण उसके साथ ऐसा व्यवहार नहीं किया जा सकता जो मानवीय गरिमा के नीचे हो और न ही उन सरकारी कर्मचारियों द्वारा शारीरिक हिंसा की जा सकती है, जिन्होंने उसके साथ बलात्कार किया। यह उसके मौलिक अधिकार का हनन है। परिणामस्वरूप यह राज्य की संवैधानिक जिम्मेवारी है कि उसे हर्जाना अदा करे। उच्च न्यायालय के निर्णय में कोई कानूनी खामी नजर नहीं आती।

रेलवे बोर्ड और केन्द्र सरकार के बचाव में विद्वान महाधिवक्ता ने एक और दलील यह दी कि कर्मचारियों के कार्यों के लिए राज्य को केवल तभी जिम्मेवार माना जा सकता है, जब उन्होंने यह कार्य आधिकारिक उत्तरदायित्व निभाते हुए किया हो। चूँकि बलात्कार को उनका आधिकारिक दायित्व नहीं कहा जा सकता, इसलिए केन्द्रीय सरकार हर्जाना अदा करने के लिए जिम्मेवार नहीं, लेकिन न्यायमूर्तियों ने जवाब में लिखा—"यह तर्क पूर्णतया गलत है और इस न्यायालय द्वारा सुनाए फैसलों के विपरीत।" सरकारी वकीलों ने अपने पक्ष में जिस विवादास्पद नजीर (कस्तूरी लाल रुलिया, राम जैन बनाम उत्तर प्रदेश, 1965) का हवाला दिया उसके बारे में न्यायमूर्तियों ने कहा कि न्यायालय ने अपने बाद के फैसलों में उस निर्णय को कभी सही नहीं माना। हम भी उसे मानने के लिए बाध्य नहीं। वह एक अर्थहीन (व्यर्थ) नजीर सिद्ध हो चुकी है। 2000 एपैक्स डीसिजन (खंड एक) सुप्रीम कोर्ट पृष्ठ 401-21 में प्रकाशित, चेयरमैन रेलवे बोर्ड एंड अदर्श बनाम श्रीमती चन्द्रिमा दास के फैसले को पढ़ते हुए महसूस होता कि राज्य (रेलवे बोर्ड या केन्द्र सरकार) के विद्वान वकील भी ठीक उसी तरह सरकार का बचाव कर रहे हैं, जैसे बचाव पक्ष का कोई वकील अपने किसी खूँख्वार अपराधी को बचाने के लिए करता है। सर्वोच्च न्यायालय के समक्ष सरकारी वकीलों के प्रायः सभी तर्क (कुतर्क) बेहद हास्यास्पद नजर आते हैं। वर्षों से स्पष्ट कानूनी प्रस्थापनाओं से बेखबर और 'ओवर रूल्ड' नजीरें पेश करते हुए इन या ऐसे सरकारी अभिवक्ताओं से मानवाधिकारों और लैंगिक न्याय की अवधारणाओं से सचेत होने की अपेक्षा करना व्यर्थ है। आश्चर्यजनक है कि राजसत्ता भी अदालत में, पेशेवर अपराधी की तरह मुकदमेबाजी करती दिखाई पड़ती है। समझ नहीं आता कि आखिर केन्द्रीय सरकार किसे बचाना चाहती है/थी ? अपराधी कर्मचारियों को दस लाख रुपया हर्जाना ? बलात्कार के गम्भीर मामले में पीड़ित स्त्री (और वह भी विदेशी नागरिक) के साथ, केन्द्र सरकार का पूरा व्यवहार एकदम अवांछनीय प्रतीत होता है।

महिला कल्याण के नाम पर करोड़ों रुपया खर्च करने और स्त्री हितैषी बननेवाली सरकार, अदालत में इतनी असंवेदनशील और अतार्किक कैसे हो जाती है ? क्यों ? क्या यही है 'राष्ट्रीय गरिमा' और 'नारी सम्मान' का ढिंढोरा पीटनेवाले नायकों का असली चेहरा ! इन प्रश्नों को सिर्फ अदालती, कानूनी या न्यायिक दृष्टि से पढ़ना-समझना काफी नहीं। राज्य के स्तर पर व्यापक परिप्रेक्ष्य और सत्ता और आम नागरिक (विशेष

कर स्त्री) के बीच अन्तर्सम्बन्धों को ध्यान में रखते हुए विचार करना होगा। ऐसे मामलों में सवाल सरकार की प्रतिष्ठा का कम, राष्ट्र की न्याय व्यवस्था की प्रतिष्ठा का अधिक है।

कहना न होगा कि सर्वोच्च न्यायालय के उपरोक्त निर्णय से न्यायिक संस्थाओं के प्रति शेष-अशेष जन आस्थाएँ खंडित होने से तो बची हीं, साथ ही अन्तर्राष्ट्रीय स्तर पर, देश के कानून और न्यायिक विवेक का भी प्रतिबिम्ब सामने आया। यह अलग बात है कि यौन हिंसा के अन्य मामलों में, इससे स्त्रियों को कितना लाभ मिलता है। इतना अवश्य कहा जा सकता है कि यह निर्णय लैंगिक न्याय की दिशा में एक प्रगतिशील कदम ही नहीं बल्कि मील का पत्थर सिद्ध हो सकता है। मानवाधिकार सिर्फ 'मुठभेड़' में मारे गए आतंकवादियों के लिए ही नहीं, यौन हिंसा की शिकार स्त्रियों के पक्ष में भी परिभाषित होना जरूरी है। अगर सरकारी संस्थानों में भी जीवन सुरक्षा उपलब्ध नहीं, तो हजारों विदेशी पर्यटक 'भारत भ्रमण' पर क्यों आएँगे ?

यौन हिंसा और आँकड़ों का आतंक

बलात्कार के (सरकारी) आँकड़े पूर्ण रूप से अविश्वसनीय हैं क्योंकि बलात्कार की सभी दुर्घटनाएँ आँकड़ों पर पहुँचती ही नहीं। फिर भी जो आँकड़े उपलब्ध हैं, उनके आधार पर कहा जा सकता है कि इस प्रकार की दुर्घटनाएँ निरन्तर बढ़ रही हैं। राष्ट्रीय अपराध रिकॉर्ड ब्यूरो की रिपोर्ट (1996) के अनुसार, देश भर में 1996 में 14,849 बलात्कार हुए, जबकि 1990 में यह संख्या 10,068 थी। यानी 1990 के मुकाबले 1996 में 47.5 प्रतिशत अधिक बलात्कार हुए। 1995 में बलात्कार के अपराधों की संख्या 13,774 थी, इसलिए पिछले वर्ष से 1996 में सिर्फ 7.8 प्रतिशत अधिक अपराध हुए। कहा यह भी जा सकता है कि अपराधों की 'रिपोर्टिंग' बढ़ रही है, कुछ संवेदनशील विद्वानों का कहना है कि, "अपराधों की बढ़ोत्तरी को जनसंख्या के अनुपात में देखें तो अपराध कहाँ बढ़ रहे हैं ?" एक और तर्क (कुतर्क) यह भी दिया जाता है कि कुल अपराधों की तुलना में स्त्री के प्रति अपराध का प्रतिशत तो सिर्फ 6.8 ही है।

राष्ट्रीय अपराध रिकॉर्ड ब्यूरो द्वारा जारी 1996 की रिपोर्ट के पृष्ठ संख्या 88 पर तालिका 7.2 में बलात्कार के आँकड़े कहते हैं कि 1994 में 12,351, 1995 में 13,774 और 1996 में 14,849 बलात्कार हुए। लेकिन इसी रिपोर्ट के पृष्ठ संख्या 90 पर तालिका 7.4 कहती है कि 1994 में 13,218, 1995 में 13,774 और 1996 में 14,849 बलात्कार के मामले दर्ज किए गए। एक तालिका के अनुसार 1994 में 12,351 बलात्कार हुए और दूसरी के अनुसार 13,218 यानी 867 बलात्कार के मामलों का घपला है। किसे सही माना जाए और किसे गलत ? राष्ट्रीय अपराध रिकॉर्ड ब्यूरो की 1994 वाली रिपोर्ट के पृष्ठ संख्या 212 पर 1994 में बलात्कार के अपराध का आँकड़ा 12,351 ही है। 1995 की रिपोर्ट के पृष्ठ संख्या 222 में भी 1994 में हुए बलात्कारों की संख्या 12,351 ही दिखाई गई है। लेकिन क्रमशः पृष्ठ 216 और 226 में बनाई तालिका में यह संख्या 13,218 प्रकाशित हुई है।

1994 की रिपोर्ट (पृष्ठ 212) के अनुसार 1993 में 11,242, 1992 में 11,112 बलात्कार के केस दर्ज हुए लेकिन इसी रिपोर्ट के पृष्ठ 216 पर बनी तालिका के अनुसार 1993 में 12,223 और 1992 में 11,734 बलात्कार हुए। मतलब यह है कि 1993 में 981 और 1992 मे 622 बलात्कार के मामलों का घपला है। 1992 से 1996 तक कुल 2,493 बलात्कार के मामलों का यह अन्तर किसी की भी समझ से बाहर का मामला

है। आँकड़ों के इस 'घपले' पर राष्ट्रीय अपराध रिकॉर्ड ब्यूरो ही स्थिति स्पष्ट कर सकता है। तीन सालों से उपरोक्त आँकड़े क्या 'भूलवश' छपते रहे हैं और छपते रहेंगे ? यह मात्र एक उदाहरण है, घपले अभी और भी हैं। शेष फिर कभी।

यौन हिंसा की शिकार युवा स्त्री

1996 में हुए 14,849 बलात्कारों में से 8,281 (55.76 प्रतिशत) 16 से 30 वर्ष की महिलाओं के साथ और 3,475 (23.4 प्रतिशत) 10 से 16 वर्ष की किशोरियों के साथ हुए। दोनों को जमा करें तो मालूम होगा कि 79.16 प्रतिशत बलात्कार की शिकार स्त्रियाँ 10 से 30 वर्ष की थीं। 30 वर्ष से अधिक उम्र की स्त्रियों के साथ बलात्कार के अपराध 608 (4.1 प्रतिशत) हैं। संक्षेप में, लगभग 80 प्रतिशत बलात्कार 10 से 30 वर्ष की महिलाओं के साथ और करीब 20 प्रतिशत बलात्कार 10 वर्ष से कम उम्र की बच्चों और 30 वर्ष से अधिक उम्र की महिलाओं के साथ हुए। स्पष्ट है कि युवा स्त्रियों के साथ बलात्कार की सम्भावना सबसे अधिक रहती है।

गत वर्ष की तुलना में

हालाँकि प्रतिशत की भाषा में 10 वर्ष से कम उम्र की बच्चियों के साथ हुए बलात्कार लगभग 4 प्रतिशत ही हैं, लेकिन यह प्रतिशत लगातार बढ़ रहा है। इसलिए गम्भीर चिन्ता का विषय है। बच्चियों से बढ़ते बलात्कार को अधिक गम्भीर कहने का मतलब यह नहीं है कि शेष बलात्कारों को गम्भीर अपराध न माना जाए। 1996 में 10 वर्ष से कम उम्र की लड़कियों के साथ हुए बलात्कार का आँकड़ा 1990 से 394 से बढ़कर 608 हो गया है। 1990 के मुकाबले 1996 में 54.3 प्रतिशत अधिक बलात्कार हुए। मगर 1995 में हुए 747 बलात्कारों की तुलना में 18.6 प्रतिशत घट गए हैं। 1991 में आश्चर्यजनक रूप से यह संख्या पिछले वर्ष की अपेक्षा 178.9 प्रतिशत से बढ़कर 1,099 हो गई थी। इन दोनों ही सालों में हुई आश्चर्यजनक बढ़ोतरी या घटोतरी विश्वास योग्य नहीं लग रही । 1996 के आँकड़ों की तुलना अगर 1991 के आँकड़ों से करें तो सारे प्रतिशत उलट-पुलट हो जाते हैं। 10 वर्ष से कम उम्र की बच्चियों से बलात्कार में 44.3 प्रतिशत की कमी और 30 वर्ष से अधिक उम्र की महिलाओं से बलात्कार में 88 प्रतिशत वृद्धि यह असम्भव नहीं मगर...विश्वास योग्य भी नहीं।

इसके विपरीत, 1996 में 30 वर्ष से अधिक उम्र की महिलाओं के साथ 2,485 बलात्कार हुए। 1995 में यह संख्या 1955 है। कहने का अभिप्राय यह है कि 1996 में 1995 की तुलना में बलात्कार 27.1 प्रतिशत अधिक हुए हैं। 1991 में 1990 की तुलना में जहाँ 10 वर्ष से कम उम्र की बच्चियों के साथ बलात्कार 178.9 प्रतिशत बढ़ गया था, वहीं 30 वर्ष से अधिक उम्र की महिलाओं के साथ 14.4 प्रतिशत और 16 से 30 वर्ष की महिलाओं के साथ 10.8 प्रतिशत घट गया था। 1992 में अचानक 10 वर्ष की उम्र की बच्चियों से बलात्कार 1,099 से घटकर 532 (51.5 प्रतिशत कम) हो गया लेकिन 16-30 वर्ष के वर्ग

में 30 प्रतिशत और 30 वर्ष से अधिक वर्ग में 22.8 प्रतिशत बढ़ गया। दूसरे अर्थों में 10 वर्ष से कम उम्र की बच्चियों के साथ बलात्कार का जितना प्रतिशत (51.5 प्रतिशत) घटा, उतना ही दूसरे वर्ग में 30 जमा 22.8 यानी 52.8 प्रतिशत बढ़ गया। अगर ये आँकड़े सचमुच विश्वसनीय हैं तो इसका विस्तार से विवेचन आवश्यक है कि इन वर्षों में ऐसा होने के पीछे कौन से कारण या स्थितियाँ सक्रिय थीं। कहीं यह आँकड़ों की उलटफेर ही तो नहीं है ? 1991 के आँकड़ों में कहीं कुछ गम्भीर गड़बड़ है। इसके आधार पर तो नतीजे एकदम काल्पनिक लगने लगते हैं। क्या नहीं ?

सात सालों में हिंसा

खैर...1990 से 1996 तक हुए बलात्कार के अपराधों को देखें तो सात सालों में 86,291 बलात्कार हुए। 4,748 (5.5 प्रतिशत) 10 वर्ष से कम उम्र की बच्चियों के साथ, 20,114 (23.3 प्रतिशत) 10 से 16 वर्ष की किशोरियों के साथ, 48,918 (56.7 प्रतिशत) 16 से 30 वर्ष की महिलाओं के साथ और 12511 (14.5 प्रतिशत) 30 वर्ष से अधिक उम्र की महिलाओं के साथ हुए। साथ दिखाई देता है कि 16 से 30 वर्ष की युवा स्त्रियाँ सबसे अधिक बलात्कार की शिकार बनीं। 80 प्रतिशत बलात्कार के मामलों में महिलाओं की उम्र 10 से 30 साल है। 22.8 प्रतिशत बलात्कार के मामले सिर्फ 16 वर्ष से कम उम्र की लड़कियों के साथ हुए। उल्लेखनीय है कि 16 वर्ष से कम उम्र की लड़की से सहवास बलात्कार की माना जाता है, भले ही सहमति हो।

प्रतिशत की भाषा

हालाँकि बलात्कार की शिकार अधिकांश महिलाओं की उम्र 16 से 30 साल के बीच रहती है लेकिन 1990 की तुलना में 1996 में इस वर्ग में सबसे कम 37.4 प्रतिशत बढ़ोत्तरी हुई है। सबसे अधिक अपराध (65.1 प्रतिशत) 10 से 16 वर्ष की किशोरियों के साथ बढ़े। 30 वर्ष से अधिक उम्र की महिलाओं के साथ 6.12 प्रतिशत और 10 वर्ष से कम उम्र की बच्चियों के साथ 54.3 प्रतिशत की बढ़ोतरी हुई है। मतलब यह है बलात्कार के मामलों में 16-30 वर्ष की स्त्रियों की संख्या सबसे अधिक रही है, परन्तु 1990 की तुलना 1996 में 10-16 वर्ष की किशोरियों के साथ हुए बलात्कारों का प्रतिशत सबसे अधिक बढ़ा है। कहा जा सकता है कि इस वर्ग की लड़कियों के साथ बलात्कार की आपराधिक प्रवृत्ति बढ़ रही है। जहाँ कुल अपराधों का 1996 में प्रतिशत (1990 की तुलना में) 47.5 प्रतिशत बढ़ा है, वहाँ 10-16 वर्ष की किशोरियों के साथ बलात्कार की दुर्घटनाएँ 65.1 प्रतिशत अधिक हो गई हैं।

1990 से 1996 तक हुए बलात्कारों में 71 प्रतिशत बलात्कार 16 साल से अधिक उम्र की स्त्रियों के साथ और 29 प्रतिशत बलात्कार 16 वर्ष से कम उम्र की लड़कियों के साथ हुए हैं। 1990 में यही प्रतिशत क्रमशः 75 प्रतिशत और 25 प्रतिशत के लगभग था। अभिप्राय यह है कि पिछले सात सालों में जहाँ 4 प्रतिशत बलात्कार 16 वर्ष से कम उम्र

की लड़कियों के साथ बढ़े हैं, वहीं 16 से वर्ष अधिक उम्र की स्त्रियों के साथ हुए बलात्कारों में 4 प्रतिशत की कमी हुई है। यह चार प्रतिशत का परिवर्तन बेहद महत्त्वपूर्ण बदलाव की ओर संकेत देता है। इस बदलाव के सामाजिक-सांस्कृतिक कारणों को रेखांकित करने के लिए अपराध और संचार माध्यमों की भूमिका को भी देखना पड़ेगा।

रिपोर्ट के अनुसार देश के 23 महानगरों में वर्ष 1996 के दौरान 545 बलात्कार 16 वर्ष से कम उम्र की लड़कियों के साथ, 456 केस 16 से 30 वर्ष की स्त्रियों के साथ और 95 मामले 30 वर्ष से अधिक उम्र की महिलाओं के साथ हुए। शहरी क्षेत्रों में 16 वर्ष से कम उम्र की लड़कियों से बलात्कार अन्य क्षेत्रों की अपेक्षा लगभग दो गुना है। 16 वर्ष से बड़ी उम्र की स्त्रियाँ शहरी क्षेत्रों में अन्य की तुलना में 20 प्रतिशत कम बलात्कार की शिकार हुई हैं।

यह मात्र संयोग नहीं है कि जैसे-जैसे अश्लील और यौन साहित्य, फिल्म, वीडियो वगैरह बढ़े हैं, वैसे-वैसे यौन अपराध बढ़ते गए हैं। बड़ी उम्र की लड़कियों या स्त्रियों के विरोध-प्रतिरोध और शिकायत से बचने के लिए 16 वर्ष से कम उम्र की अबोध बच्चियों से बलात्कार के अपराध बढ़े हैं। इन्हें बहलाना, फुसलाना या काबू करना अपेक्षाकृत आसान है। दूसरा कारण अक्षत योनि की आदिम आकांक्षा भी है और विक्षिप्त यौन कुंठाएँ भी। इसके अलावा किशोर उम्र के लड़कों से कम उम्र की बच्चियों के साथ यौन अपराध की प्रवृत्ति भी लगातार बढ़ रही है।

1996 में हुए 14,849 बलात्कार के मामलों में से मध्य प्रदेश में 3,265 (22 प्रतिशत) उत्तर प्रदेश में 1,854 (12.5 प्रतिशत); बिहार में 1,453 (9.8 प्रतिशत), महाराष्ट्र 1,444 (9.7 प्रतिशत), राजस्थान में 1,162 (7.8 प्रतिशत) और पश्चिम बंगाल में 855 (5.8 प्रतिशत) हुए। दिल्ली में 484 (3.3 प्रतिशत) बलात्कार के केस दर्ज किए गए। जनसंख्या के अनुसार अपराध दर, सबसे अधिक मध्य प्रदेश (4.4 प्रतिशत) और दिल्ली (4.37 प्रतिशत) में रही। 1994 की अपेक्षा 1996 में जहाँ उपरोक्त राज्यों में (बिहार और दिल्ली के अलावा) बलात्कार के अपराधों में कमी आई है, वहाँ बिहार और दिल्ली के साथ-साथ केरल, हरियाणा, उड़ीसा, पंजाब, सिक्किम और त्रिपुरा में भी बलात्कार के अपराधों में बढ़ोतरी हुई है। इसके आर्थिक, सामाजिक और राजनीतिक कारणों की जाँच-पड़ताल अनिवार्य है। दिल्ली और हरियाणा में भारतीय जनता पार्टी का शासन रहा है और बिहार में लालू यादव का। बिहार में 1994 में जहाँ 823 (6.7 प्रतिशत) बलात्कार रिकॉर्ड हुए थे, वहाँ 1996 में यह संख्या बढ़कर 1,453 (9.8 प्रतिशत) पर पहुँच गई है। दिल्ली में 1994 में 261 (2.1 प्रतिशत) से बढ़कर 1996 में 484 (3.3 प्रतिशत) वृद्धि हुई है। आश्चर्यजनक रूप से हरियाणा में भी 1994 में 198 बलात्कार का आँकड़ा बढ़कर 336 पर पहुँच गया।

16 वर्ष से कम उम्र की बच्चियों से बलात्कार के मामलों में भी मध्य प्रदेश (873), उत्तर प्रदेश (535), महाराष्ट्र (453), आन्ध्र प्रदेश (269), दिल्ली (269), पश्चिम बंगाल (251) और बिहार (217) सबसे आगे रहे। उपरोक्त राज्यों में ही कुल बलात्कारों का

प्रतिशत 70.7 बैठता है। 30 वर्ष से कम उम्र की महिलाओं के साथ मध्य प्रदेश (95), महाराष्ट्र (60), दिल्ली (67), उत्तर प्रदेश (49), आन्ध्र प्रदेश (48) और पंजाब में 46 बलात्कार दर्ज हुए। 16 वर्ष से कम उम्र की लड़कियों के लिए सबसे अधिक खतरनाक शहर इस देश की राजधानी दिल्ली ही है, जहाँ 1996 में 232 बलात्कार हुए। इसके बाद बम्बई में (97), बंगलौर में (24), भोपाल में (19) और पुणे में 24 मामले रिकॉर्ड किए गए। उल्लेखनीय है कि अधिकांश महानगरों में 98 प्रतिशत बलात्कार 30 वर्ष तक कि महिलाओं के साथ और 2 प्रतिशत इससे बड़ी उम्र की स्त्रियों के साथ हुए। कुछ महानगरों में जैसे हैदराबाद, लुधियाना, मद्रास, मदुरै, सूरत, बड़ौदा में 100 प्रतिशत बलात्कार सिर्फ 30 वर्ष से कम उम्र की स्त्रियों के साथ ही हुए। बलात्कार ही नहीं, स्त्री के प्रति हिंसा और अपराध में भी दिल्ली सबसे आगे है। यहाँ अपराध 23.5 प्रतिशत है जबकि महाराष्ट्र में 14.3 मध्य प्रदेश में 12.9 और उत्तर प्रदेश में 11.8 प्रतिशत है।

अनुसूचित जाति की महिलाओं के साथ 1994 में 992, 1995 में 873 और 1996 में 949 बलात्कार हुए। इनमें से 31 प्रतिशत बलात्कार अकेले उत्तर प्रदेश में हुए। अनुसूचित जनजाति की महिलाओं के साथ 1996 में 385, 1995 में 369 और 1996 में 314 बलात्कार की दुर्घटनाएँ हुईं, जिनमें से करीब 53 प्रतिशत अकेले मध्य प्रदेश में हुईं। हालाँकि हर साल यह संख्या घट रही है, लेकिन स्थिति चिन्ताजनक है। अनुसूचित जाति पर हुए अपराधों में उत्तर प्रदेश (35 प्रतिशत), राजस्थान (21) प्रतिशत और मध्य प्रदेश (13 प्रतिशत) सबसे प्रमुख है। इन तीनों प्रदेशों का कुल हिस्सा ही 69 प्रतिशत बैठता है। अनुसूचित जनजातियों के विरुद्ध अपराधों में मध्य प्रदेश (29.4 प्रतिशत), राजस्थान (28 प्रतिशत), गुजरात (7.4 प्रतिशत), महाराष्ट्र (6.8 प्रतिशत) और उत्तर प्रदेश (6.7 प्रतिशत) सबसे प्रमुख है। जनजातियों के विरुद्ध अपराधों का करीब 78 अपराध इन पाँच राज्यों में हो रहा है। राजस्थान में जनजातियों व अनुसूचित जातियों के प्रति अपराध समान रूप से जारी है। बलात्कारियों का वर्ग, वर्ण और जाति के आधार पर विवेचन उपलब्ध नहीं है।

ब्यूरो रिपोर्ट के अनुसार 1995-1996 में पुलिस के पास पाँच के लिए क्रमशः 18,914 और 19,963 बलात्कार के मामले आए। इनमें से सिर्फ 72-73 प्रतिशत मामलों में जाँच-पड़ताल होने के बाद सिर्फ 62-63 प्रतिशत मामले लटके पड़े रहे। दूसरी तरफ देश भर में 1995 में 47,084 और 1996 में 51,734 बलात्कार केस सुनवाई के लिए इन्तजार कर रहे थे। इनमें से केवल 16-17 प्रतिशत की सुनवाई हो पाई शेष 83 प्रतिशत मामले अधर में लटके रहे। 1995 में जहाँ 5 प्रतिशत अपराधियों को सजा हुई, वहाँ 1996 में यह सजा घटकर 4.5 प्रतिशत ही रह गई। 1996 में अन्त तक बलात्कार की 43,016, अपहरण के 36,470, दहेज हत्या के 14,133, छेड़छाड़ के 72,539, यौन उत्पीड़न के 8,656, पति व सम्बन्धियों द्वारा क्रूरता के 83,195, वेश्यावृत्ति के 4,799, दहेज के 6,175। अश्लील प्रदर्शन के 500 और सती के 3 मुकदमों का फैसला होना बाकी था। अदालतों ने 1995-96 में वेश्यावृत्ति के 60-61 प्रतिशत मामलों का फैसला

सुनाते हुए करीब 53-54 प्रतिशत अपराधियों को सजा सुनाई। कहने की आवश्यकता नहीं है कि इनमें से अधिकांश अपराधी स्वयं वेश्या (स्त्री) ही रही होंगी। सती के तीनों मुकदमों में कोई फैसला नहीं हो पाया। अदालतों में सालों की देरी और कानूनी चोर दरवाजों से अधिकांश अपराधियों के साफ बच निकल जाने का परिणाम है कि स्त्री के प्रति यौन हिंसा लगातार बढ़ रही है।

इसी सन्दर्भ में थोड़ा और पीछे मुड़कर देखने पर पता चलता है कि जहाँ 1976 से 3,893 बलात्कार के मामले दर्ज हुए थे, वहाँ 1978 में यह संख्या बढ़कर 4,559, 1980 में 5,023, 1984 में 6,203, 1985 में 6,356 और 1988 में 6,888 हो गई थी। अगर 1976 को आधार वर्ष मानें तो 1996 में 282 प्रतिशत अधिक बलात्कार हुए हैं। दिल्ली में 1985 में 88, 1986 में 97, 1987 में 104, 1988 में 127, 1989 में 161, 1990 में 196, 1991 में 214 बलात्कार बढ़कर 1996 में 419 हो गए। 1985 की अपेक्षा 1996 में यह भयावह वृद्धि 376 प्रतिशत बैठती है।

उपरोक्त आँकड़ों के विवेचन, विश्लेषण और अध्ययन के आधार पर, निःसन्देह यह स्पष्ट होता है कि 16 वर्ष से कम उम्र की लड़कियों के साथ यौन हिंसा के अपराध लगातार बढ़ रहे हैं विशेषकर महानगरों में, अधिकांश बलात्कारी नजदीकी रिश्तेदार, पड़ोसी, दोस्त या परिचित होता है। पिता, भाई, चाचा, ताऊ, मामा वगैरह द्वारा भी बलात्कारों की संख्या में निरन्तर वृद्धि हो रही है। कम उम्र की बच्चियों की प्रायः बलात्कार के बाद हत्या कर दी जाती है या आघात से मृत्यु हो जाती है। कुछ मामलों में बलात्कार की शिकार लड़की सामाजिक अपमान और लज्जा के कारण आत्महत्या कर लेती है।

नाबालिग किशोर युवकों द्वारा कम उम्र की बच्चियों से दुष्कर्म (बलात्कार) भी हर साल बढ़ता जा रहा है। संचार माध्यमों में बढ़ा 'सेक्स और हिंसा' का प्रदर्शन, समाज में भी यौन अपराधों के बढ़ने में 'उत्प्रेरक' का काम करता है। जैसे-जैसे नारी चेतना और मुक्ति के स्वर पहले से अधिक मुखर होकर सामने आए हैं, वैसे-वैसे स्त्री के विरुद्ध हिंसा (यौन हिंसा) बढ़ी है। जितना विरोध और प्रतिरोध बढ़ रहा है, उससे ज्यादा यौन अपराध बढ़ रहे हैं। यौन हिंसा का मुख्य कारण काम पिपासा शान्त करना या मानसिक विक्षिप्तता कम, बदला लेना अधिक है। अपराधियों को सुधारवादी-उदारवादी न्याय नीति के अन्तर्गत कम सजा देने से 'न्याय का लक्ष्य' भले ही पूरा हो जाए मगर इस प्रकार के अपराधों को बढ़ावा ही मिलता है। दंड भय ही न रहे तो अपराध कैसे कम (समाप्त) होंगे।

कानून व्यवस्था में आमूल-चूल परिवर्तन के साथ-साथ जरूरी है सामाजिक, सांस्कृतिक और नैतिक सोच में बदलाव। बलात्कारियों को मृत्यु दंड की 'हवाई घोषणाओं' से क्या होना है ? यौन हिंसा के ये आँकड़े और आँकड़ों की तुलनात्मक जमा-घटा सिर्फ संकेत मात्र हैं। स्त्री के विरुद्ध, पुरुष द्वारा की जा रही यौन हिंसा की वास्तविक स्थिति (सरकारी) आँकड़ों से कहीं अधिक विस्फोटक, भयावह और खतरनाक है। बापू के तीनों बन्दर कब तक मुँह, कान और आँखों पर हाथ धरे बैठे रहेंगे ?

तालिका सं. 1

उम्र वर्ग के अनुसार बलात्कार-वर्ष 1990-1996

वर्ष	10 वर्ष से कम	10-16 वर्ष	16-30 वर्ष	30 वर्ष से अधिक	तालिका 7.4 के अनुसार कुल बलात्कार	वार्षिक वृद्धि का प्रतिशत	1990 की तुलना में वृद्धि	तालिका 58.59 के अनुसार बलात्कार	तालिका 7.4 57-59 में अन्तर
1990	394	2,105	6,028	1,541	10,067	-	-	-	-
1991	1,099	2,630	5,377	1,319	10,425	3.54	3.54	-	-
1992	532	2,581	7,000	1,621	11,734	12.55	16.55	11,112	622
1993	634	2,759	7,038	1,792	12,223	416	21.40	11,292	981
1994	734	3,244	7,442	1,798	13,218	8.14	31.28	12,351	867
1995	747	3,320	7,752	1,955	13,774	4.20	36.80	13,754	20
1996	608	3,475	8,281	2,485	14,849	7.80	47.50	14,846	3
कुल	4,748	20,114	48,918	12,511	86,291	-	-	63,305	2,493
प्रतिशत	5.5	23.3	56.7	14.5	100	-	-		
1990 की तुलना में 1996 में वृद्धि	54.3	65.1	37.4	61.2	47.5	-	-		
1991 की तुलना में 1996 अन्तर	(-)44.67 (-) 9.63	(+) 32.12 (-) 33.00	(+) 54.00 +16.6	(+) 88.40 +27.2	(+) 42.43 (-) 5.07	-	-		

यौन हिंसा और न्याय की भाषा

- *"The ideology of rape is aided by more than a system of linient laws that serve to protect offenders and is abetted by more than the fiat of total male control over the lawful use of power. The idiology of rape is fueled by cultural, values that are perpetuated at every level of our society, and nothing less than a frontal attack is needed to repel this cultural attack." (Susan Brownmiller in Against Our Will : Men, Women and Rape, Page 389).*
- *"Viewing of violent pornography results in higher rates of aggression against Women by male subjects." (Diana E.H. Russell in Pornography : Women Violence and Civil liberties, Page 374).*
- *"There are certainly more rapes committed in marriage than outside. " (Havelock Ellis)*

जैसा कि आपने पिछले आलेख में पढ़ा : स्त्रियों के विरुद्ध यौन हिंसा लगातार बढ़ती जा रही है। बलात्कार के (सरकारी) आँकड़े पूर्ण रूप से अविश्वसनीय हैं क्योंकि बलात्कार की सभी दुर्घटनाएँ आँकड़ों तक पहुँचती नहीं। फिर भी जो आँकड़े उपलब्ध हैं, उनके आधार पर कहा जा सकता है कि इस प्रकार की दुर्घटनाएँ निरन्तर बढ़ रही हैं। राष्ट्रीय अपराध रिकार्ड ब्यूरो की रिपोर्ट (1996) के अनुसार देश भर में 1996 में 14,849 बलात्कार हुए, जबकि 1990 यह संख्या 10,068 थी। यानी 1990 के मुकाबले 1996 में 47.5 प्रतिशत अधिक बलात्कार। यह भी कहा जा रहा है कि अपराधों की रिपोर्टिंग बढ़ रही है। कुछ संवेदनशील विद्वानों का मत है, "अपराधों की बढ़ोतरी को जनसंख्या के अनुपात में देखें तो अपराध कहाँ बढ़ रहे हैं ?" एक और तर्क (कुतर्क) यह भी दिया जाता है कि कुल अपराधों की तुलना में, स्त्री के प्रति अपराध का प्रतिशत तो सिर्फ 6.8 प्रतिशत ही है।

1996 में हुए 14,849 बलात्कारों में से 8,281 (55.76 प्रतिशत) सोलह से तीन वर्ष की महिलाओं के साथ और 3,475 (23.4 प्रतिशत) दस से सोलह वर्ष की किशोरियों के साथ हुए। दोनों को जमा करें तो मालूम होगा कि 79.16 प्रतिशत बलात्कार की शिकार स्त्रियाँ दस से तीस वर्ष की थीं। तीस वर्ष से अधिक की स्त्रियों के साथ

हुए बलात्कारों की संख्या 2,485 (16.7 प्रतिशत) और दस वर्ष से कम उम्र की बच्चियों के साथ बलात्कार के अपराध 608 (4.1 प्रतिशत) है। संक्षेप में 80 प्रतिशत बलात्कार दस से तीस वर्ष की महिलाओं के साथ हुए और 16 प्रतिशत तीस वर्ष से अधिक उम्र की महिलाओं के साथ। हालाँकि प्रतिशत की भाषा में दस वर्ष से कम उम्र की बच्चियों के साथ हुए बलात्कार लगभग 4 प्रतिशत ही हैं, लेकिन यह लगातार बढ़ रहा है। इसलिए गम्भीर चिन्ता का विषय है। बच्चियों से बढ़ते बलात्कारों को अधिक गम्भीर कहने का मतलब यह नहीं है कि शेष बलात्कारों को गम्भीर अपराध न माना जाए। 1996 में दस वर्ष से कम उम्र की लड़कियों के साथ हुए बलात्कार का आँकड़ा 1990 के 394 से बढ़कर 608 हो गया है। मतलब 54.3 प्रतिशत अधिक बलात्कार। पिछले सात सालों में जहाँ चार प्रतिशत बलात्कार सोलह से कम उम्र की लड़कियों के साथ बढ़े हैं, वहीं सोलह से अधिक उम्र की स्त्रियों के साथ हुए बलात्कारों में चार प्रतिशत की कमी हुई है। यह चार प्रतिशत का परिवर्तन, बेहद महत्त्वपूर्ण बदलाव की ओर संकेत देता है।''

इस बदलाव के सामाजिक-सांस्कृतिक कारणों को रेखांकित करने के लिए अपराध और संचार माध्यमों की भूमिका को भी देखना पड़ेगा। यह मात्र संयोग नहीं है कि जैसे—जैसे अश्लील यौन साहित्य, फिल्म, वीडियो वगैरह बढ़े हैं, वैसे-वैसे यौन अपराध भी बढ़ते गए हैं। संचार माध्यमों में 'सेक्स और हिंसा' का प्रदर्शन, समाज में यौन अपराधों के बढ़ने में उत्प्रेरक का काम करता है। कर रहा है। बड़ी उम्र की लड़कियों या स्त्रियों के विरोध-प्रतिरोध और शिकायत से बचने के लिए सोलह वर्ष से कम उम्र की अबोध बच्चियों से बलात्कार के अपराध बढ़े हैं। इन्हें बहलाना, फुसलाना या काबू करना अपेक्षाकृत आसान है। इसका कारण 'अक्षत योनि' की आदिम आकांक्षा भी है और विक्षिप्त यौन कुंठाएँ भी। इसके अलावा किशोर उम्र के लड़कों में, कम उम्र की बच्चियों के साथ यौन अपराध की प्रवृत्ति भी लगातार बढ़ रही है। आश्चर्यजनक है कि स्त्री के विरुद्ध हिंसा और यौन हिंसा में देश की राजधानी दिल्ली सबसे आगे है। अनुसूचित जाति की महिलाओं के साथ सबसे अधिक बलात्कार उत्तर प्रदेश में और जनजाति की महिलाओं के साथ सबसे अधिक बलात्कार मध्य प्रदेश में होते हैं। अनुसूचित और जनजातियों पर हिंसक अपराधों में उत्तर प्रदेश, मध्य प्रदेश, राजस्थान और गुजरात सबसे आगे है और यह मात्र संयोग नहीं कि इन प्रदेशों में 'हिन्दुत्ववादी' भारतीय जनता पार्टी का शासन है या रहा है।

उल्लेखनीय है कि जैसे-जैसे नारी चेतना, शिक्षा जागरूकता और मुक्ति के स्वर पहले से अधिक मुखर होकर सामने आए हैं, वैसे-वैसे स्त्री के विरुद्ध हिंसा (यौन हिंसा) बढ़ी है। विशेषकर महानगरों में। स्त्रियों द्वारा जितना विरोध-प्रतिरोध बढ़ रहा है, उससे अधिक यौन अपराध बढ़ रहे हैं। अपराधियों को सुधारवादी-उदारवादी न्याय नीति के अन्तर्गत, कम सज़ा देने से 'न्याय का लक्ष्य' भले ही पूरा हो जाए मगर इस प्रकार के अपराधों को बढ़ावा ही मिलता है। दण्ड भय ही न रहे तो अपराध कैसे कम (समाप्त)

होंगे ? गृहमन्त्री द्वारा बलात्कारियों को मृत्युदंड देने की 'हवाई घोषणाओं' से क्या होगा ? विशेषकर, जब कानूनों में इतना 'लूपहोल्स' और गहरे गड्ढे मौजूद हों। ऊपर से कानून व्यवस्था के भ्रष्ट रखवालों के रहते, क्या उम्मीद की जा सकती है ?

कानून की भाषा

भारतीय दण्ड संहिता, 1860 की धारा 375 के अनुसार बलात्कार के लिए 'लिंगच्छेदन' (पैनीट्रेशन) अनिवार्य शर्त है। किसी भी अन्य वस्तु या यन्त्र से यौन शोषण या उत्पीड़न को बलात्कार का अपराध नहीं माना जाता। स्त्री द्वारा सहमति की उम्र सोलह वर्ष तय की गई है। सोलह वर्ष से कम उम्र की लड़की के साथ सहवास बलात्कार होगा भले ही उसकी सहमति हो या न हो। लेकिन इस प्रावधान में अपवाद यह है कि किसी भी पुरुष द्वारा पन्द्रह वर्ष से बड़ी उम्र की पत्नी के साथ सहवास को बलात्कार नहीं माना जाएगा। हालाँकि हिन्दू विवाह अधिनियम, 1955 और बाल विवाह निरोधक अधिनियम, 1929 के अनुसार विवाह के समय दुल्हन की उम्र अठारह साल से अधिक होनी चाहिए। स्त्री द्वारा सहवास के लिए सहमति की उम्र सोलह साल और विवाह के लिए अठारह साल रखी गई है। लेकिन पुरुष (पति) द्वारा सहवास (बलात्कार) के लिए लड़की की उम्र सीमा पन्द्रह साल काफी है। यही नहीं, अगर पत्नी की उम्र बारह साल से अधिक और पन्द्रह साल से कम हो तो धारा 376 के अनुसार पति को सज़ा में 'विशेष छूट' मिलेगी। दो साल कैद या जुर्माना या दोनों हो सकते हैं। जबकि अन्य बलात्कार के मामलों में यह सज़ा कम से कम दस साल कैद और अधिकतम उम्र कैद निर्धारित की गई है। अपराधिक दण्ड प्रक्रिया संहिता के अनुसार बारह वर्ष से पन्द्रह वर्ष तक की पत्नी के साथ बलात्कार संज्ञेय अपराध नहीं और जमानत योग्य भी होगा। मतलब, पुलिस बिना मजिस्ट्रेट से वारंट लिए, पति को गिरफ्तार नहीं कर सकती। और पति होने के 'विशेषाधिकार' स्वरूप जमानत पर छोड़ना पड़ेगा। पन्द्रह साल से कम उम्र की पत्नी, बलात्कार की शिकायत भी सिर्फ एक साल के भीतर ही कर सकती है। उसके बाद की गई शिकायत को सुनने का किसी भी अदालत को कोई अधिकार नहीं, जबकि अन्य मामलों में ऐसी कोई समय सीमा नहीं है।

सर्वोच्च न्यायालय तक कई बार कह चुका है कि बाल विवाह भले ही दण्डनीय अपराध हो लेकिन विवाह गैरकानूनी या रद्द नहीं माना जाएगा। हिन्दू संरक्षकता अधिनियम, 1956 की धारा 6 (सी) के अनुसार पति अपनी पत्नी का प्राकृतिक संरक्षक है, भले ही दोनों नाबालिग हों। विवाह का पंजीकरण कानूनन अनिवार्य है नहीं, इसलिए कैसै रुकेंगे बाल विवाह ? और ऐसे कानूनी प्रावधानों से स्त्री के विरुद्ध यौन हिंसा पर कैसे काबू पाया जा सकता है ?

कानून की 'कॉमेडी' यहीं समाप्त नहीं होती। भारतीय साक्ष्य अधिनियम, 1873 की धारा 155 (4) में आज भी यह प्रावधान है कि गवाह की विश्वसनीयता खण्डित करने के लिए "अगर किसी व्यक्ति या पुरुष पर बलात्कार का आरोप हो तो उसे यह सिद्ध

करना चाहिए कि पीड़िता आमतौर से अनैतिक चरित्र की महिला है।" महिला को अनैतिक चरित्र की महिला प्रमाणित करो और बाइज्जत रिहा हो जाओ। यानी कानून के इस प्रावधान के रहते हर किसी को यह कानूनी अधिकार है कि वह वेश्याओं, कॉलगर्ल या चरित्रहीन महिलाओं (भले ही नाबालिग बच्ची हो) के साथ, जब चाहे बलात्कार कर सकता है या बलात्कार करने के बाद किसी भी महिला को अनैतिक चरित्र की औरत प्रमाणित करके, मूँछों पर ताव देते हुए अदालत से बाहर आ सकता है।

दूसरे, भारतीय दण्ड संहिता, 1860 की धारा 497 के अनुसार व्यभिचार का अपराध किसी अन्य व्यक्ति की पत्नी के साथ, उसके पति की सहमति या मिलीभगत के बिना सहवास (बलात्कार नहीं) करना है। आपसी सहमति से पुरुष किसी भी बालिग अविवाहित, तलाकशुदा या विधवा महिला से सम्बन्ध रख सकता है। यह कोई अपराध नहीं। परिणामस्वरूप व्यापक स्तर पर वेश्यावृति और कॉलगर्ल व्यापार फैल रहा है। अनैतिक देह व्यापार नियन्त्रण अधिनियम के किसी भी प्रावधान में, पुरुष ग्राहक पर कोई अपराध ही नहीं बनता। अपराधी सिर्फ 'वेश्याएँ' ही होंगी।

उपरोक्त कानूनी जाल-जंजाल को देखते हुए इतना ही कहा जा सकता है कि पितृसत्ता ने जान बूझकर ऐसा चक्रव्यूह रचा हुआ है कि बलात्कारी किसी न किसी चोर दरवाजे से भाग निकल सके। सुसन ब्राऊन मिलर के शब्दों में "बलात्कार, पुरुषों द्वारा औरतों को लगातार बलात्कार से भयभीत रख कर, समस्त स्त्री समाज पर पूर्ण नियन्त्रण बनाए रखने का षड्यन्त्र है।

मिलर की इस स्थापना से असहमत विद्वानों का कहना है कि पुरुषों का सत्ता, सम्पत्ति, समाज और स्त्रियों पर वैसे ही पूर्ण नियंत्रण है/रहा है। इसलिए बलात्कार का भय बनाए रखने की क्या जरूरत है ? बलात्कार, पितृसत्ता का षड्यन्त्र नहीं, बल्कि कुछ विकृत, विक्षिप्त और 'स्टिरियो टाइप' बीमार अपराधियों का व्यक्तिगत अपराध मात्र है।

मिलर की स्थापना को सही न मानने का कोई कारण नहीं है। दुनिया भर के अधिकांश देशों में (जहाँ पितृसत्तात्मक समाज है) बलात्कार सम्बन्धी कानूनी प्रावधानों की भाषा, परिभाषा प्रायः समान है। विवाह संस्था में सहवास पति का कानूनी अधिकार है और अनैतिक चरित्र की महिलाओं के साथ बलात्कार में यह मानना स्वाभाविक है कि हो सकता है कि उन्होंने सहमति दी हो। कानूनी भाषा से न्यायिक परिभाषा और सामाजिक मान्यताओं या मिथ तक में सबके सब एकमत हैं। कानून बनाने से लेकर पुलिस, अदालत और संचार माध्यमों तक में, स्त्री के विरुद्ध यौन हिंसा के सवाल पर पितृसत्ता की चुप्पी या तटस्थता का अर्थ (अनर्थ) इसका प्रमाण है ?

स्पष्ट है कि पितृसत्तात्मक समाजों में पुरुष की कामपिपासा के लिए विवाह संस्था से लेकर वेश्यावृत्ति (देवदासी, जोगिन वगैरह) और व्यभिचार के सभी दरवाजे खुले छोड़ दिए गए हैं। पुरुष द्वारा व्यभिचार या बलात्कार की शिकार अधिकांश लड़कियों को अन्ततः वेश्यावृत्ति के व्यवसाय में ही शरण लेनी पड़ती है, या पड़ेगी। वेश्यावृत्ति का

व्यवसाय मूल रूप से पुरुषों के ही हित पोषित करता है, इसलिए भी नाबालिग लड़कियों का अपहरण, बलात्कार लगातार बढ़ रहा है। भारत में इस समय लगभग तीस लाख महिलाएँ वेश्यावृत्ति करने को विवश हैं, जिसमें (सरकारी आँकड़ों और मानव संसाधन विकास मन्त्री महोदय के राज्यसभा में बयानानुसार) लगभग पन्द्रह प्रतिशत वेश्याओं की उम्र पन्द्रह साल से कम है। इसका अर्थ यह हुआ कि करीब पाँच लाख नाबालिग लड़कियों के साथ रोज बलात्कार होता है। हो रहा है। क्योंकि आपके ही कानूनानुसार सोलह वर्ष से कम उम्र की लड़की के साथ सहवास बलात्कार है, भले ही उसकी सहमति हो या न हो।...हम जानते हैं कि आप फिर वही कानून पढ़ाने लगेंगे या कुतर्क करेंगे "वे सब 'भ्रष्ट' और 'अनैतिक चरित्र' की औरतें हैं...'वेश्या'...'कॉलगर्ल...'रंडी'...। ग्राहक से पैसे लिए हैं, सो 'बलात्कार' का सवाल ही नहीं उठता।" है ना !

बाल वेश्याओं के यौन शोषण सम्बन्धी एक जनहित याचिका (ए.आई.आर. 1990 सुप्रीम कोर्ट 1412) में माननीय न्यायमूर्तियों ने कहा, "हमारे विचार से, देश भर में केन्द्रीय जाँच ब्यूरो द्वारा पूछताछ या पड़ताल न हो व्यावहारिक रूप से सम्भव है और न ही वांछित। उन्हें निर्देश देने से कोई लाभदायक उद्देश्य सिद्ध नहीं होने वाला।.... यह सिर्फ सामाजिक नहीं, आर्थिक समस्या भी है। सज़ा से अधिक नियन्त्रण आवश्यक है।"

कहने की आवश्यकता नहीं कि अधिकांश (90 प्रतिशत) यौन हिंसा या बलात्कार के मामले परिवार की प्रतिष्ठा के कारण थाने में दर्ज नहीं कराए जाते। जो दर्ज होते हैं, उनमें से अधिकांश (96 प्रतिशत) बलात्कारी निचली अदालतों द्वारा बाइज्जत बरी कर दिए जाते हैं। पुलिस ने जाँच ठीक से नहीं की या गवाह, प्रमाण, सबूत नहीं थे। जिन थोड़े से (तीन चार प्रतिशत) बलात्कारियों को सज़ा होती है, वे उच्च न्यायालय से सर्वोच्च न्यायालय तक अपील-दर-अपील करते ही हैं। अपील में भी ज्यादातर बरी हो जाते हैं या किसी न किसी आधार पर सज़ा कम करवाने में कामयाब। अपील के दौरान 'जमानत' पर छूटने की सम्भावना भी है और सालों मुकदमा लटकने की भी। आँकड़े बताते हैं कि निचली अदालतों से कई गुना अधिक समय, अपील का निर्णय होने, करने में लगता है। यौन हिंसा की शिकार निर्धन स्त्री आखिर कब तक 'कोर्ट-कचहरी' कर सकती है ? घर-परिवार-विवाह-बच्चे-समाज-खर्च-भागदौड़-कौन करेगा ? कहाँ से ? कब तक ? बहुत सी समस्याएँ हैं। सब करने के बाद भी क्या गारंटी है कि 'न्याय' होगा? बड़े बाप की बेटियों या साधन सम्पन्न और सत्ता समर्थ स्त्रियों की बात अलग है।

यौन हिंसा की शिकार निर्धन, अशिक्षित, आम औरत नहीं जानती—न्याय की प्रथम अवधारणा है कि जब तक अपराध सन्देह से परे तक सिद्ध न हो, अभियुक्त को निर्दोष ही माना जाएगा। वरना अभियुक्त को बाइज्जत बरी करना विवशता है। अदालत में थोड़ा सा भी सन्देह हुआ तो 'सन्देह का लाभ' अभियुक्त को ही मिलेगा। सन्देह से परे तक अपराध सिद्ध होने के बावजूद उम्र, समय, स्थितियाँ (सामाजिक, आर्थिक,

मानसिक, राजनीतिक...) परिस्थितियाँ वगैरह...वगैरह के आधार पर, अभियुक्त की सज़ा कम भी की जा सकती है। न्याय के सुधारवादी, उदारवादी, मानवीय दृष्टिकोण से रचे, सारे नए शास्त्रों की व्याख्या का फायदा अभियुक्त को ही होता है। होता रहा है। न्याय की एक और उल्लेखनीय अवधारणा यह है कि भले ही हजारों दोषी व्यक्ति छूट जाएँ मगर एक भी निर्दोष आदमी को सजा नहीं होनी चाहिए। ऐसे में उसे यह विश्वास दिलाना जरूरी है कि 'दुर्लभतम में दुर्लभ' मामला हुआ तो बलात्कारी को फाँसी के फन्दे से कोई नहीं बचा सकता। न्याय में देरी का मतलब, न्याय नहीं मिलना है। मगर न्याय में जल्दबाजी का अर्थ न्याय को दफनाना भी है। ज्ञानी लोगों का कहना है—"न्याय की चक्की धीरे पीसती है, मगर पीसती है तो बहुत बारीक....खैर।

आओ न्याय करें : रेप यानी एक कहानी

"यह कहानी 1974 की है और महावीर नाम के एक बीस-बाइस वर्षीय मर्द और पन्द्रह-सोलह वर्षीया औरत शीला के इर्द-गिर्द घूमती है। दोनों आपस में दूर के सम्बन्धी हैं और दरअसल एक दूसरे को बहुत अच्छी तरह जानते हैं। 27 सितम्बर, 1974 को महावीर शीला को बहरामपुर ले गया। वहाँ वे करीब पन्द्रह दिन रहे और आपस में देह का ताप बाँटते रहे। जब वे वापस आए तो शीला के माँ-बाप बिना किसी देरी के शीला को लेकर पुलिस स्टेशन पहुँच गए, जहाँ उसकी माँ ने पहले से ही रिपोर्ट दर्ज करवा रखी थी। परिणामस्वरूप महावीर की गिरफ्तारी और बाद में अभियोग चला। 13 अगस्त, 1976 को अदालत ने महावीर को अपराधी करार दे, भारतीय दण्ड संहिता की धारा 366 औरा 376 के तहत सज़ा सुनाई।

"यह उसी महावीर की अपील है।"

"इस मुकदमे की कुन्जी, शीला के बयान में ही है। और यह क्या दर्शाती है ? यह दिखाती है कि उसके महावीर के साथ अच्छे-दोस्ताना सम्बन्ध थे और वह यमुना नदी के क़िनारे, रेस्टोरेंट और अन्य अघोषित स्थानों पर उसके साथ घूमती रही है। यह वह ही थी, जो उस दिन, 'आश्रम' नामक स्थान पर महावीर से मिली। वहाँ से वे बहरामपुर की गाड़ी पकड़ने के लिए रेलवे स्टेशन आए। यह एक लम्बी यात्रा थी, जो 'एक दिन और रात' खा गई। बहरामपुर में वे बुद्धू, गवाह नम्बर दो के घर पर ठहरे, जहाँ उनके पास एक कमरा था और उसी कमरे में उन्होंने माँस से विषय सुख का खेल खेला।"

"शीला हमें बताती है कि किसी भी स्तर पर उसकी सहमति नहीं थी। यही नहीं, उसने तो विरोध भी किया और रोती भी रही लेकिन सब बेकार। इससे मुझे कोई असर ही नहीं हो रहा। वह रेलवे स्टेशन गई। महावीर जब टिकट खरीदने गया तो वह वहाँ अकेली खड़ी रही। डिब्बे में अन्य यात्रियों के होते हुए वह उसके साथ घंटों यात्रा करती रही। बहरामपुर रेलवे स्टेशन से ताँगे में बुद्धू के घर तक गई। ताँगे में और सवारियाँ भी थीं। तब भी उसने कोई विरोध नहीं किया, कोई विद्रोह का झंडा नहीं उठाया और

भागने का भी कोई प्रयास नहीं किया। इस बीच उसके पास शोर मचाने, रुकने या महावीर से दूर रहने का काफी समय भी था और अवसर भी।''

''और हाँ ! बहरामपुर में बुद्धू के घर पर क्या हुआ ? वह कहती है कि उसने उस समय विरोध किया था, जब महावीर उसका परिचय पत्नी के रूप में दे रहा था। बुद्धू उसे झूठा सिद्ध करता है। उसका अपना व्यवहार भी उसे 'फाँसी के तख्ते' की ओर ले जाता है। बहरामपुर में वह साड़ी पेटीकोट और ब्लाउज खरीदने बाजार भी गई थी। वह महावीर के साथ एक ही कमरे में रह रही थी और उसे अपनी देह का ताप देती रही, कभी रात में दो बार और कभी-कभी तीन बार भी। वह स्वीकार करती है कि देह की पुकार का शिकार होने से पहले वे अक्सर एक दूसरे से बातचीत और आलिंगन करते रहते थे। और बुद्धू हमें बताता है कि वहाँ कभी विरोध की फुसफुसाहट तक नहीं थी।''

''यह विश्वास करना असम्भव है कि वह खेल में शामिल नहीं थी, बल्कि उसने सक्रिय रूप से पूरी सहमति के साथ इस खेल में अपना योगदान दिया है।''

''सरकारी वकील साहब ने तर्क दिया था कि उस समय अगर शीला की सहमति भी थी, तो भी उसकी उम्र सोलह साल से कम है, इसलिए उसकी सहमति का कोई मतलब नहीं।''

''क्या सचमुच शीला ने सोलह गर्मियाँ नहीं देखीं ? मुझे सभी महत्त्वपूर्ण दिन दुबारा बुलाने दो। वह 27 सितम्बर, 1974 था। हमारे पास जन्म प्रमाण पत्र नहीं है। स्कूल प्रमाण पत्र तक भी नहीं है। हमारे पास रिकार्ड में डॉक्टर विरमानी की सलाह (ओपिनियन) मौजूद है। उसके अनुसार शीला की उम्र करीब चौदह साल है और सोलह साल से कम है। लेकिन तब भी हम सब जानते हैं कि यह सिर्फ सलाह या विचार ही है, जिसमें डेढ़ से दो साल तक 'इधर-उधर' होना सम्भव है। मगर तब हम इस सलाह पर जाते ही क्यों हैं ? विशेषकर जब स्वयं शीला और उसकी माँ हमें बता रही हैं कि उम्र क्या मानी जानी चाहिए ? 19 अप्रैल, 1976 को अदालत में शीला का और अगले दिन यानी 20 अप्रैल, 1976 को उसकी माँ का बयान हुआ था। शीला ने अपनी उम्र अठारह साल बताई थी। उसी माँ ने भी उसकी उतनी ही उम्र बताई थी। अगर ऐसा ही है तो, गणना के दिन निश्चित रूप से वह सोलह की सीमा रेखा पार कर चुकी है। यह उसकी सहमति के मुद्दों को मजबूत करता है। चूँकि, पूरे प्रकरण में उसकी सहमति मौजूद है, महावीर बिना किसी रुकावट के मुसीबतों के उस पार जा सकता है। महावीर की अपील में विजय होती है और उसे बाइज्जत रिहा किया जाता है।''

यह कोई मनगढ़न्त कहानी नहीं; बल्कि दिल्ली उच्च न्यायालय के एक विद्वान न्यायमूर्ति श्री जसपाल सिंह द्वारा 11 मई, 1994 को सुनाए एक फैसले का अनुवाद है।[1] 1977 में दायर एक अपील, जिसका फैसला होने (करने) में लगभग सत्रह साल का समय लगा। सत्रह साल का समय कोई 'अनहोनी' या 'आश्चर्यजनक' बात नहीं। ऐसा 'न्यायिक विलम्ब' प्रायः हो जाता है, विलम्ब के एक नहीं, अनेक कारण हैं।

यहाँ उल्लेखनीय है कि बलात्कार के ऐसे मामलों में 'लड़की की उम्र सिद्ध करने का एकमात्र अकाट्य दस्तावेज है—जन्म प्रमाण पत्र। मगर दुर्भाग्य से इस देश में जन्म प्रमाण पत्र प्रायः उपलब्ध ही नहीं होता।'[2] आसिफिकेशन टेस्ट के आधार पर डॉक्टर की रिपोर्ट महज सलाह, विचार (ओपिनियन) भर है। इसलिए अनुमान लगाने में, एक से तीन साल तक का अन्तर हो सकता है। 'इधर या उधर'। 'जिधर' भी अभियुक्त या अपराधी को लाभ पहुँचता हो। इस सन्दर्भ में सैकड़ों नज़ीर गिनाने से क्या लाभ !

न्याय की भाषा : लिंग पूर्वाग्रह

खैर...उपरोक्त निर्णय पढ़ते-पढ़ते अचानक ध्यान आता है कि 'न्याय की भाषा' में पुरुष या लिंग पूर्वाग्रह (दुराग्रह) पूरी आक्रामकता के साथ सक्रिय है। 'देह का ताप बाँटते रहे' से लेकर 'वह उसे अपनी देह का ताप देती रही—कभी रात में दो बार और कभी-कभी तीन बार भी' तक की भाषा का सम्पूर्ण व्याकरण, स्त्री देह की कामना और आनन्द के शब्दजाल में भटक-भटक रहा है। न्याय की भाषा में मर्द भाषा की यह घुसपैठ पढ़ते हुए, सचमुच डर लगने लगता है कि क्या न्याय व्यवस्था स्त्री के प्रति, इतने हत्यारे अर्थों में खड़ी है ? यह सोचते, समझते और लिखते समय, अवमानना का आतंक भी सामने आ खड़ा होता है। पारदर्शी पूर्वाग्रहों के पीछे की पृष्ठभूमि क्या है—कहना कठिन है। परन्तु इतना साफ दिखाई देता है कि कहीं न कहीं वृद्ध यौन कुंठाएँ, चेतन-अवचेतन को भयंकर रूप से विक्षिप्त और विकृत कर चुकी हैं।

'माँसल देह के ताप' और 'यौन सम्बन्धों के खेल' की अवधारणा से अभिभूत न्यायमूर्ति, दमित इच्छाओं की अभिव्यक्ति के लिए प्रतीकात्मक या संकेतात्मक भाषा की बैसाखियों को सहारा लेते हैं। स्वयं से सवाल पूछते हैं, 'क्या शीला ने सोलह गर्मियाँ नहीं देखीं ?' यहाँ 'गर्मियाँ' शब्द का प्रयोग मौसम या वर्ष गणना के लिए नहीं किया गया लगता। बसन्त, सावन या सर्दी की अपेक्षा, 'सोलह गर्मियाँ' लिखने का असली अभिप्राय निश्चित रूप से वह नहीं है, जो पढ़ने में आता है। जो अर्थ पढ़ने में आता है, वह समझने में नहीं आता। दोनो अर्थों का अन्तर, हम सब अच्छी तरह जानते-समझते हैं। क्या नहीं ?

फैसला पढ़ने के बाद महसूस होता है कि महावीर जो 'खेल' देह से खेल रहा था, क्या न्यायमूर्ति उसी खेल को दुबारा शब्दों में खेलना-देखना चाहते हैं ? न्यायमूर्ति की भाषा में महावीर मन ही मन सोच रहा है 'यह एक लम्बी यात्रा थी, जो एक दिन और रात खा गई।' वरना वह इस समय का उपयोग भी देह उपभोग में लगाता। शायद कहीं गहरे में ईर्ष्या और द्वेष भावना सिर उठा कहने-बताने लगती है 'दे प्लेड द गेम ऑफ सेंसुअस फ्लैश'। और कहीं आहत अतीत या अनुभव समझाता है 'यह विश्वास करना असम्भव है कि वह खेल में शामिल नहीं थी।' भेष बदलते पुरुषों में यह पहचानना मुश्किल है कि कौन अपराधी है और कौन न्याय (धीश)। यह कैसा 'खेल' है जिसमें चारों ओर 'पुरुष' के बचाव में खड़े सुरक्षा प्रहरी कभी 'सहमति से सम्भोग' पर बहस

करने लगते हैं और कभी उम्र के प्रश्न पर मतभेद।

कानूनी मुद्दों पर न्यायमूर्ति के तर्क पूर्णतया विवेकसम्मत हो सकते हैं। हालाँकि न्यायिक विवेक और आलोचनात्मक व्याख्या की भी अपनी सीमा है, क्योंकि पूर्व निर्धारित है। निर्णय सही-गलत हो सकता है। गलत होगा तो 'ऊपरवाला' सही कर देगा। लेकिन क्षमा करें मी लार्ड ! लिंग पूर्वाग्रहों या व्यक्तिगत संस्कारों से ग्रस्त दुराग्रहों से रची यह भाषा, निःसन्देह न्याय की भाषा नहीं कही जा सकती। मर्दवादी भाषा का कोई भी नकाब, बीमार मानसिकता को छिपाने के लिए नाकाफी है। परपीड़ा में आनन्द खोजती, अवांछित भाषा का ऐसा शब्दजाल न्याय की गरिमा के अनुकूल नहीं। 'आधी दुनिया' की गरिमा के तो बिलकुल ही नहीं।

बलात्कार के मुकदमे में 'सेक्स' को 'गेम', स्त्री देह को 'सेंसुअस फ्लैश' और स्त्री-पुरुष को 'खिलाड़ी, मान कर चलना, स्वयं पितृसत्ता के उस सत्ता-विमर्श में शामिल हो जाना है, जहाँ स्त्री मात्र देह, वस्तु, भोग्या और सम्पत्ति है। 'खेल' के अन्त में न्यायमूर्ति घोषणा करते हैं 'महावीर विन्ज दॅ अपील।' महावीर की 'विजय' का अर्थ है–स्त्री देह पर विजय। यही तो है पुरुषवर्चस्व का भाषाशास्त्र। सुमन ब्राऊन मिलर के शब्दों में, "मैन डू नाट कैच विमेन, दे विन देम।" आमतौर पर अदालतों में न्यायमूर्ति अपील 'मंजूर' करते हैं या 'स्वीकार' करते हैं। अभियुक्त/अपराधी की 'हार-जीत' घोषित नहीं करते।

पितृसत्ता के प्रेत : 'मर्यादाहीन' स्त्रियाँ

आश्चर्यजनक है कि 1994 में भी स्त्री के प्रति न्याय की भाषा, सदियों पुरानी पुरुष मानसिकता की शिकार है। वर्षों पूर्व लाहौर उच्च न्यायालय के एक न्यायमूर्ति ने बलात्कार के अपराधी को रिहा करते समय कहा था, "अभियुक्त महिला की सहमति से सहवास कर रहा था। जब वह (औरत) सहवास करते हुए, रंगेहाथों पकड़ी गई तो स्वाभाविक है कि उसने अपनी लाज बचाने के लिए, यह कहानी गढ़ी कि अभियुक्त ने जबरदस्ती उसे पकड़ लिया।"[3] शी नेचुरेली कांकोक्टेड ए स्टोरी, टू सेव पर फेस' न्यायिक नहीं, बल्कि सामन्ती शब्दावली है। लाहौर से दिल्ली तक, मर्द भाषा का यही 'न्यायशास्त्र पढ़ा-पढ़ाया जाता रहा है। पटना उच्च-न्यायालय के एक न्यायमूर्ति ने तो एक निर्णय में यहाँ तक कहा कि, "लेकिन...जहाँ एक औरत की कोई गरिमा (मान-सम्मान मर्यादा) ही न हो, वहाँ किसी पुरुष द्वारा उसके साथ सम्भोग को अपराध नहीं कहा जा सकता है।"[4] इसी परम्परा में पंजाब एवं हरियाणा उच्च न्यायालय के न्यायाधीशों ने एक मुकदमे में कहा कि अभियुक्त द्वारा सात महीने की बच्ची के विशेषांगों से छेड़छाड़ करना कोई अपराध नहीं है, क्योंकि "शी इज फिजिकली इंकेपेबल ऑफ हैविंग ऐनी सेंस ऑफ मॉडेस्टी।[5] न्याय की भाषा के इस शिल्प या स्वरूप को मर्दों की घृणित और घिनौनी 'मानसिक क्षमता' का उदाहरण ही कहा जा सकता है। वरना ऐसी हजारों न्याय गाथाएँ सुरक्षित हैं।

इसी क्रम में त्रिपुरा उच्च न्यायालय के एक न्यायमूर्ति ने भारतीय दण्ड संहिता की धारा 354 की व्याख्या करते हुए कहा है कि इस धारा के अन्तर्गत अपराध के लिए 'बलप्रयोग' अनिवार्य है। "जहाँ अभियुक्त के विरुद्ध सिर्फ यह साक्ष्य हो कि उसने अपने कपड़े उतारे और गुप्तांग महिला को दिखाए, यह अपने आप में धारा 354 के तहत कोई अपराध नहीं होगा।"[6] कानून की भाषा-परिभाषा से लेकर न्याय की भाषा तक, पितृसत्ता का यही रूप दिखाई पड़ता है। एक और ऐतिहासिक फैसले के अनुसार, "बलात्कार कांड को सिर्फ देखना भर, बलात्कार के अपराध की उत्प्रेरणा नहीं कहा जा सकता।"[7] सामाजिक जीवन से लेकर सिनेमा और टी.वी. के पर्दे तक पर हो रहे बलात्कारों को देखना (और आनन्द उठाना) कोई अपराध नहीं। शौक से देखिए—दिखाइए। 'रेप-सीन' अभी और भी हैं, आप बस देखते रहिए। 'इन्साफ का तराजू', 'मेरी आवाज सुनो' और 'जख्मी औरत' से लेकर 'बैंडिट क्वीन' तक।

सम्पूर्ण मर्दवादी ढाँचे में पूर्वाग्रहों और 'मनुवाद' से आतंकित, कानूनी व्याख्या में न्याय की भाषा का एक और भयावह रूप पेश होता है—स्वाति लोढा बनाम राजकुमार[8]। इस मुकदमे में राजकुमार ने स्वाति से बिना विवाह किए ही देह सम्बन्ध स्थापित किया। स्वाति गर्भवती हो गई। राजकुमार ने दूसरी स्त्री से विवाह कर घर बसा लिया। इस पर स्वाति ने राजकुमार पर बलात्कार का मुकदमा दायर किया और प्रमाण के लिए राजकुमार और उससे उत्पन्न पुत्र के डी.एन.ए. टेस्ट की माँग की। राजस्थान उच्च न्यायालय के विद्वान न्यायमूर्ति ने अपने निर्णय में लिखा, "स्वाति में एक वह माँ नहीं बोल रही जो बच्चे के किसी कानूनी अधिकार के लिए, उसके माता-पिता का निर्धारण करवाना चाहती है। यह एक स्त्री के प्रतिशोध का परिणाम है, जो वह राजकुमार के खिलाफ ले रही हैं, जिसने उसका कौमार्य, अस्मिता और पवित्रता भंग करने के बाद, किसी दूसरी स्त्री से शादी कर ली है।" यहाँ कौमार्य या प्रतिव्रता को लेकर जो कहा जा रहा है लगता है वह राजकुमार कह रहा है। यह है मर्दवादी भाषा का चमत्कार। इसी फैसले में यह टिप्पणी भी उल्लेखनीय है "उसके गन्दे कपड़ों के बारे में बताया गया है कि वे धो दिए गए हैं, यद्यपि राजकुमार के कथित गन्दे कपड़ों को अदालत में पेश करने की माँग की गई है।"[9] न्याय की माँग करने वाली स्त्री की बात 'प्रतिशोध का परिणाम' लगती है क्योंकि 'उसका कौमार्य, अस्मिता और पवित्रता भंग' हो चुकी है। 'गन्दे कपड़े' धुल सकते हैं, लेकिन ऐसी भाषा का कोई क्या करे ?

बलात्कार मृत्युजनक शर्म है—सिर्फ स्त्री के लिए

इससे भी अधिक पेचीदा स्थिति वहाँ आती है, जहाँ न्याय की भाषा स्त्री के पक्ष में बोलती दिखती है। एक मामले में सर्वोच्च न्यायालय के न्यायमूर्ति श्री वी.आर. कृष्ण अय्यर लिखते हैं, "कोई भी प्रतिष्ठित महिला किसी पर भी बलात्कार का आरोप नहीं लगाएगी क्योंकि ऐसा करके वह जो बलिदान करती है, वही तो उसे सबसे अधिक प्रिय है।"[10] यहाँ 'विमेन ऑफ ऑनर' यानी प्रतिष्ठित महिला की परिभाषा में वेश्या, कॉलगर्ल

या चरित्रहीन औरतें शामिल नहीं हैं और न 'दोहरा अभिशाप' झेलती वे गरीब, हरिजन और आदिवासी औरतें, जो बिना किसी 'मानवीय गरिमा या किसी भी 'गरिमा' की निर्धनता-रेखा से नीचे जी रही हैं। तर्क के दूसरी ओर यह छिपा है कि प्रतिष्ठित स्त्री को बलात्कार का आरोप लगाने की जरूरत नहीं और अप्रतिष्ठित को ऐसा आरोप लगाने का हक नहीं। यहाँ आर्थिक भेद और लिंग भेद किस कदर मिल-जुल गए हैं कि एक तर्क से अमीर स्त्री की प्रतिष्ठा को उसका बन्धन बनाया जा रहा है दूसरी ओर गरीब स्त्री को प्रतिवाद के हक से वंचित किया जाता है वह तो ऐसी थी ही।

उपरोक्त निर्णय से पचास साल पहले भी, अदालत ऐसी ही भाषा बोल रही थी। ''यह बहुत ही कम सम्भावना है कि कोई आत्मस्वाभिमानी औरत न्याय की अदालत में आगे आकर, अपने साथ हुए बलात्कार के बारे में, अपने सम्मान के विरुद्ध शर्मनाक बयान देगी, बशर्ते कि यह पूर्ण रूप में सच न हो।''[11] या (पूर्ण रूप से झूठ)। 'इज्जतदार औरतें' तो बलात्कार सच में हो जाने पर भी किसी को नहीं बतातीं, शर्म के मारे डूब कर या जलकर मर जाती हैं। पचास सालों में 'आत्मस्वाभिमानी औरत' की जगह 'प्रतिष्ठित महिला' ने ले ली। चूँकि स्त्री के लिए बलात्कार मृत्युजनक शर्म है।'[12] इसलिए चुप रहो। बेकार 'शर्मनाक बयान' देने से क्या फायदा ? 'न्याय के प्रहरी' इससे ज्यादा स्पष्ट और क्या कहें ? हर बार महसूस होता है कि स्त्री के प्रति वह न्याय की भाषा नहीं; बल्कि क्रूरता और दमन की भाषा है। पितृसत्ता द्वारा जारी आदेश और अध्यादेश की भाषा है। न्याय के नाम पर, पीढ़ियों से विरासत में मिली अन्याय की भाषा है। बलात्कारी भाषा। मर्दवादी भाषा कहती है मर्द को बर्दाश्त कर ! बस ! यह भाषा न्यायालय की है। न्यायालय भी तो मर्दवादी हो सकता है।

न्याय की बुद्धिमत्ता का नियम

20वीं सदी के आरम्भ से लेकर अब तक, अदालत, कानून और न्याय की भाषा-परिभाषा मूलतः स्त्री के प्रति अविश्वास, घृणा और अपमान से उपजी भाषा है। ''बलात्कार के मामलों में, सिर्फ बलात्कृत स्त्री के आरोपों पर किसी भी व्यक्ति (पुरुष) को सज़ा सुनाना, बेहद असुरक्षित ('क्वाइट अनसेफ') होगा।''[13] असुरक्षित ही नहीं बल्कि एक कदम आगे बढ़ न्यायमूर्ति ने चेतावनी दी, ''बिना अन्य प्रमाणों के, सिर्फ उसके बयान के आधार पर सज़ा देना अत्यन्त खतरनाक होगा।''[14] तीन साल बाद एक अन्य न्यायमूर्ति ने ऐलान किया ''बिना अन्य प्रमाणों के सिर्फ स्त्री के बयान पर विश्वास करना, प्रत्यक्ष रूप से बहुत असुरक्षित ('नोटोरियसली वेरी अनसेफ') होगा।''[15] इसलिए ''स्त्री की गवाही को अन्य स्वतन्त्र साक्ष्यों से जोड़ कर देखना अनिवार्य है।''[16] और ''अन्य प्रमाणों की अनुपस्थिति में, सिर्फ तथाकथित बलात्कार की शिकार स्त्री के बयान के आधार पर अभियुक्त को दोषी ठहराना उपयुक्त नहीं।''[17]

उपरोक्त फैसलों के कुछ साल बाद एक न्यायमूर्ति ने थोड़ा संशोधन करते हुए कहा, ''बलात्कार के मामलों में भी अन्य प्रमाण अनिवार्य नहीं। अदालत को अधिकार,

है कि वह बिना अन्य प्रमाणों के, लड़की का साक्ष्य स्वीकार कर सकती है। लेकिन इसे स्वीकारने में धीमा रहना चाहिए। अदालत द्वारा उसकी गवाही (साक्ष्य) बहुत ध्यान से देखना अनिवार्य है...।[18] दूसरे न्यायमूर्ति ने लिखा है, "10 वर्षीया बच्ची के साथ बलात्कार के मामले में कानून के लिए यह जरूरी नहीं कि अन्य स्वतन्त्र प्रमाण उपलब्ध हों। हाँ! किसी औरत द्वारा बलात्कार के आरोप लगाना एकदम भिन्न स्थिति है और किसी बच्ची द्वारा यह कहना कि अमुक व्यक्ति दोषी है–भिन्न स्थिति है।"[19] परन्तु तीसरे न्यायमूर्ति का विचार था, "बलात्कार के मामले में, सिर्फ लड़की के साक्ष्य को काफी न मानना ही एक अच्छा नियम है।"[20] क्योंकि "यह नियम कि बलात्कार की शिकार स्त्री का साक्ष्य मानने के लिए अन्य प्रमाण अनिवार्य हैं दरअसल बुद्धिमत्ता का नियम (रूल ऑफ प्रूडेंस) है।"[21] इसके बिना "अभियुक्त को सज़ा देने के लिए, इसे उचित आधार के रूप में स्वीकार नहीं करना चाहिए।"[22] कुल मिलाकर नतीजा वही है कि सिर्फ स्त्री की गवाही के आधार पर सज़ा देना उचित नहीं।' स्त्री के बयान पर विश्वास करना 'खतरनाक' है। बलात्कार के अन्य प्रमाण, सबूत और गवाह अनिवार्य हैं। बीसवीं सदी के पचास साल तक न्यायमूर्ति, बलात्कार की शिकार स्त्री से स्वतन्त्र साक्ष्य की माँग करते रहे। और न्याय की भाषा 'बेहद असुरक्षित' से 'बेहद खतरनाक' होती गई।

1950 में लाहौर उच्च न्यायालय के न्यायमूर्तियों ने पुनर्विचार करने के बाद स्पष्ट किया, "अन्य प्रमाणों को देखने का नियम सह-अपराधियों के लिए बनाया गया है और बलात्कार की शिकार स्त्री सह-अपराधी नहीं, बल्कि अपराध से पीड़ित स्त्री है। इसलिए बलात्कार के मामलों में पीड़िता के साक्ष्य मानने के लिए, अन्य प्रमाण हमेशा अनिवार्य नहीं हैं। ऐसे मामलों में याद रखने वाली बात यह है कि क्या सिर्फ उस (स्त्री) के बयान के आधार पर सज़ा देना सुरक्षित है ? यह हर मुकदमे की स्थितियों पर निर्भर करता है।"[23] लेकिन उसी समय नागपुर उच्च न्यायालय के न्यायमूर्तियों ने विरोध में स्थापना दी "यद्यपि कानूनन मानने योग्य है, लेकिन बिना अन्य प्रमाणों के अभियुक्त को सज़ा देना खतरनाक है। यह नियम समान रूप से जरूरी है, चाहे पीड़िता वयस्क महिला हो या सात वर्षीय कन्या। व्यवहार में यह नियम, मजबूत नियम है कि बिना अन्य प्रमाणों के बच्ची की गवाही न मानी जाए। हालाँकि भारतीय कानून में यह नियम, बुद्धिमत्ता का नियम है–कानून का नहीं।"[24] यह स्थापना देते हुए विद्वान न्यायमूर्तियों ने, कुछ वर्ष पूर्व सुनाए अपने ही फैसले को निरस्त कर दिया। कानूनी नियम न होते हुए भी यह नियम, न्यायमूर्तियों की 'बुद्धिमत्ता का नियम' बना रहा। बना हुआ है। कौन कहे–क्यों ? सवाल करो भी तो जवाब कौन देगा ?

खैर...आजादी के बाद, भारतीय गणतन्त्र की सर्वोच्च अदालत ने लाहौर उच्च न्यायालय के 1950 वाले फैसले की तर्ज पर दोहराया, "यह नियम, जो फैसलों के अनुसार कानूनी नियम बन गया है, इसका अर्थ यह नहीं है कि सज़ा के लिए अन्य प्रमाण अनिवार्य हैं। लेकिन बुद्धिमत्ता के लिए अन्य प्रमाणों का होना जरूरी है, सिवा

यह है कि बुद्धिमत्ता का यह नियम हमेशा याद रहना चाहिए। व्यवहार में ऐसा कोई नियम नहीं है कि, हर मुकदमे में, सजा देने से पहले अन्य प्रमाणों को देखना अनिवार्य हो।''[25] सुप्रीम कोर्ट के इस निर्णय ने 'बुद्धिमत्ता के नियम' को भी, 'कानून का नियम' घोषित कर दिया। इस निर्णय का प्रभाव यह हुआ कि सभी उच्च न्यायालयों को इसे मानना पड़ेगा। कुछ उच्च न्यायालयों के न्यायमूर्तियों ने इस फैसले को मानते हुए निर्णय सुनाए। लेकिन...कुछ न्यायमूर्ति 'बुद्धिमत्ता के नियम' के अनुसार ही न्याय करते रहे। पटना उच्च न्यायालय के एक न्यायमूर्ति ने सर्वोच्च न्यायालय के उपरोक्त निर्णय के बावजूद कहा कि, ''बलात्कार के मामले में, वयस्क महिला के मुकदमे में, अन्य प्रमाण अनिवार्य ही नहीं हैं, बल्कि स्वतन्त्र स्रोतों से भी होने चाहिए।''[26]

बलात्कार नहीं, 'शान्तिपूर्ण मामला'

इसके बाद करीब तीन दशकों तक, बलात्कार की शिकार स्त्री से 'बुद्धिमत्ता का नियम' प्रायः 'अन्य प्रमाण' माँगता ही रहा। आहत, अपमानित और पीड़ित हजारों स्त्रियों की चीखें, कानून की किताबों में बन्द पड़ी हैं। न्याय की नजर में उसका चीखना...चिल्लाना... शोर मचाना सिर्फ झूठ के ऊत्तक ('टिशू ऑफ लाइज') हैं। ये सब औरतें 'भयंकर रूप में झूठी' थीं और उनकी गवाही 'झूठ और असम्भावनाओं से भरी पड़ी हैं'। उनके शरीर पर कोई 'चोट' का निशान नहीं था। 'यौन झिल्ली पहले से ही फटी' हुई थी। 'सम्भोग की आदी' थीं और 'कथित सम्भोग एक शान्तिपूर्ण मामला' था। उन्होंने खुद 'पूर्ण रूप से हवस शान्त करने' की सहमति दी थी। मत भूलो कि 'सम्भोग और बलात्कार में दुनिया-भर का भेद है।' इन पर 'विश्वास' करना 'खतरनाक' है। ''इन महिलाओं की तुलना सभ्य और प्रतिष्ठित समाज की महिलाओं से नहीं की जा सकती। ये महिलाएँ नीच काम में शामिल थीं और उनका चरित्र सन्दिग्ध है।''[27]

1972 में प्रमिला कुमारी रावत के साथ तीन व्यक्तियों ने बलात्कार किया। उस समय प्रमिला गर्भवती थी। अदालत ने अपने निर्णय[28] में कहा कि प्रमिला 'रखैल' थी, सम्भोग की आदी थी, उसने कोई चीख-पुकार नहीं मचाई, बलात्कार के बावजूद गर्भपात 4-5 दिन बाद हुआ। (अतः) लगता है, इन परिस्थितियों में जो कुछ हुआ, उसकी मर्जी या सहमति से हुआ या फिर उसमें उसके पति (प्रेमी) की भी मिलीभगत थी। परिणामस्वरूप तीनों अभियुक्तों को बाइज्जत बरी किया जाता है। सर्वोच्च न्यायालय के न्यायमूर्ति श्री पी.एन. भगवती और मुर्तजा फज़ल अली ने सैशन और हाई कोर्ट के फैसलों को रद्द करते हुए इसे 'सीरियस मिसकैरिज ऑफ जस्टिस' माना था। विद्वान न्यायमूर्तियों के अनुसार बलात्कार के कारण प्रमिला का गर्भपात नहीं, बल्कि निर्दोष अभियुक्तों को सज़ा सुनाने के कारण, न्याय का गर्भपात हुआ था।

एक अन्य मामले[29] में सर्वोच्च न्यायालय ने देव समाज स्कूल अम्बाला की 9वीं कक्षा की छात्रा सतनाम कौर और साथ बलात्कार के चार अभियुक्तों को रिहा करते हुए कहा था कि लड़की सम्भोग की आदी थी और उसकी यौन झिल्ली पहले से भंग

थी। इसी प्रकार महादेव व रहीम बेग बनाम राज्य[30] में एक बारह वर्षीया लड़की के साथ दो अभियुक्तों ने बलात्कार के बाद हत्या कर दी। न्यायालय ने उन्हें इस आधार पर बरी कर दिया, "लंगोट पर मिले वीर्य के धब्बे, अनिवार्य रूप से बलात्कार सिद्ध नहीं करते और उनके लिंगों पर भी किसी प्रकार के चोट के निशान नहीं हैं।" प्रश्न यह है कि शादीशुदा या सम्भोग की अनुभवी महिलाओं के साथ हुए बलात्कार को, अपराध न मानना कहाँ तक उचित है ?

1978 में मथुरा बलात्कार कांड में सर्वोच्च न्यायालय के न्यायमूर्ति श्री जसवन्त सिंह, पी.एस. कैलाशम और ए.डी.कौशल का फैसला[31] न्याय की भाषा का 'सर्वश्रेष्ठ' नमूना कहा जा सकता है। पुलिस स्टेशन में पुलिसकर्मियों द्वारा बलात्कार के इस मामले में न्यायमूर्तियों का (विवादास्पद) निर्णय था कि 'प्रश्नगत सम्भोग बलात्कार प्रमाणित नहीं होता और अपीलार्थी गणपत के खिलाफ अपराध का कोई मामला नहीं बनता।' मान लो मथुरा 'झूठी' थी और गणपत ने उसके साथ सहमति से सम्भोग किया था। इसलिए बलात्कार का अपराध नहीं बनता और उसे कोई सज़ा नहीं दी जा सकती। परन्तु यह भी तो सच है कि गणपत ने पुलिस स्टेशन में सम्भोग किया। चूँकि सहमति से सम्भोग अपराध नहीं है तो क्या इसका मतलब यह नहीं कि कोई भी पुलिस या अन्य सरकारी अधिकारी दफ्तरों में खुलेआम सहमति से सम्भोग कर सकते हैं ? क्या पुलिस स्टेशन को 'वेश्यालय' की तरह इस्तेमाल करना कोई अपराध नहीं है और उपरोक्त निर्णय 'लायसेन्स' नहीं ?

मथुरा केस में सुप्रीम कोर्ट के उपरोक्त निर्णय के विरुद्ध महिलाओं द्वारा राष्ट्रीय स्तर पर विरोध और आन्दोलनों के परिणामस्वरूप 1983 में बलात्कार सम्बन्धी प्रावधानों में संशोधन करना पड़ा। कानून में संशोधन के बावजूद 'गहरे गड्ढे' मौजूद हैं और न्यायिक दृष्टिकोण में भी कोई उल्लेखनीय बदलाव नहीं हुआ लगता। मथुरा के बाद सुमन से लेकर भंवरी बाई बलात्कार कांड तक में हुए निर्णय इसका प्रमाण हैं। न्यायमूर्ति कृष्ण अय्यर के शब्दों में इसका कारण यह है कि 'नारी शरीर और पवित्रता को लेकर कोई सन्तोषजनक राष्ट्रीय योजना नहीं है।'[32] कहना न होगा कि इसके बाद न्याय की भाषा में जो बदलाव दिखाई भी देता है, वह अगर–मगर, किन्तु-परन्तु और लेकिन के मर्दवादी मुहावरों में ही उलझा हुआ है। भंवरी बाई केस में अभियुक्तों को रिहा करते हुए सत्र न्यायाधीश 'ब्राह्मण जाति' की श्रेष्ठता से लेकर 'भारतीय संस्कृति' की महानता तक यह गुणगान करते हैं। उच्च जाति के भद्रपुरुष नीच जाति की स्त्रियों से बलात्कार करेंगे ! नहीं ! न्यायाधीश को लगता है कि यह आरोप 'सन्देह से परे तक सिद्ध' नहीं हो पाया। कैसे हो सकता है ? स्त्री के विरुद्ध लगातार बढ़ती हिंसा के प्रश्न पर गहरी चिन्ता या चिन्ता के बावजूद 'न्याय का लक्ष्य' अपराधियों की बाइज्जत रिहाई या सज़ा कम करना ही रहा है। बढ़ते अपराधों और घटती सज़ाओं के आँकड़ों को प्रतिशत की पद्धति में सिद्ध करना बेकार है।

जले पर नमक छिड़कता पुरुष वर्चस्व

1983 में सर्वोच्च न्यायालय के न्यायमूर्तियों ने एक अन्य मामले का निर्णय लिखते हुए कहा, "इस समय जरूरत है कि कानून को इस प्रकार बनाया और ढाला जाए कि यह और अधिक संवेदनशील और जवाबदेह बनकर समय की माँग पूरी कर सके और इस मूलभूत समस्या का समाधान भी कि क्या, कब और किस हद तक बलात्कार की शिकार स्त्री की गवाही को सच मानने के लिए अन्य प्रमाण/साक्ष्य अनिवार्य हैं। भारतीय स्त्रियों के लिए इस समस्या का विशेष महत्त्व है क्योंकि प्रायः उनका महिमागान, प्रशंसा और यहाँ तक कि पूजा की जाती रही है, लेकिन सदियों से उनका शोषण भी होता रहा है और उन्हें समान न्याय से वंचित भी किया जा रहा है। इस समस्या पर भारतीय स्त्रियों की साठ करोड़ उत्सुक आँखें केन्द्रित हैं।[33]

स्त्री के विरुद्ध बढ़ती हिंसा के आँकड़ों को देखते हुए और न्यायशास्त्र की पुनर्समीक्षा की जरूरत महसूस करते न्यायमूर्तियों ने बलात्कार की शिकायत महिला से अन्य प्रमाण माँगने वाले नियमों को 'जले पर नमक छिड़कना' कहते हुए कहा, "बलात्कार की शिकार लड़की या महिला की गवाही को शंका, अविश्वास और सन्देह के चश्मे से ही क्यों देखा जाए ? ऐसा करना पुरुष प्रधान समाज वर्चस्व के आरोपों को सही ठहराना होगा।"

भारतीय परिप्रेक्ष्य में स्त्री की पारिवारिक, सामाजिक, धार्मिक और नैतिक स्थितियों का उल्लेख करते हुए न्यायमूर्तियों ने कहा कि कोई भी स्त्री अपनी और परिवार की प्रतिष्ठा, लाज, शर्म और बदनामी के खतरे नहीं उठाना चाहती। निर्दोष होते हुए भी वह, हमेशा भयभीत ही रहती है। वह तो सच कहने से भी डरती है—झूठ कैसे कहेगी ? और क्यों कहेगी ? लेकिन 'वयस्क महिला' के बारे में 'बुद्धिमत्ता के नियम' को बचाते हुए कहा कि 'वयस्क महिला' अगर सम्भोग की स्थिति में पकड़ी जाती है और अपने को बचाने के लिए ऐसे आरोप लगाने की सम्भावना दिखाई देती है तो उससे अन्य प्रमाण माँगे जा सकते हैं। ध्यान से पढ़ने-देखने के बाद लगता है कि यही सब तो 1952 में भी कहा गया था। इसमें नई बात क्या है ?

अन्ततः दस-बारह साल की दो बच्चियों के साथ बलात्कार के प्रयास के इस उपरोक्त मुकदमे में न्यायमूर्तियों ने कहा, "अभियुक्त ने जो अपराध किया, उसको बहुत ही गम्भीर रूप से लेना जरूरी है" लेकिन "हाई कोर्ट द्वारा सज़ा के बाद (बेचारे की) नौकरी छूट गई है। घटना सात साल पहले घटी थी। अब साढ़े छह साल बाद अभियुक्त को दुबारा जेल भेजना पड़ेगा। समाज में भी अभी तक बहुत बेइज्जती और अपमान सहना पड़ा होगा।...सब बातों को देखते हुए हमें लगता है कि अगर सज़ा ढाई साल से घटाकर सवा साल कर दी जाए तो 'न्याय का लक्ष्य' पूरा हो जाएगा।" देखा ! मर्द के साथ कितनी जल्दी हमदर्दी पैदा हुई मर्दों को।

'वर्दी वाला गुंडा' और 'जवान लड़की'

सुमन बलात्कार कांड (1989) में सर्वोच्च न्यायालय के न्यायमूर्तियों द्वारा हरियाणा के पुलिस वालों की सज़ा दस साल से घटाकर पाँच साल की गई थी।[34] कारण—'लड़की सन्दिग्ध चरित्र' की है। पुलिस पक्ष की ओर से मुकदमे की पैरवी मानवाधिकारों के चैम्पियन गोविन्द मुखौटी ने की। जब अखबारों और पत्रिकाओं में इस निर्णय की आलोचना हुई तो मुखौटी को सार्वजनिक रूप से माफी माँगते हुए पी.यू.डी.आर. की अध्यक्ष की कुर्सी से इस्तीफा देना पड़ा था। पुनर्विचार याचिका में न्यायमूर्तियों ने अपना फैसला तो नहीं बदला, हाँ, इतना स्पष्टीकरण जरूर दिया कि हमारे पूर्व फैसले का आधार लड़की का चरित्रहीन होना नहीं, बल्कि रिपोर्ट पाँच दिन बाद करवाना है। पुनर्विचार के बाद निर्णय में कहा गया है 'हम यह कहना चाहते हैं कि यह अदालत, स्त्री गरिमा और सम्मान की रक्षा में किसी से कम नहीं है।'[35]

पुलिस हिरासत में बलात्कार के अपराध के लिए कम-से-कम दस साल जेल का प्रावधान होते हुए, सुमन-केस में पाँच साल की सज़ा क्यों ? सज़ा कम करने की 'विशेष परिस्थिति' क्या थी ? क्या सिर्फ रपट लिखवाने में पाँच दिन देरी की वजह से, पाँच साल सज़ा कम करना उचित है ? हरपाल सिंह बनाम हिमाचल प्रदेश[36] में तो रपट दस दिन बाद लिखवाई गई थी और देरी को उचित मानते हुए माननीय न्यायाधीशों ने कहा था, 'जवान लड़की के साथ बलात्कार होने पर, इस तरह की देरी स्वाभाविक है।'' सुमन-केस में तो रपट लिखने वाला भी वही पुलिस स्टेशन है, जहाँ के सिपाहियों ने उसके साथ बलात्कार किया था। और क्या सुमन 'जवान लड़की' नहीं थी ? यहाँ विचारणीय है कि न्याय की भाषा में 'जवान लड़की' पर विशेष जोर दिया है। यानी 'वयस्क महिला' हो तो देरी उचित नहीं।

एक और मामले में पुलिसकर्मी चन्द्रप्रकाश केवल चन्द जैन द्वारा बलात्कार के अपराध में सत्र-न्यायाधीश ने पाँच साल कैद की सज़ा सुनाई। अपील में सुप्रीम कोर्ट के न्यायमूर्तियों (ए.एम. अहमदी और फातिमा बीवी) ने कहा, ''सज़ा के सवाल पर हम सिर्फ इतना ही कह सकते हैं कि **जब कोई वर्दीवाला किसी जवान लड़की के साथ ऐसा गम्भीर अपराध करता है तो उसके साथ सहानुभूति या दया की कोई गुंजाइश नहीं।** ऐसे मामलों में सज़ा उदाहरणीय होनी चाहिए।''[37] यहाँ भी सज़ा के प्रश्न पर न्यायमूर्ति सख्ती का पाठ पढ़ाते हैं, लेकिन...। 'जवान लड़की' के साथ बलात्कार होने पर सज़ा सख्त होनी चाहिए का दूसरा अर्थ, क्या यह नहीं कि वयस्क महिला के मामलों में सज़ा 'नरम' भी हो सकती है ? हालाँकि 'जवान लड़की' के मामलों में भी कठोरतम (अधिकतम) सज़ा कहाँ सुनाई जाती है ? हर बार सज़ा कम करने के लिए, कोई न कोई 'विशेष परिस्थिति' मौजूद रहती है। सात दशक पहले न्यायमूर्ति सीधे-सीधे कहते थे, ''जहाँ साक्ष्यों से मालूम हो कि बलात्कृत लड़की 'अक्षत योनि' या 'पवित्र नहीं है, वहाँ सात साल कठोर कारावास की सज़ा बहुत सख्त सज़ा है।''[38] अब, वही बात काफी 'घुमावदार' भाषा में कहने लगे हैं।

नारी अस्मिता और गरिमा पर न्याय की चिन्ता

न्यायमूर्ति पुरुष हो या स्त्री, न्याय की भाषा तो अक्सर वही रहती है, जो अब तक रची, गढ़ी गई है। पन्ना लाल केस में न्यायमूर्ति सुनन्दा भण्डारे और अनिल देव सिंह के निर्णय के अलावा भी अनेक उदाहरण हैं। उपरोक्त खण्डपीठ के निर्णय पुरुष न्यायमूर्तियों द्वारा लिखे गए हैं। यही, नहीं, बलात्कार के एक और केस में दिल्ली उच्च न्यायालय की न्यायमूर्ति सुश्री उषा मेहरा ने अपने निर्णय के आरम्भ में गम्भीरतापूर्वक लिखा, "हमारे समाज में नारी अस्मिता के प्रति सम्मान घटता जा रहा है और बलात्कार के मामले बढ़ते जा रहे हैं। हालाँकि ऐसे अपराध बीमार दिमाग के व्यक्तियों द्वारा किए जाते हैं, लेकिन, चूँकि यह मुद्‌दा सार्वजनिक जीवन में सौम्यता और नैतिकता से जुड़ा है और स्त्रीत्व की गरिमा को छूता है, इसलिए अपराधियों के साथ सख्ती से निपटना चाहिए।"[39] लेकिन अन्ततः अभियुक्त को बाइज्जत रिहा कर दिया। जन्म प्रमाण पत्र उपलब्ध नहीं। डॉक्टर की रिपोर्ट महज राय है। स्कूल प्रमाण पत्र पर विश्वास नहीं किया जा सकता और लड़की पहले से ही 'सम्भोग की आदी' है। 29 मई, 1975 के इस मुकदमे की अपील का निर्णय, 14 जुलाई, 1992 को (लगभग सत्रह साल बाद) हुआ। न्यायाधीश अय्यर के शब्दों में 'वट ए पिटी !'

स्त्री के विरुद्ध हिंसा के जलते सवालों पर (महिला) न्यायमूर्ति द्वारा मानवीय सरोकारों से लैस, संवेदना के शब्द सचमुच सराहनीय हैं। लेकिन मौलिक अभिव्यक्ति न होने के कारण, पेचीदा कानूनी प्रावधान और न्याय के चक्रव्यूह में ही फँसी रह जाती है। दो साल पहले सर्वोच्च न्यायालय के न्यायमूर्तियों ने भी तो यही कहा था "यह दुर्भाग्यपूर्ण है कि हमारे देश में स्त्रीत्व का सम्मान घटता जा रहा है और छेड़-छाड़ और बलात्कार के मामले लगातार बढ़ते जा रहे हैं...सार्वजनिक जीवन में सौम्यता और नैतिकता का विकास और रक्षा केवल तभी की जा सकती है, जब अदालतें सामाजिक नियमों का उल्लंघन करने वालों के साथ सख्ती से पेश आएँ।"[40] बलात्कार के अपराधियों को बीमार, विकृत और विक्षिप्त मानसिकता के व्यक्ति घोषित करते, अनेक निर्णय बताए-गिनाए जा सकते हैं।

चरित्र प्रमाण पत्र कहाँ है ?

बन्टी उर्फ बलविन्द्र सिंह बनाम मध्य प्रदेश राज्य[41] सामूहिक बलात्कार का एक ऐसा मामला है, जिसमें पच्चीस वर्षीय, विवाहित महिला के साथ बलात्कार करने वाले, पाँचों अभियुक्तों को बाइज्जत रिहा करते हुए मध्य प्रदेश उच्च न्यायालय के न्यायमूर्ति श्री एस.के. सेठ और श्री एस.के. चावला ने निर्णय में लिखा, "यहाँ यह बता दें कि यह सामूहिक बलात्कार का मुकदमा है। एक औरत, जो भले ही कितनी भी दुराचारी क्यों न हो, इतने व्यक्तियों को, अपमानजनक ढंग से सामूहिक सम्भोग करने की आमतौर पर सहमति नहीं देगी, जैसे वह सार्वजनिक प्रयोग के लिए कोई जानवर हो।"

उन्होंने आगे कहा, "कानून मानता है कि भले ही यह कोई स्त्री अनैतिक चरित्र की हो या वेश्या ही हो, उसकी अपनी गरिमा और सम्मान होता है। उसके इस नीच व्यवसाय के कारण ही, उसके साथ अतिक्रमण नहीं किया जा सकता।" लेकिन निर्णय के अन्त तक आते-आते न्यायमूर्तियों ने स्थापना दी, "लेकिन यह भी मानना पड़ेगा कि फिर भी, अनैतिक चरित्र पूर्णतया गौण परिस्थिति नहीं होगी। यह स्वयं सारी कहानी को अविश्वसनीय बना सकता है। यह कहानी से उस सम्भावना शक्ति को छीन सकता है, जो किसी ऐसी महिला ने सुनाई हो, जिसका कोई नैतिक चरित्र नहीं। किस अनैतिक चरित्र की महिला पर विश्वास करना कठिन है, अगर वह यह कहे कि कुछ व्यक्तियों ने उसके साथ (बलात्) सम्भोग किया है, बशर्ते कि इस बात का कोई सन्तोषजनक प्रमाण उपलब्ध न हो।"

वर्षों पूर्व मद्रास उच्च न्यायालय के एक निर्णय[42] में भी कहा गया था, "किसी वेश्या की मर्यादा को भी सम्मान सुरक्षा का उतना ही अधिकार है, जितना किसी अन्य महिला को है।"

लेकिन हर बार, न्याय की तुला में एक तरफ बलात्कार और अपमानजनक पीड़ा होती है और दूसरी तरफ पीड़िता का नैतिक चरित्र। जाहिर है ऐसे में, ऐसी स्त्री के साथ न्याय असम्भव है, क्योंकि उसकी पूरी कहानी सन्देह के घेरे में ही घूमती रहेगी। उसकी बात पर कौन यकीन करेगा ? फिलहाल ऐसे सामाजिक या मानसिक बदलाव की कोई आधार भूमि नजर नहीं आ रही। सिर्फ न्यायमूर्तियों को दोषी ठहराना भी व्यर्थ होगा, क्योंकि वे भी उसी समय और समाज की उपज हैं, जिसमें नैतिकता, मर्यादा, पवित्रता, यौनशुचिता वगैरह की सारी जिम्मेवारी सिर्फ स्त्री पर लाद दी गई है। धर्म शास्त्रों से लेकर न्याय शास्त्रों तक में। स्त्री के लिए इस दुश्चक्र से बाहर निकलने का तब तक कोई दरवाजा नहीं, जब तक सत्ता और सम्पत्ति पर निर्णय लेने का उसे भी बराबर हक नहीं मिल जाता या वह न्याय व्यवस्था की गूढ़ भाषा पढ़ने-समझने योग्य नहीं हो जाती : सुशिक्षित और प्रतिष्ठित, सचेत और अधिकारों के प्रति पूर्ण रूप से जागरूक।

वक्ष, जाँघ, नितंब या पीठ पर चोट के निशान दिखाओ !

बिरम सोरेन बनाम पश्चिम बंगाल[43] केस में अभियुक्त घर में अकेली लड़की (उम्र सोलह-सत्रह वर्ष) के साथ बलात्कार करके भाग गया। माँ-बाप लौट कर आए तो लड़की के बताने पर थाने में रिपोर्ट दर्ज करवाई। सत्र न्यायाधीश ने बलात्कार के अपराधी को दस साल कैद और सौ रुपये जुर्माना की सज़ा सुनाई। लेकिन उच्च न्यायालय के न्यायमूर्ति एस.पी. राजखोवा ने अपील का फैसला सुनाते हुए कहा, "स्वाभाविक परिणाम यह होगा कि दोनों में प्रेम था या नहीं, मगर स्थितियों ने शारीरिक मिलन का अवसर प्रदान किया। अधिकांश ग्रामीण फुटबाल मैच देखने गए हुए थे। कुछ अड़ोसी-पड़ोसी भी फुटबाल मैच देखने गए हुए थे और माता-पिता बाज़ार। वह घर में अकेली थी।

सारे तर्कों को तोड़ते हुए दोनों की आत्मीय यौन इच्छा बढ़ गई और यौन आनन्द उठाते हुए उन्होंने सम्भोग कामना शान्त की। यौन झिल्ली फटने और खून बहने का कारण यह है कि उसके जीवन में सम्भोग का प्रथम अनुभव था। शरीर के किसी हिस्से पर चोट का निशान नहीं होना, उसकी इस बात को झूठा प्रमाणित करता है कि उसने प्रतिरोध किया था और नतीजतन ब्लाउज फट गया था।...बाहरी चोटों का न होना जैसे वक्ष स्थल पर नाखूनों के निशान, जाँघ, नितम्ब और पीठ वगैरह पर खरोंच–सहमति का सुझाव ही देते हैं।''

अन्त में न्यायमूर्ति ने कहा, ''पीड़िता के गुप्तांगों पर चोट के निशान हमें भय से कंपकपा देने वाले हैं। परन्तु हम यह कहने को विवश हैं कि बलात्कार का मामला नहीं है।...अभियुक्त को जेल से आजादी दे दी जाए।''...दूसरे न्यायमूर्ति जे.एन. होरे ने लिखा, 'मैं सहमत हूँ' और निर्णय पर अपने हस्ताक्षर कर दिए।

लगता है अदालत के लिए बलात्कार एक 'स्टीरियो टाइप' है। कर्मकांड की तरह उसमें वही सब होना है जो होना चाहिए। यह सब बलात्कार को 'संयोग' में बदलने की युक्तियाँ हैं। बलात्कार की शिकार स्त्री सिर्फ एक गवाह है। गवाह को केवल बलात्कार का अनुभव दोहराना है। अपने अस्तित्व को भुला कर दुबारा बताना है कि बलात्कार कब, कहाँ कैसे और किसने किया। यही नहीं, यह भी बताना है कि उसने खुद क्या किया ? कुछ नहीं किया तो क्यों ? यानी एक बार फिर 'बलात्कार'। मामूली सी भूल-बलात्कार को सहमति से सम्भोग में बदल सकती है। बदलती रही है। 'वक्षस्थल पर नाखूनों के निशान और जाँघ, नितम्ब और पीठ वगैरह पर खरोंच'–दिखाना मत भूलना। वरना...न्याय की भाषा में इसे 'सहमति का सुझाव' समझा जाएगा, समझा जाता है। सिर्फ यह कहना काफी नहीं कि उसने मेरी 'इज्जत' लूट ली, अपना 'मुँह काला' किया, जीवन 'बर्बाद' कर दिया या उसने मेरे साथ 'वो काम किया जो उसे नहीं करना चाहिए था।'

'हर सैक्सुअल लॅस्ट'

अपहरण और बलात्कार के एक अन्य मामले में न्यायमूर्तियों ने स्कूल सर्टीफिकेट को प्रामाणिक नहीं माना और डॉक्टरी रिपोर्ट को महज राय मानते हुए अभियुक्त को सन्देह का लाभ देकर छोड़ दिया। बलात्कार के आरोप को सहमति से सम्भोग घोषित करते हुए न्यायमूर्तियों ने कहा, ''अपीलार्थी के साथ रहने में नन्दा की पूर्व सहमति थी ताकि वह अपनी यौन लिप्सा शान्त कर सके।''[44] न्याय की भाषा में, अब तक जहाँ 'हिज सैक्सुअल लॅस्ट' का इस्तेमाल किया जाता रहा है, वहाँ अब 'हर सैक्सुअल लॅस्ट' लिखा जाने लगा है।'' मर्दों की दुनिया में स्त्री की 'मौनता' को सम्भोगेच्छा ही मानकर चला जाता है।

अनिल कुमार बनाम हरियाणा[45] में उच्च न्यायालय के न्यायमूर्तियों का निर्णय है कि एक जवान लड़की और एक युवा व्यक्ति एकान्त में, एक ही छत के नीचे, तीन

दिन से ज्यादा रहे हों, तो इससे यही निष्कर्ष निकलता है कि अनिवार्य रूप से वे आपस में मैथुन करते रहे होंगे। इस निष्कर्ष के आधार बिन्दु वही प्रचलित मिथ हैं कि स्त्री-पुरुष के बीच घनिष्ट सम्बन्धों का मतलब है यौन सम्बन्ध। इसके अलावा कुछ और तो सोचा ही नहीं जा सकता, है न !

सुभाष बनाम हरियाणा[46] में बलात्कार के आरोप को सहमति से सम्भोग मानते हुए न्यायमूर्तियों का कहना था, "स्कूल प्रमाण पत्र के अनुसार लड़की की उम्र सोलह वर्ष से ज्यादा है और डॉक्टरी रिपोर्ट के मुताबिक वह सम्भोग की आदी है। शरीर पर न कोई चोट का निशान है और न खून बहने के ताजा चिह्न। लड़की द्वारा लिखे दो प्रेम पत्रों से पता लगता है कि वह अभियुक्त से प्रेम करती थी।" अगर प्रेम और सहमति थी, तो फिर बलात्कार के आरोप वह लगाती ही क्यों ?

ब्रजेश कुमार बनाम हरियाणा[47] में उच्च न्यायालय के न्यायमूर्ति कहते हैं, 'अगर कोई सोलह वर्ष से बड़ी उम्र की लड़की सम्भोग में आनन्द उठाने के लिए, स्वेच्छा से किसी पुरुष के सामने समर्पण करती है तो यह नहीं कहा जा सकता कि पुरुष ने बलात्कार किया है।' यहाँ, 'सम्भोग का आनन्द' और पुरुष के सामने 'स्वेच्छा से समर्पण' की भाषा-संरचना के पीछे वही पुराना तर्क है कि ऐसी स्त्री स्वयं बलात् (सम्भोग) की इच्छुक होती है। अच्छी लड़की होती तो अपनी जान जोखिम में डालकर भी 'सतीत्व' या 'कौमार्य' की रक्षा करती। औरत के प्रतिरोध न करने का अर्थ है—स्वेच्छा से समर्पण। और कानून या न्याय की भाषा में इसे 'बलात्कार' नहीं माना जाता।

विवाहिता महिला के साथ बलात्कार के एक मामले में सत्र-न्यायाधीश ने तीन वर्ष कठोर कारावास की सज़ा सुनाई, परन्तु उच्च न्यायालय के माननीय न्यायमूर्ति श्री पी. पी. गुप्ता ने अभियुक्त को रिहा करते समय कहा कि पीड़िता की गवाही पूर्णतया अमान्य और अविश्वसनीय है। निर्णय में लिखा है, "यह विश्वास करने के लिए बेहद असम्भावित है कि पीड़िता को उस समय भी यह पता नहीं लग पाया कि अभियुक्त उसका पति है या कोई और, जब अभियुक्त ने सम्भोग आरम्भ किया। एक विवाहित महिला और वह भी दो बच्चों की माँ, साँसों की गन्ध, डीलडौल, लिंग के आकार और लम्बाई, सम्भोग के तरीके और अन्य तत्त्वों तक से फौरन महसूस कर लेगी कि सहवास करने वाला व्यक्ति, उसका अपना पति है या कोई अन्य व्यक्ति।...अस्तु ! यह तथ्य कि सम्भोग शुरू होने के समय पीड़िता ने न तो कोई प्रतिरोध किया और न ही शोर मचाया, उसके अपने व्यवहार को सन्देहास्पद बनाता है।...उसने अभियुक्त को सम्भोग पूरा करने का अवसर दिया और इसके बाद ही शोर मचाना शुरू किया।"[48]

सचित्र कोकशास्त्र से मुकाबला करती न्याय की भाषा

न्यायाधीश का अगला तर्क यह था कि उस दिन अँधेरी रात थी। तब वह अभियुक्त को कैसे पहचान सकती है—यह भी स्पष्ट नहीं होता। यही नहीं, यह भी सम्भवतः

विश्वास योग्य नहीं है कि अभियुक्त ने एक हाथ से मुँह बन्द करके रखा और चारपाई से नीचे लाकर सम्भोग करने में कामयाब रहा।... अभियुक्त को झूठे मुकदमे में फँसाने की इस सम्भावना से इनकार नहीं किया जा सकता कि अभियुक्त के पिता और पीड़िता के पति के सम्बन्ध तनावपूर्ण थे।

उपरोक्त निर्णय में न्याय की भाषा, तर्क (कुतर्क) की भाषा है—सामाजिक जीवन में स्त्री की स्थिति भयावह अनुभव की भाषा नहीं कहा जा सकता। हालाँकि कानून और न्याय हमेशा तार्किक नहीं होता। नहीं हो सकता। अँधेरे में औरत अपने पति 'परमेश्वर' को तो पहचान सकती है—अभियुक्त को नहीं। पति को 'साँसों की गन्ध' या 'लिंग के आकार और लम्बाई' से पहचाना जा सकता है। मानो विवाहित औरतें पति के 'लिंग का आकार और लम्बाई', इंचीटेप से नाप कर रखती हैं !

दरअसल कानून, न्यायशास्त्र और ऐतिहासिक निर्णय ऐसी भाषा (अँग्रेजी) में हैं, जिसे 'बहुमत' पढ़ना-लिखना ही नहीं जानता। समझना तो और दूर की बात है। जिस दिन 'बहुमत' अनपढ़ नहीं रहेगा या अपनी भाषा में जानने लगेगा, उस दिन यह 'न्याय की भाषा' नहीं रहेगी। नहीं रह सकती। जनता की भाषा में ही न्याय की भाषा विकसित और समृद्ध हो सकती है। अगर अदालत की भाषा वादी, प्रतिवादी या मुवक्किल की भाषा नहीं है तो उस बेचारे वादी, प्रतिवादी या मुवक्किल को तो पता ही नहीं लगता कि वकीलों ने बहस में क्या कहा और न्यायमूर्ति ने क्या हुक्म दे दिया। मुवक्किल, वकील और न्यायमूर्ति जब एक दूसरे की भाषा को समान रूप से समझेंगे, तब सबको मालूम रहेगा कि क्या हुआ। न्याय या अन्याय ? गलत या सही ? विरोध-प्रतिरोध की सम्भावनाएँ बढ़ेंगी तो अन्याय की सम्भावना स्वतः समाप्त हो जाएँगी। उस स्थिति में न्यायमूर्ति के निर्णय का हर शब्द, बहुत सोच-समझ कर लिखा जाएगा। लिखना पड़ेगा, वरना...जनता सवाल करेगी और सवालों के जवाब भी देने ही पड़ेंगे।

'फिट ऑफ पैशन' : टोकन पनिशमैन्ट

राजू और कृष्णा बनाम कर्नाटक राज्य[49] में सैलीना डिसूजा नाम की इक्कीस वर्षीया एक नर्स को अपने भाई की शादी में जाना था। रास्ते में देर हो गई। बंगलौर पहुँची तो पाँच बज गए। बस में साथ सफर कर रहे, दो युवकों पर विश्वास करके, रात को होटल के एक कमरे में रुक गई। लड़कों ने बारी-बारी से बलात्कार किया। मौका मिलते ही चीखी, चिल्लाई, शोर मचाया। सत्र न्यायाधीश ने 1980 में राजू को अपराधी माना मगर कृष्णा को नहीं। अभियुक्त की युवा उम्र और इस तथ्य को देखते हुए कि लड़की स्वेच्छा से अभियुक्त के साथ होटल के एक ही कमरे में रहने के लिए आई थी, जहाँ अभियुक्त ने सम्भोग कामना के दौर (फिट ऑफ पैशन) में बलात्कार किया, अभियुक्त राजू को उस दिन अदालत बन्द होने तक हिरासत में रखने और 500 रुपये जुर्माने की सज़ा सुनाई। बलात्कार के मामले में ऐसी 'टोकन' सज़ा का, शायद यह 'अभूतपूर्व निर्णय' कहा जा सकता है।

अपील में उच्च न्यायालय के न्यायमूर्तियों ने 2 अगस्त, 1982 को दोनों अभियुक्तों को दोषी पाया और सात साल कैद का आदेश दिया। इसके विरुद्ध अभियुक्तों ने सर्वोच्च न्यायालय में अपील दायर की। सर्वोच्च न्यायालय के न्यायमूर्ति श्री के. जयचन्द्रा रेड्डी और जी.एन. राय ने 12 अक्टूबर, 1993 को फैसला सुनाते समय कहा, "भारतीय दण्ड संहिता की धारा 376 के अन्तर्गत दोनों अभियुक्तों की सज़ा में हस्तक्षेप करने का हमें कोई कारण नहीं मिला। जहाँ तक दोनों अभियुक्तों को सात साल कैद की सज़ा का सवाल है, हमें ऐसा लगता है कि यह असम्भव नहीं है कि शुरू में अभियुक्तों की वास्तव में यह ही इच्छा रही हो कि लड़की को भाई के घर जल्दी से जल्दी पहुँचाने में मदद की जाए। लेकिन बाद में जब वह रात को होटल के एक ही कमरे में साथ रहने को सहमत हो गई तो दोनों नवयुवक यौन हवस के शिकार हो गए और उन्होंने लड़की की असहमति और विरोध के बावजूद बलात्कार किया। अभियुक्तों की बहुत युवा उम्र और उन परिस्थितियों को देखते हुए, जहाँ इस बात की सभी सम्भावनाएँ मौजूद हैं कि वे अपनी सम्भोग कामना के दौरे पर काबू नहीं पा सके, सारी सौम्यता और नैतिकता भुला बैठे और अन्ततः बलात्कार का अपराध किया (कर बैठे)। इस तथ्य को भी देखते हुए कि यह घटना बहुत पहले घटी थी और इस अदालत तक मुकदमेबाजी के दौरान, दोनों ही बहुत बदनामी और मानसिक पीड़ा झेल चुके हैं, हम सोचते हैं कि अगर दोनों अभियुक्तों को कम सज़ा सुनाई जाए, तो भी न्याय का लक्ष्य पूर्ण हो जाएगा। इसलिए हम निर्देश देते हैं कि इन दोनों अभियुक्तों को तीन साल कठोर कारावास का दण्ड भुगतना चाहिए।...अपील के दौरान अभियुक्त जमानत पर रहे हैं। उन्हें हिरासत में ले लिया जाना चाहिए ताकि वे सज़ा भुगत सकें।"

अभियुक्त के विद्वान वकील का तर्क था, "लड़की ने खुद उत्प्रेरित किया था। अभियुक्त नौजवान था। उत्प्रेरणा और गम्भीर रूप से उकसाने पर, वह सम्भोग इच्छा के वशीभूत हो, मानसिक सन्तुलन खो बैठा। उस उम्र में यह सब होना बहुत स्वाभाविक है।" क्या सचमुच 'वेरी नेच्यूरल' नहीं ?

राज्य सरकार की ओर से विद्वान अधिवक्ता ने गम्भीरतापूर्वक कहा, "अगर वह थोड़ी सी बुद्धिमान और सतर्क होती तो शायद इन दो अनजान युवकों पर विश्वास न करती और ऐसा दुर्भाग्य न झेलना पड़ता। हालाँकि शिक्षित है, मगर दिल से बहुत सीधी-सरल और मानवीय अच्छाइयों का सम्मान करने वाली। सिर्फ भरोसा और विश्वास करने का अर्थ यह नहीं कि अभियोजन पक्ष पर अविश्वास किया जाए।...अगर अभियुक्त ने दुष्कर्म नहीं, बल्कि लड़की की मदद की है तो यह अपेक्षा नहीं की जाती कि वह अभियुक्तों पर बलात्कार का झूठा आरोप लगाएगी।" सवाल है कि आखिर वह ऐसा क्यों करेगी ? वह ही क्या, कोई भी नहीं कर सकता।

उपरोक्त केस में सत्र न्यायाधीश द्वारा सुनाई 'टोकन पनिशमैन्ट' से लेकर सुप्रीम कोर्ट के उदारवादी-सुधारवादी निर्णय तक, एक शब्द बार-बार दोहराया गया है—'फिट ऑफ पैशन'। न्यायमूर्तियों द्वारा ही नहीं, बल्कि बचाव पक्ष के वकीलों द्वारा भी दो युवा

लड़के और एक जवान लड़की, तीनों होटल के एक ही कमरे में। रात का समय। ऐसी स्थिति में 'सभी सम्भावनाएँ मौजूद' हैं। नवयुवकों को 'सम्भोग इच्छा का दौरा' पड़ना भी 'स्वाभाविक' है और 'सौम्यता और नैतिकता' के पाठ भूल जाना भी। तेरह साल कोर्ट-कचहरी के दौरान युवकों ने कितनी 'बदनामी और मानसिक पीड़ा' झेली होगी ? तेरह में से ग्यारह साल तो सर्वोच्च न्यायालय में ही लग गए। हाँ ! यही सब सचमुच 'बहुत स्वाभाविक' है। 'वेरी नेच्यूरल', यू नो !

बचपन से बलात्कार : हत्या

जुम्मन खान बनाम उत्तर प्रदेश राज्य एकमात्र निर्णय है, जिसमें 6 वर्षीया लड़की (सकीना) के साथ बलात्कार के बाद हत्या के अपराध में फाँसी की सज़ा हुई। गवर्नर और राष्ट्रपति द्वारा रहम की अपील रद्द होने के बाद सुप्रीम कोर्ट द्वारा भी पुनर्विचार याचिका या रिट पिटीशन रद्द की गई। इस दुर्भाग्यपूर्ण मुकदमे में 26 जून, 1983 को करीब 4 बजे जुम्मन मियाँ ने अपने पड़ोसी युसुफ खाँ की पत्नी दुल्हे खान बेगम से प्रार्थना की। वह अपनी बेटी सकीना को उसके साथ बाज़ार भेज दे, वह उसके लिए आइसक्रीम लाना चाहता है। बेगम ने बिटिया जुम्मन के साथ भेज दी और खुद सो गई। घंटे भर बाद उठी तो देखा बेटी अभी तक नहीं आई। पहले उसने सोचा शायद बाहर बच्चों के साथ खेल रही होगी। लेकिन समय बीता तो वह घबराई। इधर-उधर देखने के बाद जब सकीना नहीं मिली तो वह खुद जुम्मन के घर पहुँची लेकिन वहाँ ताला लगा मिला। पति आए करीब सात बजे तो अड़ोस-पड़ोस में बच्ची ढूँढ़ते रहे, पर बच्ची होती तो मिलती। मामला सुन-सुनकर भीड़ इकट्ठी हो गई। जब युसुफ खान दुबारा जुम्मन के घर जा रहे थे तो पड़ोसी ने बताया कि करीब साढ़े चार बजे उसने सकीना को एक हाथ में आइसक्रीम लिए, जुम्मन की उँगली पकड़े घर में घुसते हुए देखा था। दूसरे ने बताया कि वह जुम्मन के घर के आगे से गुजर रहा था तो उसने घर के अन्दर से आती बच्ची के रोने की आवाज सुनी थी। उत्तेजित भीड़ जुम्मन के घर पहुँची और दरवाजे के सुराख से टार्च जलाकर देखा तो अन्दर चारपाई पर बुर्के में लिपटी बच्ची की लाश पड़ी थी। दरवाजा तोड़ कर भीड़ अन्दर पहुँची तो पाया कि लाश सकीना की ही थी; जिसके शरीर पर काफी चोटों के निशान मौजूद थे।

आगरा के जिला एवं सत्र न्यायाधीश ने जुम्मन को फाँसी का हुक्म दिया। उच्च न्यायालय ने भी फैसले की पुष्टि करते हुए कहा, "अपराधी के जघन्य और अमानुषिक कृत्यों को देखते हुए वह किसी प्रकार की नरमी का अधिकारी नहीं है। उसने सोच-समझकर छह साल की बेबस बच्ची के साथ बलात्कार किया है और गला घोंट कर हत्या करने तक गया है।"

उच्च न्यायालय के फैसले के विरुद्ध जुम्मन ने सुप्रीम कोर्ट में विशेष अनुमति याचिका दायर की। सुप्रीम कोर्ट ने 20 मार्च, 1986 को याचिका खारिज करते हुए ऐतिहासिक निर्णय सुनाया, "जहाँ अपराध समाज के विरुद्ध हो, वहाँ ऐसे गम्भीर मामलों

में मृत्युदंड की सज़ा न देना विशेषकर हत्या के ऐसे मामलों में जो अत्यन्त नृशंसता के साथ किए गए हों भारतीय दण्ड संहिता की धारा 302 जो (फाँसी की सज़ा का प्रावधान करती है) को शून्य में बदलना होगा। अदालत का यह कर्तव्य है कि अपराध की गम्भीरता के अनुसार उचित सज़ा का निर्णय सुनाए। सामाजिक आवश्यकता और सम्भावित अपराधियों को रोकने के लिए भी एकमात्र उचित सज़ा जो अपराधी जुम्मन को मिलनी चाहिए, वह मृत्यु के अलावा और कुछ भी नहीं हो सकती, क्योंकि उसने अपनी कामपिपासा शान्त करने के लिए, एक निर्दोष बच्ची की भयंकर तरीके से कलंकपूर्ण हत्या का अपराध किया है।''

जुम्मन ने 12, अप्रैल, 1986 को गवर्नर से रहम की अपील भी की जो 18 फरवरी, 1988 को रद्द हो गई। राष्ट्रपति ने भी रहम की अपील 10 जून 1988 को ठुकरा दी। 15 जुलाई, 1988 को दूसरी रहम की अपील की गई। लेकिन राष्ट्रपति नहीं माने और अक्टूबर 1988 में वह भी खारिज हो गई। इसके बाद 10 नवम्बर, 1988 को फिर सुप्रीम कोर्ट में एक रिट दाखिल की गई, जिसमें मृत्युदंड की संवैधानिक वैधता को चुनौती दी गई और फिलहाल के लिए मृत्युदंड रुकवा दिया गया। इस याचिका को भी सुप्रीम कोर्ट के न्यायमूर्तियों ने 30 नवम्बर, 1990 को मानने से इनकार कर दिया। जुम्मन के विद्वान वकील श्री आर.के. जैन (जो मृत्यु-दंड के कट्टर विरोधी हैं) की सारी दलीलें सुनने के बाद न्यायमूर्तियों को सज़ा घटाने का कोई उचित आधार या तर्क नज़र नहीं आया। कैसे आता ?

लेकिन दुःखद तथ्य यह है कि जुम्मन खान के बाद भी मासूम बच्चियों के साथ बलात्कार के बाद हत्या के मामलों को 'दुर्लभतम में दुर्लभ' नहीं माना गया। अनेक फैसले इसका प्रमाण हैं।

राजकीय महाविद्यालय, सुनाम के प्रोफेसर गुरपाल सिंह अपनी पत्नी मनजीत कौर और करीब दो वर्षीय बेटी मल्हार के साथ अपनी भानजी की शादी के अवसर पर चुघे कलां (पंजाब) गए हुए थे। शादी के अगले दिन 21 मार्च 1991 को मल्हार, हरचेत सिंह की गोदी में खेल रही थी। हरचेत सिंह (उम्र 29 साल) गुरपाल सिंह के जीजा कश्मीरा सिंह का मित्र था जो घर अक्सर आता रहता था। दुल्हा-दुल्हन के जाने के बाद गुरपाल सिंह और उनकी पत्नी ने जब मल्हार की तलाश की तो आस-पास कहीं नहीं मिली। काफी ढूँढ़ने के बाद जब वे खेत में पहुँचे तो देखा कि हरचेत सिंह दो वर्षीय मल्हार के साथ बलात्कार कर रहा है। उन्हें देखकर हरचेत सिंह भाग खड़ा हुआ। मल्हार के पास पहुँचे तो वह खून से लथपथ दम तोड़ चुकी थी। पुलिस-थाना-कोर्ट-कहचरी-गवाहों के बयान और वकीलों की बहस सुनने के बाद भटिंडा के सत्र न्यायाधीश ने हरचेत सिंह को बलात्कार के जुर्म में उम्र कैद और दो हजार रुपया जुर्माना और हत्या के जुर्म में फाँसी और दो हजार रुपया जुर्माना की सज़ा सुनाई।

लेकिन पंजाब व हरियाणा उच्च न्यायालय के माननीय न्यायमूर्ति श्री जय सिंह शेखो और ए.एस. नेहरा ने अपील में फाँसी की सज़ा रद्द करके सिर्फ आजीवन

कैद का फैसला[50] सुनाते हुए कहा, "सज़ा के सवाल पर बहस सुनने के बाद, हम महसूस करते हैं कि यह केस 'दुर्लभतम में दुर्लभ' की श्रेणी में नहीं आता कि इसमें फाँसी की (अधिकतम) सज़ा दी जा सके। हालाँकि यह जघन्यतम अपराध है। इस अदालत ने ऐसे ही एक केस चन्द्रपाल[51] के मुकदमे में भी फाँसी की सज़ा देने से मना कर दिया था, जिसमें बलात्कार के कारण पम्मी की दम घुटने और अघात से मृत्यु हो गई थी। दिल्ली उच्च न्यायालय की खण्डपीठ ने भी राज्य बनाम अतरू रहमान[51-ए] में फाँसी की सज़ा की पुष्टि नहीं की थी। हालाँकि अभियुक्त ने 6 साल की बच्ची के साथ बलात्कार करने के बाद उसकी हत्या कर दी थी। जुम्मन खान के मामले में[52] सुप्रीम कोर्ट का निर्णय यहाँ लागू नहीं होता। (जिसे सेशन जज ने आधार माना है) क्योंकि उस केस में जुम्मन ने पहले से सोच-समझ और पूरी तैयारी के साथ बेबस बच्ची के साथ बलात्कार किया था और गला घोंट कर हत्या की थी। प्रस्तुत मुकदमे में मृतक (मल्हार) की मृत्यु बलात्कार के कारण पीड़ा, खून बहने व सदमे से हुई है जो आम तौर पर मृत्यु के लिए काफी है। अपराध कामपिपासा शान्त करने के लिए किया गया था। पहले से दोनों पक्षों के बीच कोई दुश्मनी नहीं थी। ऐसा लगता है कि अपीलार्थी में कामपिपासा इतनी अधिक बढ़ गई थी कि उसे आदमी के रूप में जानवर बना दिया था।"

दो साल की बच्ची के साथ 29 वर्षीय नौजवान आदमी बलात्कार करेगा तो निश्चित ही है कि बच्ची जिन्दा कैसे बचेगी ? कामपिपासा शान्त करने के लिए, दो साल की बच्ची के साथ ऐसा कुकर्म ? इससे अधिक घृणित और जघन्यतम अपराध और क्या होगा ? जब इसे घृणित और 'जघन्यतम अपराध' मान लिया जाता है तो यह कहने का क्या अर्थ है कि यह 'दुर्लभतम में दुर्लभ' मामला नहीं है। आदमी जब जानवर (भेड़िया) हो जाए तो उसे आजीवन कैद में रखने का मतलब सज़ा देना है या ऐसे भेड़ियों को जेल में सुरक्षित रखना ?

दिल्ली प्रशासन बनाम पन्ना लाल उर्फ पण्डित जी उर्फ बन्ना उर्फ सरदार में दो वर्षीय नीतू के साथ बलात्कार और हत्या के अपराध में सत्र-न्यायाधीश श्री एस.एम. अग्रवाल ने फाँसी की सज़ा सुनाई मगर उच्च न्यायालय के न्यायमूर्तियों (श्रीमती सुनन्दा भण्डारे और अनिल देव सिंह) ने उम्र कैद में बदल दिया। हालाँकि निर्णय में स्वीकार किया गया है कि "दो साल की बच्ची को एक विकृत पुरुष की हवस का शिकार होते देखना, बेहद घृणास्पद है। बेबस बच्चों से बलात्कार के कँपा देने वाले अपराध, सचमुच कानून द्वारा निर्धारित अधिकतम दंड के अधिकारी हैं लेकिन...।"[53] मृत्युदंड को आजीवन कैद और आजीवन कैद को दस साल कारावास में बदलता यह प्रथम और अन्तिम फैसला नहीं है। सत्र-न्यायाधीश द्वारा सुनाई सज़ा के विरुद्ध अपील में उच्च न्यायालय या सर्वोच्च न्यायालय के न्यायमूर्तियों ने अधिकांश मामलों में सज़ा कम की है, जिसका व्यापक स्तर पर असर हुआ है कि प्रायः हर मामले में अपील दायर की जाती है। अपील मंजूर होने पर जमानत होने की सम्भावना और फैसला होने तक आजादी से

इनकार नहीं किया जा सकता। अपील का फैसला होने में (पाँच से बीस साल तक) तो समय लगेगा। लगता ही है।

रिसासत बनाम उत्तर प्रदेश, छः साल की गुड़िया के साथ बलात्कार के बाद नृशंस हत्या की भयावह कहानी है। गुड़िया हरिजन बाप बदलू की बेटी का नाम है, जिसकी रियासत ने 31 जनवरी, 1991 को गन्ने के खेत में बलात्कार के बाद उस समय हत्या कर दी गई, जब सारे देश में हर्षोल्लास के साथ रविदास जयन्ती मनाई जा रही थी। हरिद्वार के जिला व सत्र-न्यायाधीश श्री जे.सी. गुप्ता ने रियासत को मृत्युदंड सुनाया लेकिन इलाहाबाद उच्च न्यायालय के न्यायमूर्ति श्री एस.के. मुखर्जी और जे.पी. सेमवाल ने फाँसी की सज़ा रद्द करके उम्र कैद की सज़ा सुनाते हुए कहा, "बलात्कार करने के बाद अपीलार्थी ने हत्या की है। हत्या पहले से सोचकर, योजनाबद्ध या संकल्प के साथ नहीं की गई। हत्या मात्र अधीरता या इस भय के बाद की गई, कहीं मृतक भेद न खोल दे। अपराधी एक नौजवान व्यक्ति है और गुड़िया के साथ बलात्कार करने के बाद अपने आपे में नहीं रहा और उसी बीमार मानसिक स्थिति में उसने हत्या कर दी। यह कर्म एक प्रकार की मानसिक विक्षिप्तता की तरफ ले जाता है। हत्या के मामले में आमतौर पर सज़ा उम्र कैद होती है। विशेष मामलों में निर्णय में कारण लिखकर मृत्युदंड भी दिया जा सकता है। अपीलार्थी उम्र कैद की सज़ा भुगत सकता है और उसे भविष्य में ऐसा अपराध करने का मौका नहीं मिलेगा।"[54]

विनोद बनाम राज्य में 11-12 साल की रेणु के साथ प्रेमदत्त ने शिव मन्दिर, अलीगढ़ में बलात्कार किया और उसके बाद हत्या। सत्र न्यायाधीश ने हत्या के लिए फाँसी की सज़ा सुनाई मगर उच्च न्यायालय के न्यायमूर्ति श्री गिरधर मालवीय और ए.बी. श्रीवास्तव ने फाँसी की सज़ा को आजीवन कारावास में बदलते हुए कहा, "हमें लगता है कि यह केस फाँसी की अधिकतम सज़ा की माँग नहीं करता। अपीलार्थी जिसकी उम्र सिर्फ बाइस साल थी, ऐसा लगता है कि मृतका को अपने साथ हत्या करने के लिए नहीं, बल्कि अपनी हवस पूरी करने के लिए ले गया था। हम महसूस करते हैं कि 'न्याय का उद्देश्य' अपराधी को उम्र कैद की सज़ा से पूरा हो जाएगा।"[55]

सिद्दिक सिंह बनाम महाराष्ट्र (1993 क्रिमिनल लॉ जरनल 2919) में 26 वर्षीय, फौजी जवान द्वारा चार महीने की बच्ची के अपहरण, बलात्कार और हत्या (लाश अन्धे कुएँ में) के मामले में भी सज़ा उम्र कैद ही रही। हालाँकि न्यायमूर्तियों ने स्वीकारा, 'हमारे लिए इससे अधिक जघन्य बलात्कार की कल्पना तक करना कठिन है।' निर्णय में जुम्मन खान का उल्लेख तक नहीं है।

बच्चियों से बलात्कार और हत्या के अनेक ऐसे भी मामले हैं जिनमें अभियुक्त को सन्देह का लाभ देकर बाइज्जत बरी किया गया है। पाँच वर्षीय सुकुमारी के साथ बलात्कार और हत्या के अपराध के एक मामले में मुजरिम को रिहा करते हुए सर्वोच्च न्यायालय के न्यायमूर्ति श्री एस. रतनावेल पांडियन और के. जयचन्द्रा रेड्डी ने कहा, "हम सचेत

हैं कि एक गम्भीर और संगीन अपराध हुआ है, लेकिन जब अपराध का कोई सन्तोषजनक प्रमाण न हो तो हमारे पास अभियुक्त को सन्देह का लाभ देने के अलावा कोई विकल्प नहीं है, इसलिए इस मुकदमे में हम ऐसा करने को विवश हैं।'' (जहर लाल दास बनाम उड़ीसा राज्य, 1991 क्रिमिनल लॉ जरनल 1809)।

चौदह वर्षीय हरिजन लड़की माड़ी के साथ बलात्कार के बाद हत्या के एक और मामले में, मृत्युदंड को आजीवन कारावास में बदलते हुए सर्वोच्च न्यायालय के विद्वान न्यायमूर्ति श्री जी.टी. नानावती ने लिखा है, ''लेकिन उपलब्ध साक्ष्य, उच्च न्यायालय द्वारा मृत्युदंड के कारणों को उचित नहीं ठहराते। साक्ष्यों से यह नहीं लगता कि अभियुक्त ने माड़ी को अचानक पकड़ लिया था और वह एकदम विवश थी। उसने अपनी सलवार पूरी तरह से उतार रखी थी जो शायद आवश्यक नहीं थी अगर वह केवल निवृत होने गई थी। घटनास्थल पर कोई पाखाना नहीं मिला। अगर उस पर इस प्रकार अचानक हमला हुआ था (जैसा कि उच्च न्यायालय ने माना है) तो वह पहले ही चिल्लाती न कि अपीलार्थी द्वारा बलात्कार शुरू करने के बाद।...उसने अपनी सलवार ही नहीं उतारी हुई थी, बल्कि कुर्त्ता भी गर्दन तक चढ़ाया हुआ था।...परिस्थितियाँ बताती हैं कि सम्भवतः आरम्भ में वह स्वयं भी अपीलार्थी को कुछ हद तक आजादी ले लेने के प्रति अनिच्छुक नहीं थी। अपीलार्थी अपनी काम इच्छा नहीं रोक पाने के कारण लड़की की अनिच्छा के बावजूद आगे बढ़ गया। इस पर लड़की ने प्रतिवाद किया और शोर मचाना शुरू किया। लड़की को शोर मचाने से रोकने के लिए अपीलार्थी ने सलवांर उसके गले में बाँध दी जिससे उसकी दम घुटने से मृत्यु हो गई।'' (कुमुदी लाल बनाम उत्तर प्रदेश राज्य, III (1999) एस.एल.टी. 636)

माननीय न्यायमूर्ति के अनुसार लड़की कुछ हद तक 'छेड़छाड़' के लिए तो उत्सुक थी मगर सम्भोग के लिए राजी नहीं थी। अगर यह सच माना जाए तो उसे सलवार उतारने की क्या जरूरत थी ? चौदह वर्षीय लड़की की सहमति या असहमति का प्रश्न उठाना व्यर्थ है। बिना सलवार उतारे बलात्कार कैसे होता ? क्या अभियुक्त कुर्त्ता ऊपर नहीं कर सकता ? लड़की को चुप कराने के लिए सलवार से गला घोटा गया है।

बलात्कार और हत्या का उद्देश्य और कारण 'कामपिपासा या हवस शान्त करना' और 'विक्षिप्त या मानसिक बीमारी' मानते हुए सज़ा कम करते निर्णयों से क्या 'न्याय का लक्ष्य' पूरा हो रहा है ? हो जाएगा ? सज़ा कम करने के लिए अगर अपीलार्थी की उम्र महत्त्वपूर्ण है, तो अधिकतम दंड के लिए बलात्कार और हत्या की शिकार बच्ची की उम्र और अपराध की जघन्यता को कैसे भुलाया जा सकता है ? बच्चों से बलात्कार घृणित और जघन्यतम अपराध हैं, लेकिन इसका अर्थ यह नहीं है कि वयस्क महिलाओं से बलात्कार कम घृणित हैं।

न्याय का लक्ष्य

'न्याय का लक्ष्य' या 'उद्देश्य' पूरा हो या न हो, पुरुषों की हवस या कामपिपासा तो पूरी हो ही रही है। बच्चियों से बलात्कार में बढ़ोतरी का एक मुख्य कारण यह भी है कि युवा लड़कियाँ, बच्चियों की अपेक्षा अधिक विरोध कर सकती हैं, चीख सकती हैं और शिकायत कर सकती हैं। बलात्कारी पुरुष सोचता है—बच्चियाँ बेचारी क्या कर लेंगी ? विशेषकर जब बलात्कार घर में पिता, भाई, चाचा, ताऊ या अन्य रिश्तेदारों द्वारा किया गया है। अक्सर कम उम्र की बच्चियाँ, बलात्कार के कारण मर जाती हैं। हत्या और बलात्कार के अधिकांश मामलों में अभियुक्त बरी हो जाता है या सज़ा कम करवा पाने में सफल क्योंकि लड़की गवाही के लिए अदालत के सामने नहीं होती। ऐसे में हो सकता है (होता है) कि अदालत की सहानुभूति मृतक 'गुड़िया', 'मल्हार' या 'रेणु' की बजाए बलात्कारी बटोर ले जाए।

सज़ा के सवाल पर न्यायमूर्तियों के मानवीय दृष्टिकोण से 'न्याय का लक्ष्य' पूरा हो जाएगा—कहना कठिन है। लगभग सत्तर साल पहले लाहौर उच्च न्यायालय के एक न्यायमूर्ति ने चेतावनी देते हुए कहा था कि, "औरतों पर हिंसा के अपराध के साथ, जो स्वयं अपनी रक्षा करने की स्थिति में नहीं हैं, सख्ती से निपटना पड़ेगा। यह अत्यन्त दुःखद स्थिति होगी, अगर अपराधियों को यह सन्देश मिलता है कि औरतों के साथ हिंसा या बलात्कार करना कोई गम्भीर मसला नहीं है। और अगर वे अपेक्षाकृत कम कारावास की सज़ा भुगतने के लिए तैयार हों, तो वे हमेशा अपनी पाशविक कामनाओं को शान्त कर सकते हैं।"[56] यानी, कम सज़ा की सम्भावना, हिंसक अपराधों को बढ़ावा देती है। देती रहेगी। एक और न्यायमूर्ति के शब्दों में सज़ा कम करने का अर्थ 'असुरक्षित लड़कियों को समाज में भेड़ियों के सामने छोड़ देना ही होगा।'[57] क्या 'मानवाधिकार' सिर्फ खूँख्वार अपराधियों के लिए ही हैं ? अपने बचाव में बालिग स्त्री को तो हत्या करने का कानूनी अधिकार है, मगर अबोध बच्चियाँ क्या करें ?

इसी सन्दर्भ में इमरतलाल के मामले में मध्य प्रदेश उच्च न्यायालय के एक न्यायमूर्ति की विवशतापूर्ण टिप्पणी है, "जब बलात्कार का अपराध सिद्ध हो जाए और वह भी छोटी उम्र की बच्ची के साथ तो ऐसे में अपराध की सज़ा कठोरता से दी जानी चाहिए। अपराधी को सिर्फ तीन साल कैद की सजा देने का अर्थ उसे 'पिकनिक' पर भेजने जैसा है, जैसा कि निचली अदालत ने इस केस में किया है। लेकिन चूँकि राज्य सरकार ने सजा को चुनौती नहीं दी है, इसलिए सज़ा बढ़ाई नहीं जा सकती।"[58] राज्य सरकार द्वारा 'सजा को चुनौती' न देने के कारण, अब तक न जाने कितने अपराधियों को 'पिकनिक' पर भेजना पड़ा है। कानूनी नियमों से बँधे न्याय की मजबूरी है !

राज्य सरकार द्वारा सजा को चुनौती न दिए जाने के कारण, अपराधी की सजा बढ़ाई नहीं जा सकती मगर घटाई जा सकती है। सज़ा कम करने का कारण, कभी अपराधी की 'उम्र' है तो कभी 'नौकरी छूट जाना' या 'सामाजिक अपमान और बदनामी'। कुछ फैसलों की शुरुआत, 'अधम, घृणित, जघन्य, भयावह, पाशविक वगैरह-

वगैरह' से होती है। फिर 'पाशविक इच्छाओं, यौन आनन्द, कामपिपासा और हवस शान्त' करने के बाद, भारतीय स्त्री की पवित्रता, यौनशुचिता, प्रतिष्ठा, गरिमा, सम्मान नैतिकता और सामाजिक मान, मर्यादा का पाठ पढ़ाती कुछ नज़ीरों में बेहतरीन भाष के नमूने। अन्त में "यद्यपि अभियुक्त का अपराध बेहद घृणित और तिरस्कार योग्य है, लेकिन हम इसे अधिकतम सज़ा के लिए उपयुक्त नहीं मानते और दस वर्ष कारावास की वैकल्पिक सज़ा में बदल रहे हैं।"[59] क्योंकि अधिकतम सज़ा 'दुर्लभतम में दुर्लभ' मामलों में ही दी जानी चाहिए। स्कूल हैडमास्टर द्वारा दस वर्षीय बालिका से बलात्कार की इस घटना ने 'गुरु-शिष्य के सम्माननीय सम्बन्धों को कलंकित किया है।' लेकिन आजीवन कारावास की अधिकतम सज़ा 'उचित' नहीं हो सकती। न्यूनतम सज़ा से ही 'न्याय का लक्ष्य' पूरा हो जाएगा।

रामरूप दास बनाम राज्य के उपरोक्त मामले में विद्वान न्यायमूर्ति ए. पासायत और एम. पटनायक के निर्णय में सर्वोच्च न्यायालय के फैसलों की 'भाषा का जादू' भी देखा जा सकता है और 'जादुई भाषा' का कमाल भी। पूरा निर्णय उधार की भाषा में इस प्रकार लिखा गया है कि मुझ जैसे अनेक कानून के विद्यार्थी आश्चर्यचकित रह जाएँ। आधे से ज्यादा निर्णय में तो सर्वोच्च न्यायालय की नजीरों का उल्लेख तक नहीं किया गया। लगता है न्यायमूर्तियों की मौलिक और अप्रकाशित रचना है। क्या ऐसे ही 'न्याय की भाषा' विकसित और समृद्ध होगी? जाहिर है—कैसे हो सकती है ? स्त्री के विरुद्ध हिंसा के प्रति सहानुभूति और संवेदना की भाषा को टुकड़ों में काट-बाँट कर नहीं देखा जा सकता। परिपूर्णता में ही देखना होगा। यहाँ सर्वोच्च न्यायालय की नजीरों से आतंकित, न्यायिक विवेक सिर्फ विकल्प ढूँढ़ता दिखाई देता है। अपराध, अपराधी, तथ्यों, स्थितियों और परिस्थितियों को, न्याय की तुला पर तौलते हाथ काँपते नजर आते हैं। क्यों ?

छह वर्षीया बालिका शिवानी के साथ पैंसठ वर्षीय वृद्ध पुरुष द्वारा बलात्कार के अपराध को जघन्यतम करार देते हुए भी, दिल्ली उच्च न्यायालय के न्यायमूर्ति श्री पी. के. बाहरी और एस.डी. पण्डित ने सज़ा के सवाल पर कहा, "इस घटना के बाद अभियुक्त की पत्नी की मृत्यु हो गई है। वह तब से अब तक जेल में है। बहुत बूढ़ा है। आंशिक लिंगच्छेदन किया है। सहवास का केवल प्रयास किया है और बालिका के गुप्तांगों को बहुत ज्यादा नुकसान नहीं पहुँचा है। इन परिस्थितियों पर विचार करने के बाद हम, उम्र कैद की सज़ा कम करके दस साल कारावास में बदल रहे हैं।"[60] अपराध संगीन है लेकिन...।

आरोप झूठा है : गवाह 'खतरनाक'

एक अन्य मामले में छह वर्षीया मन्जू के साथ मई 1988 को बलात्कार का प्रयास किया गया। सत्र न्यायाधीश ने मई 1990 में तीन साल कैद और 500 रुपए जुर्माना किया। लेकिन पंजाब और हरियाणा उच्च न्यायालय के विद्वान न्यायमूर्ति ने जनवरी 1994 में

गवाहों के बयान में विसंगतियों के आधार पर केस को झूठा मानते हुए, अभियुक्त को सन्देह का लाभ देकर बरी कर दिया। न्यायमूर्ति ने कहा, "मन्जू स्वयं बच्ची है और वह गवाहों की उस 'खतरनाक श्रेणी' में आती है, जिन्हें आसानी से उनके माता-पिता या बुजुर्ग अपने निजी स्वार्थों के लिए, बेबुनियाद आरोप लगाने के लिए बहका सकते हैं।" रिपोर्ट में मात्र पाँच घंटे की देरी को अस्वाभाविक मानते हुए न्यायमूर्ति ने लिखा, "यह तथ्य स्पष्ट तौर पर दर्शाता है कि अपीलार्थी को फँसाने के लिए काफी समय उपलब्ध था।"[61] 'बच्चे गवाह नहीं हो सकते। उनकी गवाही 'खतरनाक' है। उन्हें बहकाना आसान है और 'निजी स्वार्थों' के लिए, माँ-बाप 'बेटी से बलात्कार' का 'झूठा आरोप' भी लगा सकते हैं। बदलते भारतीय समाज की संरचना को समझने के लिए, ऐसे निर्णय वास्तव में ही 'उल्लेखनीय' हैं। विशेष समाजशास्त्र के विद्यार्थियों के लिए।

इसके विपरीत नौ वर्षीया रेखा के साथ बलात्कार के मामले में अभियुक्त ने अपने बचाव में तर्क दिया कि आपसी रंजिश की वजह से उसे सबक सिखाने के लिए झूठे मुकदमे में फँसाया गया है। कलकत्ता उच्च न्यायालय के न्यायमूर्ति श्री जे.एन. होरे और एस.पी. राजखोवा ने कहा, "**आपसी रंजिश का तर्क एक दुधारी तलवार की तरह है जो दोनों तरफ से काटती है।** ...हमें लगता है कि इस बात की बहुत कम सम्भावना है कि अभियुक्त को ऐसे अपराध के झूठे इल्जाम में फँसाया गया हो, जिससे लड़की की प्रतिष्ठा और भविष्य प्रभावित होते हों और छोटे से आपसी झगड़े की वजह से सामाजिक दाग लगता हो।"[62] ऐसे घृणित अपराध में झूठे आरोप लगाना सम्भव है या नहीं, इसका सही जवाब बेटी के माँ-बाप ही दे सकते हैं।

एक और मामले में चौबीस साल के नवयुवक ने दस साल की स्कूल जाती लड़की के साथ, गन्ने के खेत में बलात्कार किया। अभियुक्त के वकीलों ने अपील में कहा, 'अभियुक्त की सही पहचान नहीं हुई है। रिपोर्ट देरी से दर्ज कराई गई है और अभियुक्त चौबीस वर्षीय नौजवान है, जिसके पास 'उज्ज्वल भविष्य' है। इसलिए सज़ा कम करने में नरम रुख अपनाया जाए।' लेकिन उच्च न्यायालय के विद्वान न्यायमूर्ति श्री राधाकृष्ण राव ने कहा, "यह एक भयंकर अपराध है जो सुबह आठ बजे, दिन-दहाड़े दस साल की मासूम बच्ची के साथ किया गया। यह उस लड़की का जीवन भर पीछा करता रहेगा। रहम का कोई कारण नहीं है।" रिपोर्ट दर्ज कराने में देरी के तर्कों को रद्द करते हुए न्यायमूर्ति ने लिखा है, "विशेषकर बलात्कार और छेड़छाड़ के मामलों में औरतें या उनके **सम्बन्धी स्वाभाविक रूप से थाने में रपट दर्ज कराने से पहले दो बार सोचते हैं।** गाँवों में यह और अधिक होता है, क्योंकि इसमें पीड़िता के **परिवार की प्रतिष्ठा और इज्जत जुड़ी हुई है।**"[63]

गाँव के खेत में बेरहमी से बलात्कार के एक और केस में दस वर्षीया लड़की के साथ बलात्कार करने वाले बीस वर्षीय युवक के वकीलों ने बहस में कहा 'गाँव में पार्टीबाजी की वजह से लड़की के बाप ने अभियुक्त को गलत मुकदमे में फँसाया है'। लेकिन उच्च न्यायालय के न्यायमूर्ति ने अपने निर्णय में लिखा, "कोई भी आदमी इस

हद तक नीचे नहीं गिरेगा कि वह पार्टीबाजी की वजह से अपनी नाबालिग बेटी के भविष्य को, बलात्कार के आरोप लगाकर दाँव पर लगा दे।" न्यायमूर्ति श्री डी.जे. जगन्नाथ राजू की यह टिप्पणी भी महत्वपूर्ण है, "खेत की रखवाली के लिए भेजी गई लड़की के साथ बहुत ही अमानवीय ढंग से बलात्कार किया गया है। इस तरह के अभियुक्त के साथ किसी भी प्रकार की सहानुभूति नहीं दिखाई जा सकती। याद रखना चाहिए कि ग्रामीण इलाकों में अकेली औरतें खेतों में कृषि-कार्य करती हैं। अगर इस प्रकार के अभियुक्तों के साथ ढंग से व्यवहार नहीं किया गया तो खेतों में अकेली काम करने वाली औरतों की कोई सुरक्षा या संरक्षा ही नहीं रह जाएगी।"[64]

छोटी उम्र की बच्चियों के साथ बलात्कार के मामलों में कुछ न्यायमूर्तियों की भाषा अपेक्षाकृत संयमित और संवेदनात्मक है। परन्तु कुछ निर्णय पढ़ते हुए, अभी भी लगता है कि न्यायमूर्ति सिर्फ कानून और न्याय की भाषा ही जानते हैं। दस-बारह साल की बच्ची के अपहरण और बलात्कार के एक मामले में उच्च न्यायालय के न्यायमूर्ति श्री जी.एस.एन. त्रिपाठी डॉक्टरी रिपोर्ट का पोस्टमार्टम करते हुए कहते हैं, "तो मैं कह सकता हूँ कि लड़की काफी लम्बे समय से सम्भोग की आदी थी" और "मैं सिर्फ इतना ही कहना चाहता हूँ कि यह एक भ्रष्ट चरित्र की लड़की थी और बिना अन्य प्रमाणों के, सिर्फ उसका बयान सज़ा सुनाने के लिए पर्याप्त नहीं है।"[65] ऐसी 'भ्रष्ट चरित्र' की लड़की के आरोपों को 'विश्वसनीय' कैसे माना जा सकता है ? "विद्वान सत्र-न्यायाधीश को फौजदारी कानून का बिल्कुल कुछ ज्ञान ही नहीं था।" वरना...ऐसे 'बेबुनियाद' मुकदमे में सजा सुनाता !

सज़ा देने का अधिकार नहीं

उच्च न्यायालय के माननीय न्यायमूर्तियों द्वारा लिखी कानून और न्याय की ऐसी 'मानवीय', 'संवेदनशील' और नैतिक संस्कारों से बँधी भाषा के बीच, मुझे दिल्ली की जिला अदालत के एक युवा मजिस्ट्रेट श्री राजकुमार चौहान द्वारा सुनाया एक फैसला अक्सर याद आ जाता है। आठ वर्षीया चन्दा के साथ, उसके अपने पिता द्वारा अप्राकृतिक मैथुन के मामले की वर्ष भर में सुनवाई समाप्त करने के बाद, मजिस्ट्रेट चौहान ने अपने अविस्मरणीय निर्णय में लिखा कि इस मुकदमे की सुनवाई के दौरान मुझे हमेशा अहसास होता रहा कि मैं स्वयं कटघरे में खड़ा हूँ। चन्दा द्वारा अपने पिता के विरुद्ध लगाए गम्भीर (पवित्र) आरोप, सचमुच आश्चर्यचकित करने वाले थे और पिता का अपराध बेहद घृणित। लड़की की माँ सरस्वती की आँसू भरी चीखों और इस आत्मालाप को सुनने के बाद मेरा हृदय और आत्मा तक आहत ही नहीं, बल्कि लहुलुहान हो गए कि अगर मुझे सपने में भी ख्याल आ जाता कि मेरा पति ऐसा दुष्कर्म करेगा तो मैं उसके बच्चों की माँ ही नहीं बनती। मजिस्ट्रेट चौहान ने अपने निर्णय में संयुक्त परिवारों के विघटन, औद्योगीकरण से लेकर एकल परिवारों में पुरुष वर्चस्व की ऐतिहासिक और सामाजिक पृष्ठभूमि का उल्लेख करते हुए लिखा है कि न्यायाधीश की

भूमिका तो शुरू ही तब होती है, जब खेत की मेड़ ही घास खा चुकी होती है।

खैर...अभियुक्त को पूर्ण रूप से दोषी मानते हुए श्री चौहान ने अपना फैसला मुख्य दंडाधिकारी को भेजा, जिन्होंने अभियुक्त को छह वर्ष सश्रम कारावास की सजा सुनाई। इसके विरुद्ध अभियुक्त ने सत्र-न्यायाधीश के यहाँ अपील दायर की और फिर जमानत पर छूट गया। कोई नहीं जानता की अपीलों का अन्तिम फैसला कब होगा। क्या होगा ?

यहाँ यह बताना जरूरी है कि भारतीय दंड संहिता की धारा 377 (अप्राकृतिक मैथुन) की सुनवाई का तो अधिकार मजिस्ट्रेट को है लेकिन उसे तीन साल कैद से अधिक सजा सुनाने का अधिकार नहीं है। जबकि इस अपराध के लिए अधिकतम सजा आजीवन कारावास या दस साल कारावास और जुर्माना निर्धारित की गई है। या तो ऐसे मामलों की सुनवाई का अधिकार सत्र-न्यायाधीश को होना चाहिए या फिर मजिस्ट्रेट को सुनवाई का ही नहीं, सजा देने का भी अधिकार हो। वरना...उचित न्याय कठिन है।

बहस दुबारा हो

नन्द किशोर रथ बनाम नन्दा उर्फ अनन्त साहेरा व अन्य[66] में 30 जनवरी, 1985, रात आठ बजे, गाँव रांभा, जिला कटक, में आठ साल की लड़की चम्पीना गाँव में कथक देखने जा रही थी कि रास्ते में अभियुक्त उसे पकड़कर घर ले गया और बलात्कार किया। खून से भीगी पैंट पहने लड़की घर पहुँची तो जाकर माँ को बताया। रात करीब नौ बजे पिता घर लौटे तो माँ-बेटी दोनों बैठी रो रही थी। डॉक्टरी रिपोर्ट के अनुसार भी बलात्कार प्रमाणित हुआ लेकिन सत्र न्यायाधीश ने अभियुक्त को बाइज्जत बरी कर दिया और कहा कि, "सिर्फ लड़की के बयान के आधार पर सजा नहीं दी जा सकती और बयान की पुष्टि अन्य प्रमाणों से नहीं हो रही है।" 1986 में सत्र न्यायाधीश के निर्णय के विरुद्ध लड़की के पिता ने उड़ीसा उच्च न्यायालय में पुनर्समीक्षा याचिका दायर की। सुनवाई के बाद उच्च न्यायालय के न्यायमूर्ति श्री बी. गोपालास्वामी ने मुकदमे के तथ्यों, गवाहों और प्रमाणों के साथ सर्वोच्च न्यायालय के अनेक फैसलों के आधार पर निर्णय दिया कि सहायक सत्र न्यायाधीश का निर्णय गलत तर्क और न्यायिक दृष्टिकोण की कमी का परिणाम है जो कानून की निगाह में उचित नहीं ठहराया जा सकता। सत्र न्यायाधीश ने अभियुक्त को छोड़ कर गम्भीर गलती की है और यह मानना भी गलत है कि पीड़ित लड़की की गवाही की पुष्टि के लिए अन्य प्रमाण उपलब्ध नहीं हैं।

चार साल बाद 14 अगस्त, 1990 को न्यायमूर्ति गोपालास्वामी ने मुकदमा, सत्र न्यायाधीश को दुबारा बहस सुनने व कानून के अनुसार शीघ्र-अति-शीघ्र निर्णय करने के लिए वापस भेज दिया। इसके बाद क्या (न्याय) हुआ—कहना कठिन है।

कर्नाटक राज्य बनाम महाबलेश्वर जी नामक[67] मामले में अभियुक्त की उम्र अठारह साल और बलात्कार की शिकार लड़की पलाक्षी की उम्र 15 साल थी। लड़की नवीं कक्षा की छात्रा थी। 3 अक्टूबर, 1977 को दोपहर दो बजे के करीब लड़की स्कूल से लौट

रही थी तो अभियुक्त उसे पकड़ कर पास के जंगल में ले गया जहाँ उसने जबरदस्ती बलात्कार किया। लड़की ने अपनी माँ और भाई को बताया कि अभियुक्त ने जंगल में ले जाकर जबरदस्ती उसे 'बरबाद' किया है।

गिरफ्तारी के बाद मुकदमे की शुरुआत होने से पहले ही पलाक्षी ने आत्महत्या कर ली और इसका लाभ मिला अभियुक्त को क्योंकि सत्र न्यायाधीश और उच्च न्यायालय ने पीड़िता (लड़की) की गवाही न होने की स्थिति में सन्देह का लाभ देते हुए अभियुक्त को बलात्कार के अपराध से बरी कर दिया। हालाँकि चोट पहुँचाने के अपराध में सिर्फ चार महीने कैद की सज़ा सुनाई। राज्य सरकार द्वारा 1979 में दायर सुप्रीम कोर्ट में विशेष अनुमति याचिका की सुनवाई के बाद न्यायमूर्ति श्री एस. रतनेवल पांडियन और एम.एम. पंछी ने कहा कि, "सिर्फ इस कारण कि पीड़िता की मृत्यु हो गई है और वह गवाही के लिए उपलब्ध नहीं है अभियुक्त को बरी नहीं किया जा सकता। अगर अभियुक्त के अपराध को प्रमाणित करने वाले अन्य साक्ष्य उपलब्ध हैं।" सर्वोच्च न्यायालय ने उपलब्ध साक्ष्यों के आधार पर अभियुक्त को बलात्कार के अपराध का दोषी पाते हुए पाँच साल कैद की सज़ा सुनाई। यह दूसरी बात है कि राज्य सरकार द्वारा दायर 1979 की याचिका का फैसला 15 मई, 1992 तक सर्वोच्च न्यायालय के विचाराधीन पड़ा रहा।

बेटी से बलात्कार : 'क्षणिक उत्तेजना'

अब्दुल वहीद बहादुर अली शेख बनाम महाराष्ट्र राज्य[68] वह मुकदमा है जिसमें एक बाप ने खुद अपनी ही सात साल की बेटी प्रवीण के साथ 21 दिसम्बर, 1985 की रात बलात्कार किया। अदालत में बाप के बचाव के लिए वकीलों ने बार-बार सात साल की बेटी से ही पूछा कि वह चीखी क्यों नहीं ? चिल्लाई क्यों नहीं ? शोर क्यों नहीं मचाया ? वही 'बलात्कार' का अनिवार्य कर्मकांड। वही फिल्मी सीन और वह नहीं तो बलात्कार हुआ कहाँ ? हर सम्भव कोशिश यह प्रमाणित करने की कि उसने अपराध नहीं किया, जबकि सारे सबूतों और गवाहों के चेहरों पर अपराध साफ दिखाई दे रहा था।

1988 में सत्र-न्यायाधीश ने बलात्कार के अपराध में उम्र कैद की सज़ा सुनाई लेकिन अपील में बम्बई उच्च न्यायालय के माननीय न्यायमूर्ति श्री एस.एम. दाऊद और एम.एफ. सलदाना ने 16 जनवरी, 1992 को आजीवन कारावास की सज़ा घटाकर 10 साल कैद कर दी। हालाँकि उच्च न्यायालय के न्यायमूर्तियों ने लिखा है, "इस मुकदमे में सत्र-न्यायाधीश ने काफी सख्त, गम्भीर दृष्टिकोण अपनाया है और हमारे विचार से ऐसा ठीक ही किया है। इस तथ्य को ध्यान में रखते हुए कि यौन अपराध अपीलार्थी द्वारा अपनी ही नाबालिग बेटी के साथ किया गया है। यह कारण काफी हद तक अपराध की संगीनता को बढ़ाता है और हमारे विचार से सख्त सज़ा की ही नहीं, बल्कि कड़ी सज़ा की माँग करता है...।"

अपीलार्थी के वकील ने सज़ा कम करने के लिए एक तर्क यह भी दिया कि "इस

केस को उन केसों के बराबर नहीं समझना चाहिए, जिसमें बेबस औरतों व बच्चों पर हवस पूरी करने के लिए क्रूर ताकत का इस्तेमाल किया गया हो। तथ्यों के आधार पर ज्यादा से ज्यादा इसे क्षणिक उत्तेजना का अपराध माना जा सकता है।" दूसरी तरफ सरकारी वकील का कहना था कि बाप द्वारा अपनी ही नाबालिग सात साल की बेटी के साथ बलात्कार से ज्यादा घृणित और जघन्य अपराध और क्या होगा ? इसलिए अपराधी को अधिकतम सज़ा दी जानी चाहिए।

न्यायमूर्तियों ने लिखा है, "हम स्वीकार करते हैं, जैसा कि विद्वान सरकारी वकील ने दर्शाया है कि यह अपराध जघन्य भी है और क्रूरतापूर्ण भी लेकिन यह भी आवश्यक है कि स्थितियों का सम्पूर्ण जायजा लेकर ही निर्णय करना चाहिए। अपीलार्थी झुग्गी में रहता है उसकी गरीबी ने उसे ऐसे कठिन हालात में डाल दिया है कि वह छोटी सी जगह में रहने को विवश है—इसे अनदेखा नहीं किया जा सकता। रिकार्ड बताता है कि उसकी पत्नी उसे तीन साल पहले ही छोड़ कर चली गई थी। अपीलार्थी समाज के सबसे निर्धन वर्ग का व्यक्ति है। शिक्षा से पूर्ण रूप से वंचित होने के कारण संघर्षपूर्ण जीवन व्यतीत करते हुए, उसे सामान्य बोध तक का अवसर नहीं मिल पाया। ...रिकार्ड पर ऐसा कोई तथ्य नहीं है कि अपीलार्थी की यौन अपराध करने की कोई पृष्ठभूमि हो। यहाँ तक कि दुर्व्यवहार तक नहीं। दूसरी तरफ हम देखते हैं कि हालाँकि उसकी पत्नी उसे छोड़ गई है या फिर भी वह नाबालिग बच्चों को तैयार करके स्कूल भेजता है, खाना बनाता है या होटल से लाता है, सारा दिन काम करता है। कभी-कभी उनके लिए खिलौने लाता, जेब खर्च देता और रात को आकर खाना बनाता था। यह वे परिस्थितियाँ हैं जो हमें यह मानने के लिए कहती हैं कि अपीलार्थी की दयनीय स्थिति के कारण, उससे हुई ये क्षणिक भूल थी। एक तरफ अपराध सख्त से सख्त सज़ा की माँग करता है दूसरी तरफ ऐसे कारण हैं जो हमें 'उचित सीमा' में रहने को विवश कर रहे हैं। काफी ध्यान से विचार करने के बाद, हमारे विचार से दस साल कैद की सजा उचित और काफी रहेगी।" क्या यहाँ "इनसैस्ट' की 'थियरी' नहीं दी जा रही ? परिस्थितियों का विवरण बलात्कार की वैधता बताने के लिए दिया जाता है। यह अक्सर होता है। होता रहा है।

पिछले कुछ सालों में पिता द्वारा अपनी ही बेटी (या सौतेली बेटी) के साथ बलात्कार या यौन शोषण और उत्पीड़न के अनेक मामलों ने अदालत का दरवाजा खटखटाया है। इन मामलों में पिता किसी झुग्गी-झोंपड़ी में रहने वाला अनपढ़ या निर्धन व्यक्ति नहीं, 1994 में गृह मन्त्रालय के 'अंडर सेक्रेटरी' के.सी. जाखू एंड पार्टी के विरुद्ध बलात्कार, अप्राकृतिक मैथुन, यौन शोषण और उत्पीड़न और अपहरण का केस दर्ज हुआ था। इसमें जाखू की छह वर्षीय बेटी का आरोप था कि उसके पिता उसे दफ्तर ले जाते। दफ्तर से अपने दोस्तों व महिला मित्रों के साथ होटल। वहाँ वे शराब पीते, ब्लू फिल्म देखते और सामूहिक सम्भोग करते। उसके पिता उसे भी शराब पिलाते, कपड़े उतारते और अँगुली योनि व गुदा में डाल देते। घर में भी रात को माँ व बहिनों

को बेहोश करने के बाद मुख मैथुन करते-करवाते। सत्र-न्यायाधीश ने सब पर अप्राकृतिक मैथुन और मर्यादा भंग करने सम्बन्धी आरोप तो लगाए लेकिन बलात्कार का मुकदमा चलाने से इनकार कर दिया। इस निणर्य के विरुद्ध लड़की की माँ सुदेश जाखू ने उच्च न्यायालय में याचिका दायर की।

अदालती 'आशा और विश्वास'

मगर दिल्ली उच्च न्यायालय के विद्वान न्यायमूर्ति श्री जसपाल सिंह ने अपने निर्णय[68-ए] में दुनिया भर के सन्दर्भ, शोध और निर्णयों का हवाला देते हुए कहा कि लिंगच्छेदन बलात्कार के अपराध की अनिवार्य शर्त है। निर्णय के अन्त में दिशा-निर्देश देते हुए माननीय न्यायाधीश ने गम्भीरतपूर्वक लिखा, "बाल यौन शोषण अत्यन्त गम्भीर और नुकसानदेह अपराधों में से एक है। इसलिए सत्र-न्यायाधीश को चाहिए कि वे इस केस को संवेदनशीलता से चलाएँ और यह भी सुनिश्चित करें कि मुकदमे की कार्यवाही न्यायसंगत हो। उन्हें ध्यान रखना चाहिए कि कोई भी ऐसा सवाल न पूछा जाए जो पेचीदा या उलझाने वाला हो...।" न्यायमूर्ति का यह निर्णय, सचमुच अनेक कारणों से पढ़ने योग्य है। एक जगह तो न्यायमूर्ति आत्मनिरीक्षण करते हुए कहते हैं "इट इज अपालिंग टूॅ वाच द डैथ् एगनी ऑफ ए होप। मिस्टर जेटली वान्टेड मी टू पुश फॉरवर्ड टू द फ्यूचर्स फ्रन्ट लाइंस। टू हिम, परहैप्स, आई रिमेन एन ओल्ड गार्ड हैंकरिंग डाऊन इन द बंकर्स ऑफ़ ट्रैडिशन।"

अखबारों में 'बेटी से बलात्कार' की खबरें प्रायः प्रकाशित होती ही रहती हैं। कभी प्राइवेट कम्पनी में मैनेजर (सुब्रतो राय) द्वारा अपनी अठारह वर्षीय बेटी से बलात्कार, कभी मध्यमवर्गीय (राजकुमार) द्वारा चौदह वर्षीय पुत्री के साथ बलात् सम्भोग, कभी स्कूटर ड्राइवर (अश्विनी सहगल) द्वारा आठ वर्षीय बेटी की 'इज्जत' बरबाद और कभी पिता व भाई दोनों ने मिलकर सोलह वर्षीय बहन-बेटी को अपनी हवस का शिकार बनाया। भारतीय समाज में भी अमानवीयकरण इस कदर बढ़ गया है कि ऐसी खौफनाक दुर्घटनाओं की लगातार पुनरावृत्ति रुकने की सम्भावनाएँ समाप्त या लगभग शून्य हो गई हैं। अधिकांश मामलों में इसका एक मुख्य कारण पति-पत्नी के बीच तनाव, लड़ाई-झगड़ा या अलगाव है, दूसरा कारण है, बेटा न होने का दुःख। बेटियाँ अपने ही घर में, अपने ही पिता, भाई या सम्बन्धियों के बीच भयभीत, आतंकित और असुरक्षित हो जाएँ तो उसे न सम्मान से जीने का कोई रास्ता नजर आता है और न गुमनाम मरने का। बलात्कार की संस्कृति के सहारे पितृसत्ता अजर, अमर नजर आती है।

नारायण इराना पोतकंडी बनाम महाराष्ट्र[68-बी] में सात वर्षीय बच्ची के साथ बलात्कार के मामले में माननीय न्यायमूर्ति श्री एम.एस. वैद्य ने सज़ा के सवाल पर कहा है कि जब कानून में न्यूनतम सज़ा दस साल निर्धारित की गई है तो किसी भी आधार पर सज़ा कम करना न्यायोचित नहीं। मुकदमे के निर्णय में न्यायमूर्ति ने उल्लेख किया है, "अन्त में, दोनों पक्षों के वकीलों ने कहा कि बालिका बलात्कार के मामले लगातार

बढ़ रहे हैं, विशेषकर इस क्षेत्र में। यह बताया गया कि जिला अदालतों द्वारा इस प्रकार के मामलों में बच्चों की गवाही और अन्य साक्ष्यों सम्बन्धी कानूनी प्रावधान या आदेशों का सही ढंग से अनुपालन नहीं किया जा रहा है। इसी वजह से हमने इस बिन्दु पर, विस्तार से विचार किया है। अगर उपरोक्त दलील तथ्यात्मक रूप से सही है तो यह आशा और विश्वास किया जाता है कि भविष्य में, अदालतें इस प्रकार के मामलों में सर्वोच्च न्यायालय और गुजरात उच्च न्यायालय के फैसलों के अनुसार ही कानून और प्रक्रिया का प्रयोग करेंगे।" हम उम्मीद ही कर सकते हैं कि 'आशा और विश्वास' भरे ऐसे दिशा-निर्देश, सर्वोच्च न्यायालय से सत्र न्यायालय वाया उच्च न्यायालय शीघ्र समय से पहुँच जाएँगे।

इतनी सख्त सज़ा न्यायोचित नहीं !

उल्लेखनीय है कि कम उम्र की लड़कियों के साथ बलात्कार करने वाले युवक की उम्र अगर पच्चीस साल से अधिक नहीं है तो अधिकांश मामलों में, इसी आधार पर न्यायमूर्तियों ने सज़ा कम की है। कुछ मामलों में तो इतनी कम कि पढ़-सुन कर आश्चर्य होता है। उदाहरण के लिए अभियुक्त की उम्र बाइस साल है और वह कोई पेशेवर अपराधी नहीं है। इसलिए चार साल कैद की सजा घटाकर दो साल की जाती है।[69] अपराध के समय अभियुक्त की उम्र सोलह साल थी। इसलिए सज़ा घटाकर पच्चीस दिन कैद की जाती है, जो वह पहले ही भुगत चुका है।[70] अभियुक्त इक्कीस वर्षीय नौजवान है, जिसे पाँच साल कैद की सज़ा दी गई है। सात साल मुकदमा चलता रहा और अभियुक्त आठ महीने कैद काट चुका है। ऐसी हालत में उसकी सज़ा आठ महीने की काफी है। हाँ ! कम सज़ा के बदले में 1000 रुपए जुर्माना देना पड़ेगा।[71] अभियुक्त की उम्र सिर्फ सत्रह-अठारह साल है। बलात्कार के अपराध में तीन साल कैद और एक हजार रुपए जुर्माने की सज़ा घटाकर सात महीने कैद करना उचित है, जो वह पहले ही काट चुका है। जुर्माना देने की कोई जरूरत नहीं।[72] अभियुक्त की उम्र सोलह से अठारह वर्ष के बीच है। सज़ा में उदारता का अधिकारी है। पाँच साल कैद की सज़ा घटा कर ढाई साल करना न्यायोचित है। ढाई साल कैद में वह पहले ही रह चुका है।[73] अभियुक्त की उम्र सोलह साल और बारह साल की बच्ची से बलात्कार की सज़ा दो साल कैद। अपराधियों के प्रति मानवीय दृष्टिकोण को देखते हुए—एक साल कारावास और एक हजार रुपए जुर्माना।[74] उम्र बाइस साल और नौ वर्षीय बालिका से बलात्कार की सज़ा सात साल कैद। बहुत हिंसा की है मगर गुप्तांगों पर कोई चोट नहीं। सज़ा कम करके पाँच साल जेल। 'न्याय का उद्देश्य' पूरा हो जाएगा।[75] दस साल की लड़की के साथ बलात्कार के अपराध में सत्रह वर्षीय युवक की सज़ा पाँच साल से कम करके चार साल कैद करने से भी 'न्याय का लक्ष्य' पूर्ण हो जाएगा।[76] अभियुक्त की उम्र मुश्किल से तेरह साल है। दो वर्षीय बच्ची के साथ बलात्कार की सज़ा चार साल कैद से घटाकर, एक साल कैद और दो हजार रुपए जुर्माना किया जाता है। लम्बी कैद की

सज़ा अभियुक्त को कठोर अपराधी बना देगी। जुर्माना वसूल हो जाए तो रकम हर्जाने के रूप में लड़की की माँ को दे दी जाए। बाल अपराधियों के मामलों में समसामयिक अपराध शास्त्र के अनुसार मानवीय दृष्टिकोण अपनाना अनिवार्य है।[77]

किशोरों को जेल या सुधार गृह

बच्चियों से बलात्कार के मामलों में किशोरों और 'टीन एजर' युवकों की संख्या लगातार बढ़ती जा रही है। पन्द्रह वर्षीय युवक द्वारा सात वर्षीय बच्ची के साथ बलात्कार के अपराध में सत्र-न्यायाधीश ने दस साल कैद और पाँच सौ रुपए जुर्माना की सज़ा सुनाई। लेकिन उच्च न्यायालय के न्यायमूर्ति ने 1990 में अपील स्वीकार करते हुए कहा, "अभियुक्त को जेल भेजने का अर्थ, इसे खूँख्वार अपराधी बनाना होगा। किशोर न्याय अधिनियम, 1986 और दण्ड प्रक्रिया संहिता, 1973 की धारा 361 के अनुसार किशोर अपराधियों को जेल में नहीं, बल्कि सुधार गृहों में रखा जाना चाहिए।" अभियुक्त को तीन साल के लिए आन्ध्र प्रदेश ब्रोस्टल के स्कूल में भेजने के आदेश देते हुए न्यायमूर्ति ने जुर्माना वापिस करने के भी आदेश दिए।

अभियुक्त के वकील ने सज़ा कम करवाने का एक तर्क यह भी दिया था कि "लड़का होटल में काम करता है और वयस्क यात्रियों को 'ब्लू फिल्म' व अन्य यौन क्रीड़ाएँ करते हुए देख-देख कर स्वयं भी अनुभव करने की इच्छा के फलस्वरूप ऐसा अपराध करने को उत्प्रेरित हुआ होगा। यह उसे छोड़ देने के लिए कोई उचित बहाना नहीं है, पर सज़ा के सवाल पर विचारणीय अवश्य है।" बचाव पक्ष के वकील ने न्यायमूर्ति ओ. चिन्नप्पा रेड्डी द्वारा लिखी एक पुस्तक की भूमिका से दोहराया— "आपराधिक कानून का उद्देश्य सिर्फ अपराधियों को पकड़ना, मुकदमा चलाना और सज़ा देना ही नहीं है, बल्कि अपराध के असली कारणों को भी जानना है। कानून का अन्तिम ध्येय अपराधियों को सिर्फ सज़ा देना ही नहीं है। जब भी, जहाँ सम्भव हो उन्हें सुधारना भी है।[78]

उपरोक्त निर्णय के विपरीत इसी उच्च न्यायालय के न्यायमूर्तियों ने कुछ साल पूर्व 1984 में कहा था—

'सर्वज्ञात तथ्य है कि इधर कमजोर वर्ग, उदाहरण के लिए स्त्रियों पर अपराधों की संख्या बेतहाशा बढ़ रही है और ऐसे अपराधों को रोकना एक समस्या बन गया है। अब यह राष्ट्रीय बहस का मुद्दा है कि औरतों पर बढ़ रहे हिंसक अपराधों को रोकने के लिए क्या उपाय किए जाएँ। अगर अपराधियों को 'प्रोबेशन ऑफ औफेन्डर्स एक्ट' की लाभदायक धाराओं के अन्तर्गत ऐसे अपराधों में भी छोड़ दिया जाएगा तो यह निश्चित रूप से औरतों के विरुद्ध अपराधों को बढ़ावा ही देगा। यही नहीं निर्दोष बच्चियों के विरुद्ध ऐसे अपराधों को रोकना एकदम असम्भव हो जाएगा। अगर ऐसे अपराधों को रोका नहीं गया तो सामाजिक सन्तुलन व औरतों के स्वतन्त्रतापूर्वक आने-जाने के लिए ही धमकी बन जाएगा। और समाज की सुरक्षा के लिए भयंकर

खतरा।"[79]

निःसन्देह सामाजिक परिप्रेक्ष्य से परे हटते ही, न्यायमूर्ति की आँखों के सामने भ्रामक मिथ और मानसिक मकड़जाल छाने लगता है। गवाहों, साक्ष्यों, रिपोर्टों, दस्तावेजों और स्थितियों के बीच, तकनीकी विसंगतियाँ और अन्तर्विरोध अनेक प्रकार से दिशाभ्रमित करते हैं। डॉक्टरी रिपोर्ट, पुलिस जाँच में घपले, सालों बाद गवाही में स्वाभाविक भूल, बचाव पक्ष के वकीलों द्वारा गढ़े तर्क (कुतर्क), नई-पुरानी हजारों नजीरें और वर्षों फैसला न होने (करने) का दबाव या अपराध बोध, यानी सब अभियुक्त के पक्ष में ही तो होता रहता है। जब तक सन्देह से परे तक अपराध सिद्ध न हो, अभियुक्त को निर्दोष माना जाएगा, और पूरी व्यवस्था उसे बचाने में लगी रहती है। परिणामस्वरूप अधिकांश (96 प्रतिशत) अभियुक्त बाइज्जत रिहा हो जाते हैं या सन्देह का लाभ पाकर मुक्त। जिन्हें बचाव का कोई (चोर) रास्ता नहीं मिल पाता, वे अपराधी भी किसी-न-किसी आधार पर न्यायमूर्ति से रहम की अपील मंजूर करवा ही लेते हैं। सज़ा कम करने के अनेक 'उदारवादी' निर्णय उपलब्ध हैं। सज़ा बढ़ाने के फैसले अपवादस्वरूप ही मिल सकते हैं। कुछ मामलों में तो न्यायमूर्तियों द्वारा सज़ा कम करने का एकमात्र कारण है—सालों से अपील की सुनवाई या फैसला न होना। अब इतने साल बाद सज़ा देने से भी क्या लाभ ?

संसद द्वारा बनाए सम्बन्धित कानूनों की भाषा और परिभाषा दोनों ही, आमूल-चूल संशोधन माँगती हैं। मगर विधि आयोग द्वारा संशोधन की सिफारिशों पर राष्ट्रीय बहस बाकी है। कानूनी लूपहोल या गहरे गड्ढों के रहते, यौन हिंसा की शिकार स्त्री के साथ न्याय असम्भव है। अक्सर यह कहा जाता है कि कानून तो बहुत बने-बनाए गए हैं लेकिन उनका पालन सही ढंग से नहीं हो रहा है। काफी दार्शनिक अन्दाज में यह भी बार-बार सुनने में आता है कि सिर्फ कानून बनाने से समस्या का समाधान नहीं हो सकता। नहीं होगा। समाधान के लिए समाज में जागरूकता, स्त्रियों में चेतना और पुरुष मानसिकता में बदलाव अनिवार्य है। बिना शिक्षा के यह सब कैसे होगा ? सभी को शिक्षित करने योग्य संसाधन ही नहीं हैं। और ऊपर से देश की जनसंख्या लगातार बढ़ती जा रही है। ऐसे में विधायिका या न्यायपालिका या कार्यपालिका भी क्या कर सकती है ?

विकल्प की तलाश

दिल्ली के अतिरिक्त सत्र न्यायाधीश श्री एम.एम. अग्रवाल ने, 24 अगस्त, 1990 को जगदीश प्रसाद को साढ़े तीन वर्षीया ममता के साथ बलात्कार के अपराध में आजीवन कारावास की सज़ा सुनाई। 5 सितम्बर, 1990 को यह भी निर्देश दिया कि "जब तक संसद में ऐसे मामलों में अनिवार्य बन्ध्याकरण का कानून नहीं बनाती, मुझे लगता है कि जघन्य अपराध के अपराधियों को स्वैच्छिक रूप से बन्ध्याकरण के लिए प्रोत्साहित करने की कोई शुरुआत की जानी चाहिए, ताकि ऐसे लोगों को जेल में बन्दी रखने की

बजाए उनका कुछ लाभ/उपयोग उनके परिवार वाले उठा सकें। इसलिए मैं ऐसा निर्णय ले रहा हूँ कि अपराधी जगदीश, स्वेच्छा से बन्ध्याकरण का आप्रेशन, किसी सरकारी अस्पताल से करवा ले (उच्च न्यायालय दिल्ली की पूर्व-सहमति से) तो उसकी कैद की सज़ा माफ मानी जाएगी।"

कानून और न्याय के इस ऐतिहासिक प्रथम 'क्रान्तिकारी' फैसले की, बहुत दिनों तक राष्ट्रीय पत्र-पत्रिकाओं में चर्चा (बहस) होती रही। होनी ही थी।

निर्णय के खिलाफ अपील में उच्च न्यायालय के न्यायमूर्ति श्री पी.के. बाहरी ने पाया कि इस मामले में पुलिस के जाँच अधिकारियों ने शैतानीपूर्वक गड़बड़ियाँ (घपले) की हैं। हालाँकि सत्र-न्यायाधीश ने इनकी खूब प्रशंसा की है। बच्ची के योनिद्वार की झिल्ली थोड़ी फटी हुई पाई गई लेकिन यह जरूरी नहीं है कि ऐसा अपीलार्थी द्वारा लिंगच्छेदन के कारण हुआ हो। सर्वज्ञात है कि इतनी छोटी बच्ची के गुप्तांगों पर हल्का सा भी दबाव पड़ने से झिल्ली फट सकती है। ऐसा लगता है कि अभियुक्त अपनी हवस के कारण, लड़की से बलात्कार करना चाहता था। मगर लड़की के माँ-बाप के मौके पर पहुँचने के कारण कर नहीं पाया। अभियुक्त बलात्कार करने का अपराधी नहीं, बल्कि बलात्कार का प्रयास करने का अपराधी है। अपीलार्थी की सज़ा भारतीय दंड संहिता की धारा 376 की अपेक्षा, धारा 511 की तहत बदली जाती है। वह साढ़े सात साल कैद की सज़ा पहले की काट चुका है। अब उसे रिहा कर दिया जाए।

बन्ध्याकरण के विषय में न्यायमूर्तियों का विचार था, "विद्वान सत्र-न्यायाधीश ने स्वेच्छा से बन्ध्याकरण का आदेश देकर ठीक नहीं किया। ऐसा आदेश पूर्णतया गैर-कानूनी है, क्योंकि उच्च न्यायालय के नियमों में ऐसा कोई प्रावधान नहीं है। न्याय मौजूदा कानून के आधार पर ही किया जाना चाहिए, न कि ऐसे संगीन अपराधों को रोकने के लिए क्या कानून होना चाहिए के आधार पर। कानून में ऐसा कोई प्रावधान नहीं है कि अगर बलात्कार का अपराधी स्वेच्छा के बन्ध्याकरण करवा ले तो कानून द्वारा निर्धारित न्यूनतम सजा, अदालत द्वारा माफ की जा सकती है। वही सज़ा दी जानी चाहिए जो कानून निर्माताओं (संसद) ने निर्धारित की है। अतिरिक्त सत्र-न्यायाधीश को ऐसा प्रस्ताव जो कानून के अनुसार नहीं है देने से, अपने आप को रोकना चाहिए था।"[80]

विद्वान सत्र-न्यायाधीश द्वारा बन्ध्याकरण (कॉस्ट्रेशन) के आदेश का असली उद्देश्य अभियुक्त के परिवार को लाभ पहुँचाना है या अपराधी का 'पुरुष चिह्न' (लिंग) नष्ट करके अपमानित करना ? ऐसा करके वे कोई 'नई शुरुआत' कर रहे हैं या महान् भारतीय संस्कृति की न्याय व्यवस्था के अतीत में लौट रहे हैं ? कॉस्ट्रेशन का अर्थ बन्ध्याकरण या बधिया करना है और बधिया सिर्फ बैल या बकरे जैसे जानवरों को ही किया जा सकता है। पुरुषों को बधिया नहीं किया जा सकता। हाँ ! नसबन्दी हो सकती है लेकिन उससे सम्भोग क्षमता पर क्या असर पड़ेगा ? खैर...उच्च न्यायालय के न्यायमूर्तियों द्वारा ऐसे आदेश को गैर-कानूनी ही ठहराया जाएगा। कानून और न्याय-सम्मत कैसे ठहराया जा सकता है? अब तो न ऐसा कोई नियम है और न कानून। बलात्कार

का अपराध भले ही 'जघन्यतम और क्रूरतम' माना जाता हो, लेकिन सज़ा सख्त या कठोर होने की बजाए 'मानवीय' और 'न्यायोचित' ही होनी चाहिए। होती है। अपराधी, पितृसत्तात्मक समाज की गन्दगी या कूड़ा है, लेकिन आखिर है तो उसी की पुत्राधिकारी। स्वयं अपने पुत्रों को 'नपुंसक' या 'पौरुषहीन' होने की सज़ा कैसे दें ? सत्ता पर पूर्ण नियन्त्रण के लिए 'बलात्कार का भय' या 'आतंक' भी तो बनाए रखना जरूरी है। वरना 'पुरुष वर्चस्व' ही समाप्त हो जाएगा। वैसे भी 'सभ्य समाज' में ऐसी सज़ा देना बर्बर और अमानवीय ही माना जाएगा। नहीं, ऐसे विकल्प समस्या का समाधान नहीं।

महान भारतीय संस्कृति

इस सन्दर्भ में सिर्फ इतना और कि प्राचीन भारत में—समान जाति की स्त्री के साथ बलात्कार करने पर पुरुष की सम्पूर्ण सम्पत्ति छीन कर व उसके गुप्तांग काट, कर उसे गधे पर चढ़ाकर घुमाया जाता था। मगर हीन जाति की स्त्री के साथ बलात्कार में उपर्युक्त दंड का आधा दंड ही दिया जाता था। यदि स्त्री उच्च वर्ग की होती थी तो अपराधी के लिए मृत्युदंड था और सम्पति छीन ली जाती थी। स्त्री के साथ धोखे से सम्भोग करने पर पुरुष को सम्पूर्ण सम्पत्ति से वंचित करके उसके मस्तक पर स्त्री के गुप्तांग चिन्हित करके नगर से निष्कासित कर दिया जाता था।...बृहस्पति ने नीची जाति के पुरुष द्वारा उपभोग की गई उच्च जाति की निर्दोष स्त्री को भी मृत्युदंड देने की व्यवस्था दी है। याज्ञवल्क्य और नारद के अनुसार जब कोई व्यक्ति किसी अविवाहित कन्या की इच्छा के विरुद्ध उससे सम्बन्ध रखता था तो उस व्यक्ति की दो अँगुलियाँ काट ली जाती थीं, किन्तु कन्या के उच्चवर्णी होने की स्थिति में उस व्यक्ति की सम्पत्ति छीन कर उसे मृत्युदंड दिया जाता था। कौटिल्य ने इस सन्दर्भ में कुछ भेद किए हैं। जो पुरुष स्वजाति की अरजस्वला कन्या को दूषित करे, उसका हाथ कटवा दिया जाए अथवा चार सौ पण दंड दिया जाए। यदि कन्या मर जाए तो पुरुष को प्राण दंड दिया जाए। रजस्वला हो चुकी कन्या की स्थिति में पुरुष की मध्यमा व तर्जनी अँगुलियाँ काट दी जाएँ अथवा दो सौ पण दंड दिया दिया जाए और कन्या का पिता, जो भी क्षतिपूर्ति चाहे उसे प्राप्त कराई जाए।...वेश्या से बलात्कार का दंड बारह पण एवं दंड से सोलह गुना शुल्क, गणिका को देने का नियम था।

माता, मौसी, सास, भाभी, बुआ, चाची, ताई, मित्र-पत्नी, बहन, बहन-सी मित्र, पुत्रवधु, पुत्री, गुरु-पत्नी, सगोत्र, शरणागत, रानी, संन्यासिनी, धाय, ईमानदार स्त्री एवं उच्चवर्णी स्त्री के साथ सम्भोग करने वाले पुरुष का गुप्तांग काट दिया जाता था।[81]

बलात्कारी को मृत्युदंड

कुछ माह पूर्व गृहमन्त्री लालकृष्ण आडवाणी ने भी 'हवाई घोषण' की थी कि उनकी सरकार, बलात्कार के अपराधियों को मृत्युदंड देने का कानून बनाएगी। इस बयान की गम्भीरता, राजनीतिक भाषा और सम्भावना को समझने के लिए सिर्फ यह जान लेना

काफी होगा कि सर्वोच्च न्यायालय कई बार यह कह चुका है कि मृत्युदंड सिर्फ हत्या के 'दुर्लभतम में दुर्लभ' मामलों में ही दिया जाना चाहिए। परिणामस्वरूप आज तक दहेज हत्या या वधुदहन के एक भी मामलों में फाँसी नहीं दी गई है। ऐसे जिन मामलों में फाँसी की सज़ा सुनाई भी गई थी, उन्हें उच्च न्यायालयों या सर्वोच्च न्यायालयों के न्यायमूर्तियों ने आजन्म कैद में बदल दिया। इसी प्रकार बच्चों से बलात्कार और हत्या के मामलों में भी (सिवा जुम्मन खान (1991) अपराधी को फाँसी की बजाए) उम्र कैद की सज़ा ही सुनाई गई है। ऐसी स्थिति में (सिर्फ) बलात्कार के अपराधी को मृत्युदंड कैसे दिया जा सकेगा ? अगर बलात्कारी के लिए मृत्युदंड का प्रावधान भी बन जाए, तो क्या वैधानिक और न्यायिक दृष्टिकोण भी बदला जाएगा ? संसद में बैठे पुरुष प्रतिनिधि क्या ऐसा कानून बनने देंगे ? 'सहमति' और 'बदचलनी' के कानूनी हथियारों का क्या होगा ? दहेज हत्याओं में मृत्युदंड का प्रावधान समाप्त करके, उम्र कैद का कानून (धारा 304 बी) बनाने वाली 'पुरुष पंचायत' बलात्कार के अपराधियों को सजा़-ए-मौत देने का कानून बनाएगी ! कैसे ? कब ? विशेषकर जब दुनिया-भर में मृत्युदंड समाप्त करने की बहस और मानवाधिकारों का शोर हो।

और अन्त में...आत्मरक्षा

यशवन्त राव बनाम मध्य प्रदेश राज्य[82] में अभियुक्त पर आरोप था कि उसने 5 अप्रैल, 1985 को लखन सिंह नाम के व्यक्ति की कुदाली से हत्या की है। सत्र-न्यायाधीश ने अभियुक्त को हत्या का अपराधी तो नहीं माना लेकिन गम्भीर चोट पहुँचाने के अपराध में एक साल कैद की सज़ा सुनाई। मध्य प्रदेश उच्च न्यायालय ने अपील में यह सज़ा अब तक भुगती जेल की सज़ा में बदल दी, जिसके विरुद्ध में अभियुक्त ने सर्वोच्च न्यायालय में विशेष अनुमति याचिका दायर की।

सर्वोच्च न्यायालय के न्यायमूर्ति श्री कुलदीप सिंह और योगेश्वर दयाल ने 4 मई, 1992 को अपने अभूतपूर्व ऐतिहासिक फैसले में लिखा है कि अभियुक्त को अपने बचाव का अधिकार है, जो इस मामले में भी लागू होता है, जब अभियुक्त की पन्द्रह वर्षीया बेटी के साथ मृतक बलात्कार कर रहा था। न्यायमूर्तियों ने कहा कि अभियुक्त के बचाव में सबसे पहले पुलिस में दर्ज रपट है, जिसमें अभियुक्त ने शिकायत की है कि उसकी नाबालिग बेटी छाया घर के पिछवाड़े शौच के लिए गई थी, जहाँ मृतक ने उसे पकड़ लिया और शोर सुनकर वह वहाँ पहुँचा तो मृतक अपने बचाव में भाग खड़ा हुआ था। इस तरह वह दीवार से टकराया और पथरीली जमीन पर गिर कर जख्मी हो गया।

सत्र न्यायाधीश का विचार था कि नाबालिक लड़की, जिसकी उम्र पन्द्रह साल है, अपनी सहमति से जब लखन सिंह के साथ सम्भोग कर रही थी, तब अभियुक्त ने उसे चोट पहुँचाई है। लड़की खुद लखन सिंह को घर से बुला कर लाई थी। अभियुक्त ने अपनी बेटी को लखन सिंह के साथ सम्भोग करते देखा तो उसने उत्तेजना व गुस्से में

मृतक पर हमला कर दिया।

सर्वोच्च न्यायालय ने अपने निर्णय में उल्लेख किया है कि अभियुक्त ने अपने बचाव के अधिकार का तर्क, सत्र न्यायाधीश के सामने भी रखा था। लेकिन सत्र न्यायाधीश ने सिर्फ इतना ही ध्यान दिया कि अभियुक्त ने चोट उत्तेजना और गुस्से में पहुँचाई है। इससे आगे मामले की जाँच नहीं की। इस बात से कोई फर्क नहीं पड़ता कि सम्भोग सहमति से हो रहा था या बिना सहमति के। तथ्य यह है कि छाया की उम्र पन्द्रह साल थी और लखन सिंह द्वारा किया कृत्य भारतीय दण्ड संहिता, 1860 की धारा 376 उपधारा 6 के अन्तर्गत बलात्कार ही माना जाएगा। पंचनामे से स्पष्ट है कि बलात्कार का प्रयास या सम्भोग पूरा नहीं हुआ था और इसी बीच अभियुक्त ने मृतक पर वार किया था। मेडिकल रिपोर्ट के अनुसार भी मृत्यु कुदाली से चोट लगने की वजह से नहीं हुई है, बल्कि 'जीवर' फटने से हुई है। कारण कुछ भी हो बचाव का अधिकार अभियुक्त को तब भी है, जब कोई उसकी बेटी के साथ बलात्कार कर रहा हो।

सर्वोच्च न्यायालय का यह निर्णय बेहद महत्त्वपूर्ण निर्णय कहा जा सकता है क्योंकि कानूनी अधिकारों के बारे में अनभिज्ञ माँ-बाप अक्सर ऐसे मौके पर बलात्कारी को खुद कुछ कहने-सुनने या मारने-पीटने की बजाए, थाने में जाकर शिकायत करते हैं। शायद डर भी लगता है कि कहीं खुद ही कानून के जंजाल में न फँस जाएँ। परन्तु इस निर्णय से स्पष्ट है कि बेटी, बहू, या बहन या किसी रिश्तेदार के साथ बलात्कार होता देखकर, बलात्कारी की हत्या तक कर देने में भी 'बचाव का अधिकार' (राइट ऑफ प्राइवेट डिफेंस) एक कानूनी अधिकार भी है और बलात्कारियों से निपटने का हथियार भी।

स्त्रियाँ स्वयं अपने बचाव में हथियार उठाने के कानूनी अधिकार का प्रयोग कर सकती हैं। दिल्ली में अभी कुछ दिन पहले एक 14 वर्षीय लड़की ने बलात्कार का प्रयास करने वाले व्यक्ति की हत्या कर दी थी। निःसन्देह उसे अपने बचाव में, हत्या करने का अधिकार मिलेगा। बलात्कारी कानूनी प्रक्रिया में सजा से बच सकता है। लेकिन जिस दिन औरतें खुद हथियार उठा लेंगी, उसे कोई नहीं बचा सकता। दरअसल भेड़ियों के समाज में बच्चियों को असुरक्षित और निहत्था छोड़ने के बजाए उन्हें जूडो, कराटे और गोली, गंडासा, दरांती चलाना सीखने या सिखाने की जरूरत है और यह भी बताने की जरूरत है कि अपनी सुरक्षा में, अपने बचाव में की गई हत्या भी कोई अपराध नहीं है।

सन्दर्भ

1. महावीर बनाम राज्य 55 (1994) दिल्ली लॉ टाइम्स 428
2. सिद्धेश्वर गाँगुली बनाम पश्चिम बंगाल, ए.आई.आर, 1958 सुप्रीम कोर्ट, 143
3. ए.आई.आर. 1927 लाहौर 858
4. ए.आई.आर. 1928 पटना 326
5. ए.आई.आर. 1963 पंजाब 443
6. 1963 क्रिमिनल लॉ जरनल 391
7. 4 ऑल इण्डिया क्रिमिनल डिविजन 469
8. 1991 क्रिमिनल लॉ जरनल 939
9. वही, पृष्ठ 942
10. रफीक बनाम उत्तर प्रदेश (1980) सुप्रीम कोर्ट केसस 262
11. ए.आई.आर. 1923 लाहौर 297
12. ए.आई.आर. 1980 सुप्रीम कोर्ट 559
13. 23 क्रिमिनल लॉ जरनल 475
14. ए.आई.आर. 1924 लाहौर 669
15. ए.आई.आर. 1927 रंगून 67
16. ए.आई.आर. 1934 कलकत्ता 7
17. ए.आई.आर. 1935 लाहौर 8
18. ए.आई.आर. 1939 रंगून 128
19. ए.आई.आर. 1944 नगापुर 363
20. ए.आई.आर. 1947 इलाहाबाद 393
21. ए.आई.आर. 1949 कलकत्ता 613
22. ए.आई.आर. 1949 इलाहाबाद 710
23. ए.आई.आर. 1950 लाहौर 151
24. ए.आई.आर. 1950 नागपुर 9
25. ए.आई.आर. 1952 सुप्रीम कोर्ट 54
26. ए.आई.आर. 1955 पटना 3245
27. पडरिया बलात्कार कांड में न्यायाधीश ओ.पी. सिन्हा का फैसला
28. ए.आई.आर. 1977 सुप्रीम कोर्ट 1307
29. ए.आई.आर. 1970 सुप्रीम कोर्ट 1029
30. ए.आई.आर. 1973 सुप्रीम कोर्ट 343
31. तुकाराम बनाम महाराष्ट्र (ए.आई.आर. 1979 सुप्रीम कोर्ट 185)
32. फूलसिंह बनाम हरियाणा (ए.आई.आर. 1980 सुप्रीम कोर्ट 249,
33. भोगिन भाई हिरजी भाई बनाम गुजरात (ए.आई.आर. 1983 सुप्रीम कोर्ट 753)
34. ए.आई.आर. 1989 सुप्रीम कोर्ट 937
35. ए.आई.आर. 1990 सुप्रीम कोर्ट 538
36. ए.आई.आर. 1981 सुप्रीम कोर्ट 361
37. महाराष्ट्र बनाम चन्द्रप्रकाश केवल चन्द जैन ए.आई.आर. 1990 सुप्रीम कोर्ट 658
38. ए.आई.आर. 1927 लाहौर 772

39. छिद्दा राम बनाम दिल्ली प्रशासन, 1992 क्रिमिनल लॉ जरनल 4073
40. ए.आई.आर. 1990 सुप्रीम कोर्ट 658
41. 1992 क्रिमिनल लॉ जरनल 715
42. ए.आई.आर. 1962 मद्रास 31, ए.आई.आर. 1991 सुप्रीम कोर्ट 207
43. 1992 क्रिमिनल लॉ जरनल 1666
44. 1994 क्रिमिनल लॉ जरनल 3044
45. 1988 (4) आर.सी.आर. (क्रिमिनल) 600
46. 1988 (4) आर.सी.आर. (क्रिमिनल) 207
47. 1988 (3) आर.सी.आर. (क्रिमिनल) 692
48. 1991 क्रिमिनल लॉ जरनल 2859
49. 1994 क्रिमिनल लॉ जरनल 248
50. 1994 क्रिमिनल लॉ जरनल 1529
51. 1983 ऑल क्रिमिनल लॉ रिपोर्ट 687
51-ए. 1987 (2) ऑल क्रिमिनल लॉ रिपोर्ट 844
52. 1991 क्रिमिनल लॉ जरनल 439
53. 1993 क्रिमिनल लॉ जरनल 852
54. 1994 क्रिमिनल लॉ जरनल 2360
55. विनोद कुमार बनाम राज्य, 1994 क्रिमिनल लॉ जरनल 2360
56. ए.आई.आर. 1929 लाहौर 584
57. 1977 क्रिमिनल लॉ जरनल 556
58. 1987 क्रिमिनल लॉ जरनल 557
59. रामरूप दास बनाम राज्य, 1993 क्रिमिनल लॉ जरनल 1000
60. जगदीश प्रसाद बनाम राज्य, 58 (1995) दिल्ली लॉ टाइम्स 740
61. बलवान सिंह बनाम हरियाणा राज्य, 1994, क्रिमिनल लॉ जरनल 2810
62. रामचित राजभर बनाम पश्चिम बंगाल, 1992 क्रिमिनल लॉ जरनल 372
63. नाला राम बाबु बनाम आन्ध्र प्रदेश राज्य, 1992 क्रिमिनल लॉ जरनल 324
64. वी. लक्ष्मी नारायण बनाम पुलिस निरीक्षक, 1992 क्रिमिनल लॉ जरनल 334
65. ओमी उर्फ ओम प्रकाश बनाम उत्तर प्रदेश राज्य, 1994 क्रिमिनल लॉ जरनल 155
66. 1991 क्रिमिनल लॉ जरनल 835
67. 1992 क्रिमिनल लॉ जरनल 3786
68. 1993 क्रिमिनल लॉ जरनल 977
68-ए. 63 (1996) दिल्ली लॉ टाइम्स 563
68-बी. 1994 क्रिमिनल लॉ जरनल 1752
69. फूल सिंह बनाम पंजाब राज्य, ए.आई.आर. 1980 सुप्रीम कोर्ट 249
70. 1979 चण्डीगढ़ क्रिमिनल केसम 163
71. 1979 राजस्थान क्रिमिनल केसस 234
72. 1979 राजस्थान क्रिमिनल केसस 56
73. 1978 राजस्थान क्रिमिनल केसस 426
74. 1977 (2) राजस्थान क्रिमिनल केसस 157
75. 1976 (1) राजस्थान क्रिमिनल केसस 310
76. 1976 राजस्थान क्रिमिनल केसस 258

77. काकू बनाम हिमाचल प्रदेश ए.आई.आर. 1976 सुप्रीम कोर्ट 1991
78. रीपिक रविन्द्र बनाम आन्ध्र प्रदेश, 1991 क्रिमिनल लॉ जरनल 595
79. इप्पिती त्रीनाथ राव बनाम आन्ध्र प्रदेश, 1984, क्रिमिनल लॉ जरनल 1254
80. जगदीश बनाम दिल्ली राज्य 57 (1955) दिल्ली लॉ टाइम्स 761
81. प्राचीन भारत में न्याय व्यवस्था, नताशा अरोड़ा।
82. 1992 क्रिमिनल लॉ जरनल 2779.

पिता–पुत्री संवाद

नई दिल्ली
8 मार्च, 1998

प्रिय बिटिया सरस्वती
शुभाशीर्वाद
('मे यू बी द मदर ऑफ हंड्रेड संस')

तुम्हारा पत्र मिला और साथ में सुधीर चन्द्रा की 'एंस्लेव्ड डाटर्स'।[1] व्यस्तता के बावजूद पुस्तक पढ़ी। विशेषकर 'रेखांकित' पंक्तियाँ। तुम्हारी संक्षिप्त टिप्पणी सचमुच 'शोध ग्रन्थ' लगता है। संसद, संविधान, समाज, धर्म, कानून, न्याय, परिवार, पूँजी और पितृसत्ता के सन्दर्भ में तुम्हारी कड़ुवाहट के पीछे छुपी पीड़ा को मैं समझ सकता हूँ। लेकिन...

स्वीकार करता हूँ कि मैंने ईश्वर की शपथ लेकर कहा था, "मैं कानून द्वारा स्थापित भारत के संविधान के प्रति सच्ची श्रद्धा और निष्ठा रखूँगा। मैं भारत की प्रभुता और अखण्डता अक्षुण्ण रखूँगा। मैं सम्यक प्रकार से तथा श्रद्धापूर्वक अपनी पूरी योग्यता, ज्ञान और विवेक से अपने पद के कर्त्तव्यों का भय या पक्षपात, अनुराग या द्वेष के बिना पालन करूँगा। मैं संविधान और कानूनों की मर्यादा बनाए रखूँगा।"[2] मेरे लिए अदालत हमेशा 'न्याय मन्दिर' और कानून (संविधान) गीता, बाइबिल और कुरान की तरह पवित्र रही है। तुम्हें तो कम-से-कम मेरी श्रद्धा, निष्ठा, योग्यता, ज्ञान, विवेक, निष्पक्षता और चरित्र के बारे में, रत्ती भर भी शंका, सन्देह या अविश्वास नहीं होना चाहिए। मैं तो सदा एक 'सजग प्रहरी' की तरह संविधान, कानून और न्याय की मर्यादा की रक्षा करता रहा हूँ और करता रहूँगा। मेरी कलम से लिखा हर शब्द कानून बन जाता (समझा जाता) है। इसलिए कानून की भाषा-परिभाषा के विषय में अतिरिक्त सावधान रहता हूँ। शब्दों की शतरंज खेलना वास्तव में बहुत खतरनाक खेल है। खेल नहीं, बल्कि 'वार ऑफ वर्ड्स' या 'वर्ड्स ऑफ वार' कहना ज्यादा सही होगा। जानता हूँ कि फैसले सुनाने का मतलब, इन्साफ करना नहीं होता।...नहीं होता...। लेकिन....।

कहने की जरूरत नहीं कि "मैं (हम) भी आदमी हूँ और गलती कर सकता हूँ। सन्तोष की बात है कि मैं (हम) अन्तिम अदालत नहीं और मेरे (हमारे) ऊपर भी एक अदालत है। अगर मेरा (हमारा) फैसला गलत है, तो वह (ऊपर वाला !) सही कर

देगा।"[3] सम्भव है कुछ कानूनी प्रावधान स्त्रियों के पक्ष में न हों परन्तु लिंग भेदी, बर्बर, अमानवीय और अन्यायपूर्ण नहीं हो सकते। अगर हैं भी तो 'यह काम विधायिका (संसद) का है कि वे इस सन्दर्भ में कानून बदलें और महिलाओं को हर क्षेत्र में समान अधिकार प्रदान करें। हमारा काम कानून बदलना नहीं, बल्कि हमारा दायित्व सिर्फ इसकी व्याख्या करना है।"[4] हम मानवीय करुणा, सहानुभूति या भावावेग में कानून, संविधान या न्यायिक सिद्धान्तों को बदलने का 'साहस' भी करें, तो 'ऊपर वाले', अपील में रद्द कर देंगे या नया कानून बना देंगे। हमें 'सिरफिरा' कहने की बजाए बार-बार 'महाज्ञानी' और 'परम विद्वान' कहते हुए अपने तर्कों (कुतर्कों) से हमारी धज्जियाँ उड़ा देंगे। धर्मशास्त्रों से लेकर देशी-विदेशी अदालतों के हजारों श्लोक, नजीर और उदाहरणों का ढेर लगा देंगे। ऐसे में 'सावधानी हटी, दुर्घटना घटी।' अब इसे तुम, जैसे चाहो वैसे (तोड़-मरोड़कर) अपनी धारणा बना सकती हो। यह कह सकती हो कि मैं भी अर्धसामन्ती और पूँजीवादी व्यवस्था के रंगमहल में घिरा बेहद महत्त्वाकांक्षी, डरपोक, कायर और यथास्थितिवादी व्यक्ति हूँ। 'न्यायिक सक्रियता' की नौटंकी में शामिल। मगर मैं तुम्हारी कसम खाकर विश्वास दिलाना चाहता हूँ कि दरअसल मैं भी एक ऐसे मानव समाज का सपना देखता रहा हूँ, जहाँ सब सुखी, सम्पन्न, समृद्ध, शिक्षित, स्वावलम्बी और समान हों। मुझे तुम अपने बेटों से भी अधिक प्यारी लगती हो।...हो...। लेकिन...।

निसन्देह 'एंस्लेव्ड डॉटर्स' दादाजी बनाम रुकमा बाई[5] मुकदमे का गम्भीर समाजशास्त्रीय अध्ययन है। 'उपनिवेशवाद, कानून और नारी अधिकारों' के ऐतिहासिक परिप्रेक्ष्य या किसी भी अन्य परिप्रेक्ष्य (समाजवादी, राष्ट्रवादी, साम्राज्यवादी, नवसाम्राज्यवादी या उत्तर आधुनिकतावादी) से देखें, तो भी मुझे इसकी कोई विशेष प्रासंगिकता नजर नहीं आती। तुमने लिखा है, "रुकमा बाई की यह कानून कथा दरअसल पितृसत्तात्मक समाज में पुरुष वर्चस्व के कारण स्त्री को घरेलू गुलाम बनाए रखने के खिलाफ 'खुला विद्रोह' है।" मुझे लगता है कि आजकल तुम कानून कम और पश्चिमी नारीवाद ज्यादा पढ़ रही हो। पढ़ो, खूब पढ़ो—लेकिन मत भूलो कि यह कोई 'विद्रोह' नहीं था। अगर 'विद्रोह' ही होता तो रुकमा 'समझौता' क्यों करती ? क्यों देती अपने पति को 2,000 रुपए हर्जाना ? क्यों घुटने टेकती ? सोचो जरा ! समझो, विचार करो।

इतनी जल्दी नतीजों पर पहुँचना उचित नहीं। इस प्रकार विवेकहीन होना, तुम्हारे लिए अच्छा नहीं। मैं तुम्हारी बहुमुखी प्रतिभा से परिचित हूँ, इसलिए विश्वास नहीं होता कि तुम ऐसी 'आतंकवादी' भाषा का इस्तेमाल कर सकती हो। पिता होने के नाते, इतना ही कहना काफी समझता हूँ। अपना पेट काटकर भी तुम्हें कानून पढ़ने भेजा है। इसलिए नहीं कि तुम नारी मुक्ति मोर्चा बनाओ और देश का संविधान बदलने के षड्यन्त्रकारी सपने देखने लगो। पिता, परिवार और प्रतिष्ठा की चिन्ता न करो तो कोई खास बात नहीं। लेकिन कम से कम अपने उज्ज्वल भविष्य में तो खुद ही मिट्टी का तेल मत छिड़को।

तुम्हारी उस 'सहेली' का दिमाग खराब है, जो कहती है, "औरत को उत्पीड़ित करने

की सामाजिक-धार्मिक-राजनीतिक-सांस्कृतिक प्रक्रिया में पूँजीवादी समाज में कानून को हथियार के रूप में प्रयोग किया जाता है।" उसने कहा और तुमने सच मान लिया ! तुम्हारी अपनी भारतीय सभ्यता, संस्कृति और नैतिकता के संस्कार कहाँ गए ? "कानून हमेशा तार्किक नहीं होता लेकिन मानव व्यवहार भी तो नहीं होता। कानून तर्क से ज्यादा मानवीय व्यवहार से जुड़ा है।"[6] तुम्हारा यह कहना तो एकदम हास्यास्पद है कि 'लॉ का अर्थ ही है, लॉ एगेंस्ट वुमैन।' यह पढ़ते हुए अचानक याद आया कि जब तुम बहुत छोटी थी तो सी ए टी यानी कैट को बिल्ली कहने की बजाए सेंट्रल एडमिनिस्ट्रेटिव ट्रिब्यूनल और जस्टिस को जस्ट आइस कहा करती थीं।

आदत नहीं गई तुम्हारी। अभी भी वही बचपना और शरारत। सारे विधानों में नारी विरोधी बू आना, बीमार और विकृत मानसिकता का ही परिचय देता है। अभी तुमने पढ़ा ही क्या है ? पहले गम्भीरता से पढ़ो, सोचो, समझो और विचार करो फिर करना फतवे जारी। अपने 'आदर्शवादी' संविधान संशोधन प्रस्ताव पेश करने से पहले, 'भारतीय विवाह संस्था का इतिहास' तो पढ़ लिया होता। सीधे ही जा पहुँची 'परिवार, व्यक्तिगत सम्पत्ति और राजसत्ता की उत्पत्ति' ढूँढ़ने। हिन्दू कानून (समाज) में विवाह अनुबन्ध नहीं 'संस्कार' है...संस्कार। पत्नी का धर्म है कि वह पति परमेश्वर के घर में उसकी अर्धांगिनी बन कर रहे। "उसका दायित्व है कि वह अपने पति के साथ वहाँ रहे, जहाँ वह रहना या रखना चाहे।"[7] हिन्दू समाज में 'पत्नी का सर्वप्रथम कर्त्तव्य है कि वह आज्ञाकारिणी की तरह अपने आपको पति की सत्ता के समक्ष समर्पित करे और उसकी छत और सुरक्षा में रहे।'[8] पति अमीर हो या गरीब, पत्नी पर दोनों का हक बराबर है। आदर्श हिन्दू औरत सुख में ही नहीं, दुःख में भी पति के ही साथ रहती है। भले ही चौदह साल बनवास में रहना पड़े। मनु ने कहा है–

बाल्ये पितुर्वंशे तिष्ठेत् पाणिग्राहस्य यौवने।
पुत्राणां भर्तरि प्रेते न भजेत् स्त्री स्वतन्त्रताम्॥

स्त्री को पिता, पति या पुत्रों से अलग रहने की कभी इच्छा तक नहीं करनी चाहिए, क्योंकि इनसे अलग रहने से पितृकुल और पतिकुल दोनों के कलंकित होने की सम्भावना है।[9] स्त्री की कुमारावस्था में पिता, युवावस्था में पति और वृद्धावस्था में पुत्र रक्षा करते हैं। उसे कभी स्वाधीन नहीं रहना चाहिए।[10] तुम्हारा कहना शत-प्रति-शत सही है 'स्त्रियों के लिए कहीं भी स्वतन्त्रता का विधान नहीं है।'[11] लेकिन यह श्लोक का आधा-अधूरा पाठ है। शायद 'पूरा गलत पाठ'[12] शास्त्रों का वचन है कि नारियों के लिए पति ही सदा तीर्थ है। वही है स्वर्ग (नरक)। वही है मोक्ष। वही है स्वामी, गुरु, इष्टदेव, तीर्थ और पुण्य। उसकी आज्ञा ही कानून है। 'कुलीन पतिव्रता नारी अपने पापी, पागल, पतित, दरिद्र, रोगी या मूर्ख पति को (भी) विष्णु के समान देखती है।'[13] इतनी जल्दी भूल गई 'स्त्रियों के लिए कर्त्तव्य शिक्षा ! 'साध्वी स्त्री के लिए गुणहीन, शीलहीन या स्वेच्छाचारी पति (भी) देवता की तरह पूजनीय'[14] होता है। भगवान श्रीकृष्ण ने उपदेश दिया है कि 'स्त्रियों को चाहिए कि वे अपने पति द्वारा प्रताड़ना या क्रोध करने पर

भी क्रोध न करें।'[15] समझी कुछ ।

मेरा सुझाव है कि 'सैकेण्ड सेक्स' से 'सेक्स' या 'सैक्सुअल पोलिटिक्स' से 'सेक्सिंग द मिलिनियम' की अपेक्षा, तुम्हें वेदों में नारी' और पुरुष 'स्मृतियों में नारी' का गहन अध्ययन करना चाहिए। किसी भी रेलवे स्टेशन पर स्त्रियों के लिए उपयोगी पुस्तकें' मिल जाएँगी। जैसे 'नारी धर्म', 'नारी शिक्षा', 'आदर्श देवियाँ', 'नारी कल्याण', अंक, 'गृहस्थी में कैसे रहें ?' या दाम्पत्य जीवन का आदर्श।[16] वहाँ नहीं मिलें तो मुझे लिखना। फौरन भिजवा दूँगा। तुम्हारे मानसिक विकास के लिए ऐसी 'आध्यात्मिक, धार्मिक, नैतिक, सामाजिक और व्यावहारिक शिक्षा की पुस्तकें' पढ़ना परम आवश्यक है। मैं 'उम्मीद और विश्वास'।[17] करता हूँ कि ये पुस्तकें तुम्हें सही दिशा भी देंगी और तुम्हारे नैतिक चरित्र को भी सुदृढ़ करेंगी। यही नहीं, बिना धर्मशास्त्र, वेद, पुराण, मनु वगैरह को पढ़े, हिन्दू कानून की ऐतिहासिक, धार्मिक और सांस्कृतिक विरासत को समझना असम्भव है। इनके बिना हिन्दू कानून की सही परिप्रेक्ष्य में व्याख्या नहीं की जा सकती। बाद में विवाह और वकालत करोगी या न्यायाधीश बनोगी तो यह पृष्ठभूमि तुम्हारे बहुत काम आएगी। नारीवादी बनने से क्या होगा ? और इन्हें पढ़े बिना, हिन्दू कानून सम्बन्धी निर्णयों की सांस्कृतिक पृष्ठभूमि समझना मुश्किल है।

रुकमा बाई (1886) से लेकर सरोज रानी (1984) और इसके बाद हुए फैसलों की न्यायिक आधारभूमि यही धर्मशास्त्र ही तो हैं। इस प्राचीन परम्परा को जानने-समझने के लिए ही हमें संस्कृत भाषा सीखनी पड़ी। सीखी। वरना कैसे लिखे जाते इतने 'ऐतिहासिक और क्रान्तिकारी' फैसले ? ज्ञान के लिए न जाने कितनी मेहनत, लगन, त्याग और तपस्या की है हमने। यूँ ही 'यहाँ तक' नहीं पहुँच गए। हमें तो तुमसे बहुत आशा है बेटी ! हम चाहते हैं कि तुम अपनी दादी-माँ की तरह आदर्श भारतीय नारी की छवि को और उज्ज्वल करो ताकि ससुराल में तुम्हारा सीता और सावित्री से भी अधिक सम्मान हो। मैं जानता हूँ कि किसी भी साधारण स्त्री के लिए 'बलिदान' का यह रास्ता सचमुच 'अग्नि परीक्षा' से गुजरने के समान है।

खैर...मैं हिन्दू विवाह संस्था में पत्नी के कर्त्तव्य और दायित्व की बात कर रहा था। अब अगर कोई पत्नी बिना किसी 'उचित कारण' के अपने पति के साथ रहने से ही मना करे और तलाक भी न ले तो ऐसे 'डैड लॉक' में बेचारा पति क्या करे ? पत्नी साथ नहीं रहेगी तो पति को अदालत का दरवाजा खटखटाना ही पड़ेगा। साथ रहने की 'डिक्री' के लिए मुकदमेबाजी के सिवा रास्ता क्या है ? और फिर यह अधिकार अकेले पति को ही नहीं, पत्नी को भी तो हासिल है। इसमें गैर बराबरी या अन्याय का प्रश्न ही नहीं है। रुकमा बाई के समय अदालत का आदेश न मानने पर पत्नी को छह महीने की कैद और जुर्माना हो सकता था, मगर अब तो कैद का प्रावधान ही खत्म कर दिया गया है। तुमने लिखा है कि 112 साल बाद भी वैधानिक स्थिति वहीं ठहरी हुई है। यह सरासर गलत और झूठ है...झूठ। इस बीच वैवाहिक सम्बन्धों की पुनर्स्थापना (रेस्टीट्यूशन ऑफ कांजुगल राइट्स) के बारे में कानूनी व्याख्या बहुत बदली है। बदलते

समय और समाज के अनुसार न्यायिक दृष्टिकोण भी लगातार बदलता रहा है। भले ही थोड़ा धीरे और देर से बदलता है। इतने पुराने मानसिक पूर्वाग्रह या संस्कार चुटकी बजाते ही थोड़े बदल जाएँगे ? अदालती आदेश के बावूद अगर पति-पत्नी साथ नहीं रहते या रह सकते तो अब न कोई कैद का हुक्म और न जुर्माना। हाँ ! एक साल बाद इस आधार पर तलाक का 'पासपोर्ट' तो देना ही पड़ेगा। जब साथ रह ही नहीं सकते (या रहना नहीं चाहते)। तो भेड़-बकरियों की तरह खूँटे से बाँधे रखने का भी क्या फायदा ? तब तो स्त्रियाँ तलाक भी नहीं ले सकती थीं। अब यह बन्धन भी नहीं रहा। इस पर भी तुम कहती हो कि 'हम वहीं के वहीं खड़े हैं।'

रुकमा बाई ने तो अदालत को ऐसी कोई 'चुनौती' या 'चेतावनी' नहीं दी जैसी आजकल की पढ़ी लिखी, कमाऊ और तेज-तर्रार औरतें दे रही हैं। मथुरा, मेरी राय, नरगिस मिर्जा, मेनका गाँधी, शाहबानो, प्रतिभा रानी और भंवरी देवी से लेकर फूलन देवियों और मायावतियों ने अदालत की नाक में दम करके रख दिया। देश भर के कानून बदलने-बदलवाने पड़े। हमने तो समान नागरिक संहिता बनाने की भी सरकार को सिफारिश की और आदेश भी दिए, मगर संसद मानती ही नहीं तो हम और क्या कर सकते हैं ? चुनावी घोषणा पत्रों और वायदों के बावजूद राज सत्ता सम्भालते ही समान नागरिक संहिता रख दी ठंडे बस्ते में। न्यायपालिका का फिजूल नाम बदनाम। संविधान की एक धारा (धारा नहीं अनुच्छेद 370) तो बदल नहीं सकते, संविधान समीक्षा-संशोधन का शोर मचाते रहते हैं। इधर 'समान नागरिक संहिता' के मुद्दे पर सरला माहेश्वरी की एक पुस्तक आई है।[18] लायब्रेरी में मिल जाए तो पढ़ लेना। पुस्तक महत्त्वपूर्ण है... लेकिन।

रुकमा बाई के सन्दर्भ में बाल विवाह की वैधता, लड़की की सहमति और वैवाहिक सम्बन्धों की पुनर्स्थापना का सवाल उठाते हुए तुमने लिखा है, "सारे सुधारवादी आन्दोलनों, कानूनों और संविधानों के बावजूद आजाद और आधुनिक (परमाणु शक्ति से लैस) भारत में कानूनी स्थिति उसी प्राचीन धार्मिक प्रपंचतन्त्र में फँसी हुई है।" वैवाहिक सम्बन्धों की पुनर्स्थापना के मामले में यह कोई 'उचित कारण' नहीं कि विवाह के समय लड़की नाबालिग (बच्ची) थी या उसकी सहमति कहाँ है ? जैसा मैंने पहले ही कहा था कि हिन्दू समाज में विवाह अनुबन्ध नहीं संस्कार है। 'कन्यादान' के लिए कन्या की नहीं, बल्कि उसके पिता, माता, भाई या रिश्तेदारों की सहमति काफी है। अगर बाल विवाहों को विधि सम्मत न माना जाए तो जानती हो, सबसे ज्यादा नुकसान लड़कियों का ही होगा। ए.आई.आर. 1978 सुप्रीम कोर्ट 1951 से लेकर इस सन्दर्भ में कर्नाटक उच्च न्यायालय के न्यायमूर्ति एम.एफ. सलदाना का निर्णय (1 (1997) डी.एम. सी. 10) पढ़ कर तो देखो। उन्होंने कहा है कि 'बाल विवाह को अवैध मानना कठोर ही नहीं पूर्ण रूप से क्रूरता होगा।' कौन ढूँढ़ेगा बार-बार 'सुटेबल ब्वाय' ? एक बार ढूँढ़ना ही मुश्किल है ! मुझे भी मालूम है 'बाल विवाह कानून में झोल'[19] कितने हैं...मगर।

हाँ ! तुम्हारी इस बात से मैं भी काफी हद तक सहमत हूँ कि 'नाबालिग (दूध पीता) पति, पत्नी का प्राकृतिक संरक्षक (मालिक, स्वामी) नहीं होना चाहिए। परन्तु प्रश्न यह भी है कि अगर बाल विवाह को वैध मानते हैं और पति को संरक्षक नहीं मानें, तो फिर किसे मानें। पिता तो कर चुका 'कन्यादान' और गया गंगा नहाने। बाल विवाह को अवैध मानें तो ऐसे विवाह से उत्पन्न बच्चे भी अवैध मानने होंगे। वैसे भी अब कितने बाल विवाह होते हैं ? थोड़े-बहुत हों भी तो क्या फर्क पड़ता है ? बच्चियों का विवाह भले ही हो जाए परन्तु 'गौना' तो तभी करते हैं, जब थोड़ा बड़ी और 'समझदार' हो जाए। जिन कुछ प्रदेशों में यह प्रथा अभी भी कायम है, उनकी सामाजिक, आर्थिक और पारम्परिक स्थितियों को नजर अन्दाज करना बेईमानी होगी। धार्मिक आस्थाओं और संस्कारों की जकड़न से मुक्ति इतनी आसान नहीं, जितनी तुम मान बैठी हो। और फिर लगातार बन रही यौन हिंसा, अज्ञानता, अन्धविश्वास, अशिक्षा, गुंडागर्दी और आर्थिक दबाव-ग्रामीण गरीब माँ-बाप क्या करें ? कहाँ जाएँ ? तुम्हारी ऐसे समाजों के विषय में जानकारी ही क्या है ? देश सिर्फ महानगरों में ही नहीं बसा है। हो सकता है तुमने इस बीच कुछ भारतीय गाँवों का भ्रमण किया हो...परन्तु।

कुछ समय पहले अक्खा तीज के शुभ अवसर पर बाल विवाह रोकने के लिए एक समाज सेवी सुशीला ने लोकहित याचिका दायर[20] की थी। लेकिन दुर्भाग्यपूर्ण बात यह है कि अभी तक किसी भी समाज सेवी संस्था ने बाल विवाह की बुराइयों के बारे में आम जनता को शिक्षित करने की पहल नहीं की। सबको सुनने के बाद 'मेरे विचार से कोई भी (कितने ही) कानून बाल विवाह होने (करने) से रोक नहीं सकता। बशर्ते कि समाज इसका व्यापक स्तर पर बहिष्कार न करे और वर्षों पुराने रिवाजों को खत्म न किया जाए। सबसे अधिक परेशानी की बात यह है कि इस रिवाज (सामाजिक बुराई) को प्रोत्साहित न करने की बजाए समाज ने इसे मान्यता प्रदान की है।' घोर चिन्तन के बाद "मैं सिर्फ इसी नतीजे पर पहुँचता हूँ कि यह एक शर्मनाक 'सामाजिक बुराई' है और इसे सिर्फ समाज रोक सकता है। कोई भी सरकार या उसके नौकरशाह ऐसे विवाहों को होने से नहीं रोक ही नहीं सकते। ऐसे विवाहों की सबको भर्त्सना करनी चाहिए"। मेरा विश्वास है कि 'वास्तव में इस बुराई को केवल तभी समाप्त किया जा सकता है, जब देश की आम जनता इस वर्षों पुरानी परम्परा के खिलाफ खुद विद्रोह करेगी। यह वह प्राचीन परम्परा है जिसे कोई भी सभ्य समाज उचित नहीं ठहरा सकता।' इसके विपरीत मुझे बताया-पढ़ाया गया है कि 'पुलिस इस मुद्दे पर सो नहीं रही है। हर सम्भव प्रयास जारी है।' हालाँकि अपीलार्थी आरोप सिद्ध करने में विफल रही है फिर भी मुझे लगता है (लगा) कि 'सरकार (केन्द्रीय/राज्य) को बाल विवाह अधिनियम के प्रावधानों को और अधिक सख्त बनाने की सम्भावना पर विचार करना चाहिए।' पूरा फैसला पढ़ोगी तो पता लगेगा कि मैं (हम) सामाजिक समस्याओं के बारे में कितना हैरान, परेशान और चिन्तित रहता हूँ। सच तो यह है कि 'सिर्फ कानून बनाने से किसी भी समस्या का तब तक कोई हल नहीं निकल सकता, जब तक सम्पूर्ण समाज की

स्वीकृति न हो।' न्यायालय के पुस्तकालय में खड़े होकर लगता है देश में कानून है। बहुत सारे कानून हैं। समाज में बैठ कर देखो तो पता लगता है कोई कानून नंहीं है। बाल विवाह की वैधता को सिद्ध करते विभिन्न न्यायमूर्तियों के निर्णय उपलब्ध हैं। समय मिले तो पढ़कर देखना ए.आई.आर. 1963 हिमाचल प्रदेश 15, ए.आई.आर. 1972 पंजाब 184, ए.आई.आर., 1976 मध्य प्रदेश 83, ए.आई.आर. 1977 उड़ीसा 36 और कर्नाटक 43 यह अन्तर्विरोध है...परन्तु।

न्यायाधीश फिने ने रुकमा बाई के हक में जो फैसला सुनाया था, वह अपील में रद्द कर दिया गया। जानती हो क्यों ? न्यायाधीश फिने का कहना था कि 'मुझे ऐसा लगता है कि एक 'जवान औरत' को इन परिस्थितियों में इस बात के लिए विवश करना कि वह एक ऐसे व्यक्ति के साथ जाकर रहे और अपनी इच्छा के विरुद्ध उससे सहवास करे, जिसे वह बेहद घृणा करती है यह सचमुच बर्बरतापूर्ण, क्रूर और विद्रोहपूर्ण होगा'।[21] यह पूरा फैसला बेहद बचकानी भावुकता, अनावश्यक सहानुभूति और अति संवेदनशीलता का परिणाम है। यही नहीं, न्यायाधीश फिने ने अपना मानसिक सन्तुलन खो गुस्से में कहा, "जब वादी (पति) ने पाया कि यह युवा औरत उसके साथ घर में रहने को राजी नहीं है, तब उसे औरत को पाने के लिए ऐसे कोशिश नहीं करनी चाहिए थी, जैसे वह कोई घोड़ा या बैल हो।"[22] अगर पति को यही सब करना होता, तो वह अदालत आने की अपेक्षा उसे जबरदस्ती 'चुटिया' पकड़ कर घर न ले जाता ! वह कोई ग़ैर नहीं आखिर 'विधिवत विवाहित पति' है उसका। जबरदस्ती भी उठा कर ले जाता तो कोई (कानून) क्या कर लेता ? अपहरण या बलात्कार का मामला तो बनता नहीं। वैसे, कोई भी 'भद्र पुरुष' ऐसा क्यों करेगा ?

कई वर्ष पूर्व (1960) एक केस में लड़की ने बिना तलाक लिए ही दूसरी शादी कर ली। पहला पति आया और उसे जबरदस्ती उठाकर ले गया। पुलिस ने पति को अपहरण के अपराध में गिरफ्तार कर लिया। हमारे सामने मामला आया तो हम हैरान। हमने फैसले में कहा, "औरत ने अपने पहले पति से तलाक नहीं लिया है इसलिए वह उसकी ही पत्नी है और अपनी ही पत्नी को ले जाना भारतीय दण्ड संहिता 1860 की धारा 366 के अन्तर्गत कोई अपराध नहीं है।"[23] तुमने पढ़ा ही होगा कि धारा 375 के स्पष्टीकरण में लिखा है कि 15 वर्ष से बड़ी उम्र की पत्नी के साथ पति द्वारा सहवास बलात्कार नहीं है। यही कानून तो उस समय भी लागू था। स्त्रियों, बच्चों और बूढ़ों के प्रति विशेष हमदर्दी होनी चाहिए...लेकिन।

इस सन्दर्भ में उल्लेखनीय है कि रुकमा बाई केस के करीब एक शताब्दी बाद न्यायाधीश फिने की तर्ज पर ही आन्ध्र प्रदेश के न्यायमूर्ति पी.ए. चौधरी ने भी एक सनसनीखेज 'मानवीय निर्णय' सुनाया।[24] आश्चर्य है कि न्यायाधीश चौधरी ने अपने निर्णय में रुकमा देवी केस का जिक्र तक नहीं किया है। मगर समय रहते हमने (सुप्रीम कोर्ट के न्यायाधीश एस. मुर्तजा फ़ज़ल अली और सव्य साची मुखर्जी ने)[25] निष्प्रभावी कर दिया और स्थिति को सम्भाल लिया। वरना न जाने क्या होता। न्यायमूर्ति चौधरी

ने वैवाहिक सम्बन्धों की पुनर्स्थापना सम्बन्धी कानून को भेदभावपूर्ण, बर्बर और मौलिक अधिकारों के विरुद्ध घोषित करते हुए असंवैधानिक करार दिया मगर सुप्रीम कोर्ट ने अपने विवेक और प्रतिभा का परिचय देते हुए कहा कि इस कानून से विवाह संस्था को टूटने से बचाने के 'सामाजिक उद्देश्य' की पूर्ति होती है। इसलिए इसे संवैधानिक नहीं कहा जा सकता।

तुम्हारा यह आरोप कि 'ब्रिटेन से आयातित यह बर्बरतापूर्ण कानून भारत में अभी भी लागू है, जबकि वहाँ कब का (1970) खत्म कर दिया गया है' पूर्णतया बेबुनियाद, आधारहीन और गलत है। बुरा न मानो तो मूर्खता की हद है। किसने कहा, बताया, पढ़ाया, समझाया है तुम्हें कि यह कानून भी हमने आयात किया है। अगर ऐसा होता है तो विधि आयोग अपनी 59वीं या 71वीं रिपोर्ट में इस कानून को समाप्त करने की सिफारिश नहीं करता। इस तथ्य से वे अनभिज्ञ तो नहीं थे। अज्ञानता की शायद कोई ऐसा सीमा नहीं होती। वरना क्यों लिखती 'पितृसत्ता के हितों को पोषित और सुदृढ़ करने वाला हर कानून ही संविधान सम्मत है'। समझ नहीं आता कि इस विषवमन के पीछे किसका सुनियोजित षड्यन्त्र है ? अदालती फैसलों (सही-गलत) को उपनिवेशवादी, सामंती, पुरुष वर्चस्ववादी, लिंग भेदी और स्त्री विरोधी कहने का मतलब जानती हो ? महिलाओं के पक्ष में बनाए 'विशेष क्रान्तिकारी कानूनों' के बावजूद, तुम्हें उनकी स्थिति में कोई गुणात्मक अन्तर ही दिखाई नहीं देता !

आजादी के बाद कानूनों में हुए 'आमूल-चूल परिवर्तन' को भी 'डेंटिंग-पेंटिंग' और 'उदारवादी मेकअप' की संज्ञा दे रही हो ! काश ! तुमने गुलामी का एक दिन भी देखा होता। भोगा होता। तब समझ आता कि स्वर्ग और नरक में फर्क क्या है। दरअसल तुम्हारा कोई दोष नहीं। हमने ही 'बाँध' कर नहीं रखा। नहीं रखा क्योंकि 'डैमोक्रेट' जो थे। हमने तो सोचा ही नहीं था कि स्त्रियों को सत्ता में बराबर की हिस्सेदारी देने का यह अंजाम होगा। शायद तुम्हें मालूम नहीं कि 1923 से पहले लड़कियों को वकालत करने का अधिकार नहीं था। भारत ही नहीं ब्रिटेन, अमेरिका में भी। कारण जानना चाहो तो 1917 कलकत्ता (44) 290-21 सी.डब्ल्यू.एन. 74, ए.आई.आर. 1922 पटना 269, (1872) 83 यू.एस 442 और (1914)। सी.एच. 286 पढ़ लेना। रगीना गुहा के मामले में कलकत्ता उच्च न्यायालय के न्यायमूर्तियों ने कहा 'इतिहास के किसी भी समय में हिन्दू, बौद्ध या मुस्लिम कानूनों में स्त्रियों को वकालत करने की इजाजत नहीं दी।' 1922 में पटना उच्च न्यायालय के न्यायमूर्तियों ने अमेरिका और ब्रिटेन के हवाले देते हुए कहा था 'द पैरामाऊंट मिशन एंड डेस्टीनी ऑफ वूमेन इज टू फुलफिल द नोबल एंड बिनाइन ऑफिस ऑफ वाइफ एंड मदर। दिस इज द लॉ ऑफ द क्रियेटर'। पहली बार 1923 में इलाहाबाद उच्च न्यायालय ने कोरनेलिया सोराबजी को वकील बनने की इजाजत देकर सारी लिंग भेदी परम्पराओं और बेड़ियों को तोड़ने का 'साहस' किया। इस फैसले पर क्या कम हँगामा हुआ था ?

हाँ ! तो मैं न्यायमूर्ति चौधरी के फैसले के बारे में बात कर रहा था। देखो !

न्यायमूर्ति चौधरी के फैसले से तो दिल्ली उच्च न्यायालय के न्यायाधीश अवध बिहारी रोहतगी[26] ही सहमत नहीं हुए सुप्रीम कोर्ट तो क्या होता ? न्यायमूर्ति चौधरी के 'खतरनाक और भ्रामक' तर्कों का विस्तार से जवाब देते हुए न्यायाधीश रोहतगी ने फैसले में लिखा है, "संवैधानिक कानून को घर में लागू करना सबसे अधिक अनुचित है। ऐसा करना किसी साँड को, चीनी मिट्टी के बर्तनों की दुकान में घुसाना होगा। यह तो विवाह संस्था को ही बेरहमी से ध्वस्त कर देगा। घर और वैवाहिक जीवन की गोपनीयता में, न अनुच्छेद 21 के लिए कोई स्थान है और न अनुच्छेद 14 के लिए। मधुर और नाजुक सम्बन्धों के संवेदनशील क्षेत्रों में संवैधानिक कानून के शीत सिद्धान्तों के प्रभाव से विवाह बन्धन कमजोर ही होंगे।" बहस के दौरान भारत के महाधिवक्ता के. परसरन ने न्यायमूर्ति चौधरी के निर्णय की आलोचना करने के लिए 18वीं और 19वीं सदी की सैकड़ों देशी-विदेशी नजीरों का उल्लेख किया। प्रखर प्रतिभा के धनी महाधिवक्ता ने तर्क दिया 'विवाह किसी भी सभ्य समाज की नींव है। यह वह संस्था है जिसे बचाने में जनता की गहरी दिलचस्पी है, क्योंकि यह परिवार और समाज की वो नींव है जिसके बिना न सभ्यता होगी और न प्रगति'।[27] न्यायाधीश रोहतगी ने विद्वान न्यायमूर्ति चौधरी और उनके विचारों के समर्थकों के प्रति गहरा सम्मान प्रगट करते हुए कहा 'मेरे विचार से महाधिवक्ता द्वारा की गई आलोचना उचित है। न्यायमूर्ति चौधरी का निर्णय विवाह के वास्तविक उद्देश्यों के बारे में भ्रम पर आधारित है। सेक्स पर असंगत रूप से जोर कुल मिलाकर मानसिक विषाद की हद तक ने, विद्वान न्यायाधीश के विचारों को रंग दिया है।'[28] न्यायाधीश रोहतगी के इस ऐतिहासिक निर्णय का हर एक शब्द 'स्वर्णिम अक्षरों' में लिखा जाने योग्य है। संयुक्त परिवार और परिवार की अस्मिता को बचाने में न्यायाधीश रोहतगी की इस महत्त्वपूर्ण भूमिका को भला कैसे भुलाया जा सकता है ? हिन्दू विवाह अधिनियम की धारा 9 को पूर्णतया वैध मानते हुए न्यायाधीश रोहतगी ने पता नहीं क्यों दोहराया कि 'इस कानून को खत्म करने का काम विधायिका का है, अदालत इसे असंवैधानिक घोषित करके समाप्त नहीं कर सकती'।[29]

'न्याय की भाषा' स्वयं बताएगी कि कैसा अभूतपूर्व न्याया (अन्याय) हुआ। यह कहना कि अधिकांश मुकदमे 'पति परमेश्वर द्वारा ही दायर किए जाते हैं और आदेश पुरुष न्यायमूर्तियों की कलम से लिखे जाते हैं, एकदम मिथ्या प्रचार है। हाईकोर्ट या सुप्रीम कोर्ट में कितनी महिला न्यायाधीश हैं ? वर्षों तक तो सुप्रीम कोर्ट में एक भी महिला न्यायाधीश नहीं थी। पहली बार फातिमा बीवी न्यायाधीश बनीं। फैसले कहाँ कैसे होंगे ? अगर यह सच भी है तो मैं समझता हूँ कि ऐसा इसलिए है कि बेचारे पति ज्यादा पीड़ित हैं। शिक्षित और स्वावलम्बी पत्नियों में सहनशक्ति कहाँ ? समानता और नारी चेतना के पश्चिमी प्रभावों में रंगी आधुनिक भारतीय महिलाएँ पति को कुछ समझती ही नहीं। हमने तो सोचा था कि शिक्षा और आर्थिक स्वावलम्बन से स्त्रियों की विशेषकर सामाजिक स्थिति सुधरेगी लेकिन शायद हुआ उल्टा। बदलते परिवेश से परेशान होकर ही सुप्रीम कोर्ट के न्यायाधीश (बाद में मुख्य न्यायाधीश यानी 'न्यायिक परिवार के

मुखिया') श्री रंगनाथ मिश्र ने सुधा गोयल दहेज-हत्या के एक निर्णय में लिखा—

"जिस समाज-वर्ग से अभियुक्त सम्बन्धित है, उसमें विवाह एक संस्कार है और ऐसा माना जाता है कि इसका निर्णय स्वर्ग से पहले ही ले लिया जाता है। विवाह वेदी पर धार्मिक रस्म निभाना स्पष्ट रूप से इंगित करता है कि पुरुष संरक्षक के रूप में सुरक्षा का आश्वासन देते हुए ही औरत को अपनी अर्धांगिनी के तौर पर स्वीकार करता है। दाता की तरह भोजन और जीवन के लिए अन्य अनिवार्य वस्तुएँ उपलब्ध कराने का विश्वास दिलाता है। जीवन साथी के रूप में साथ निभाने की गारंटी देता है और निर्णय लेता है कि जीवन में मिल-जुलकर सुख-दुःख बाँटेगा और धर्म का पालन करेगा। अगर विवाह की यही अवधारणा है तो फिर सांसारिक मूल्यों, विशेषकर दहेज के लिए कोई स्थान नहीं बचता"।[30]

विवाह की तुलना किसी पौधे को उगने के स्थान से उखाड़ कर दूसरी जगह लगाने (ट्राँस प्लांट) से करते हुए माननीय न्यायमूर्ति ने पिता, पति, सास, ससुर और पति-पत्नी के कर्त्तव्यों और दायित्वों के बारे में बेहतरीन उपदेश दिया है। निर्णय के अन्त में भी गम्भीर चिन्ता प्रगट करते हुए उन्होंने उल्लेख किया है—

"इसका एक और पक्ष भी है जो हमारे विचार से महत्त्वपूर्ण है। कुछ समय से विश्व भर में स्त्री-पुरुषों के बीच कड़ी प्रतियोगिता है। ऐसा महसूस किया जा रहा है कि संसार पर पुरुषों का आधिपत्य है और औरतें बराबरी की माँग के लिए सिर उठा रही हैं। हमारा विचार है कि औरतों को विद्रोह अवश्य करना चाहिए लेकिन उन विशेष गुणों के आधार पर जो प्रकृति ने सिर्फ उन्हें ही प्रदान किए हैं, मर्दों को नहीं। उन विशेष योग्यताओं की स्वामिनी के रूप में उसे उचित सम्मान मिलना ही चाहिए। समाज के संरक्षण में स्त्री सबसे अधिक प्रभावी भूमिका निभाने योग्य है। इसलिए उसका सम्मान करना ही पड़ेगा। उसमें ज्यादा दिव्यशक्ति विद्यमान है और प्रकृति से उपहार में प्राप्त योग्यताओं के कारण वह समाज को विनाश से बचा सकती है। इस सीमा तक स्त्री अपने सामाजिक दायित्व निभाने में समाज सेवा के लिए विशेष योग्यताओं से लैस है। यह सब तो सत्य है और उत्थान के लिए संघर्ष भी जारी रखना है लेकिन क्या यह भुलाया जा सकता है कि मानव संरचना में स्त्री-पुरुष दोनों एक दूसरे के पूरक हैं और स्त्री-पुरुष दोनों को एक साथ रखने से ही एक संस्था का निर्माण होता है ? मानव समाज में एक की दूसरे के बिना कोई जगह ही नहीं है। इसलिए संसार में स्त्री-पुरुष एक दूसरे के लिए अनिवार्य हैं और एक का स्थान, दूसरे के अस्तित्व पर निर्भर करता है। ऐसे में दोनों के बीच कड़ी प्रतिस्पर्धा किस सीमा तक समर्थन योग्य है ? इस विषय पर शान्त और स्वस्थ माहौल में बहस होनी चाहिए।"[31] होनी चाहिए...लेकिन।

मैं अनुमान लगा सकता हूँ कि यह पढ़कर तुम अपने 'ब्वाय कट' बाल नोचते हुए पूछोगी 'कब होगी बहस। कब तक बहस होती रहेगी ?' ठंडे दिमाग से सोचोगी तो जान सकोगी कि प्रजातन्त्र में परिवर्तन की यही एकमात्र प्रक्रिया है। ऐसे मुद्दों पर 'राष्ट्रीय बहस' अनिवार्य है। ऐसे राष्ट्रीय प्रश्नों पर रातों-रात 'अध्यादेश' जारी नहीं किए जा

सकते। किए भी जा सकते हैं...परन्तु। मेरे विचार से न्यायमूर्ति मिश्र के निर्णय का ही असर था दहेज हत्याओं को रोकने या सख्ती से निपटने के लिए 19.11.1986 से भारतीय दंड संहिता की धारा 304 बी का प्रावधान बनाया गया। अगर विवाह के सात साल बाद तक असामान्य परिस्थितियों में स्त्री की मृत्यु हो और यह सिद्ध किया जाए कि मृत्यु पति या उसके सम्बन्धियों द्वारा दहेज की माँग के कारण क्रूरता या उत्पीड़न से हुई है तो अपराधियों को कम से कम सात साल और अधिकतम आजीवन कारावास हो सकता है। इससे पहले तो सीधे धारा 302 (हत्या) में ही मुकदमा चलता था। सुधा गोयल के मामले में सत्र न्यायाधीश ने पहली बार मृत्यदण्ड का आदेश सुनाया था जो बाद में सुप्रीम कोर्ट ने उम्र कैद में बदल दिया। यह अलग कथा है कि सुप्रीम कोर्ट के फैसले के बावजूद हत्यारे 28 महीने तक छुट्टे घूमते रहे। पति ने दूसरा विवाह कर लिया और एक बेटे का बाप भी बन गया। 28 महीने तक सुप्रीम कोर्ट का फैसला सत्र न्यायाधीश की अदालत तक नहीं पहुँच पाया। रास्ते में ही गायब हो गया या कर दिया गया। जब अखबारों में रिपोर्ट छपी तो हत्यारों को जेल भेजा गया। न्यायालय ने एक दिन की भी देरी नहीं की। न्यायाधीश मिश्र के निर्णय के कारण दहेज हत्या सम्बन्धी कानूनी संशोधनों के बारे में तुम कहोगी कि 'ये सब संशोधन इसलिए किए गए कि पितृसत्ता को अपने बेटों की चिन्ता थी। उन्हें 'मृत्युदण्ड' से बचाना था।' लेकिन ऐसा नहीं है। क्या दहेज हत्या के मामलों में किसी भी को फाँसी दी गई है ? नहीं न ! कितनी बार समझाया है कि हर बात को उल्टे ढंग से मत सोचा करो। तुम हो कि मानती ही नहीं।

तुम्हारा यह कहना भी पागलपन ही है कि 'यह कानून कामकाजी महिलाओं के पाँव में बेड़ियाँ डालने का काम करता है और पति के हाथ में ऐसा अस्त्र है, जो जब चाहे पत्नी की महत्त्वाकांक्षाओं और आर्थिक निर्भरता के सपनों पर प्रतिबन्ध लगा घर की चारदिवारी में कैद कर सकता है। पत्नी न माने तो तलाक का रास्ता साफ।' अब मैं तुम्हें कैसे समझाऊँ कि इस कानून की पृष्ठभूमि, सामाजिक उद्देश्य, उपयोगिता और प्रासंगिकता क्या है ? कैसे और क्यों है ? ऐसा नहीं है कि पति हमेशा मुकदमा पत्नी को साथ रखने के लिए नहीं, बल्कि 'सबक सिखाने' के लिए ही डालता है। 'घरेलू गुलाम' या 'परजीवी' बनाए रखने में पुरुष का क्या लाभ ? कौन पति नहीं चाहेगा कि पत्नी भी कमाए और घर के खर्च में हाथ बँटाए। महँगाई क्या कम है ? बिना वजह कोई भी क्यों तलाक लेना चाहेगा ? कितनी बार लेगा तलाक ? पत्नी नौकरी, व्यवसाय या व्यापार करे—कौन रोकता है ? लेकिन इसका मतलब यह भी नहीं कि पत्नी जानबूझकर तबादला करवाके जा बैठे कन्याकुमारी और पति पठानकोट के होटलों या ढाबों का खाना खाता फिरे। हाँ ! नौकरी ही ऐसी हो और सचमुच ट्रान्सफर हो जाए तो ऐसे में अब (विशेषकर 'आपातकाल' के बाद) अदालतें भी पति की कहाँ सुनती-मानती हैं ? यकीन नहीं आता तो धनलक्ष्मी,[32] देवी बाई,[33] प्रवीण बेन[34] और एस. गर्ग बनाम के.एम. गर्ग[35] के मामलों में हमारे नए निर्णय पढ़ कर देख लो। बहुत साफ-साफ कहा

है हमने 'पत्नी को नौकरी छोड़ने के लिए विवश करने का अर्थ कानून के समक्ष असमानता भी है और उसके मौलिक अधिकारों का हनन भी। इससे अधिक क्या कहते कि 'वैवाहिक घर के चुनाव में किसी भी पक्ष को (पति या पत्नी को) कोई विशेषाधिकार नहीं है।' अगर कोई भी कानून इस बारे में निर्णय लेने का सर्वाधिकार सिर्फ पति को (बिना पत्नी की सुने) देता है तो वह संविधान के अनुच्छेद 14 के विरुद्ध है और असंवैधानिक है।' मुझे मालूम है कि इस पर भी तुम यही कहोगी 'यह निर्णय समानता और समान कानूनी सुरक्षा की बात तो करता है लेकिन मूल कानूनी प्रावधान की संवैधानिक वैधता पर खामोशी साध लेता है।' चुप्पी साधता है...मगर।

इसमें कोई शक की गुंजाइश नहीं कि पत्नी भी गरिमापूर्ण व्यवहार की हकदार है। हर स्त्री-पुरुष ही नहीं, बल्कि पशु-पक्षी तक के साथ मानवीय व्यवहार किया जाना अपेक्षित है। एक मुकदमे में हमने स्पष्टीकरण देते हुए लिखा था 'यह अदालत स्त्रीत्व की मर्यादा और गरिमा के समर्थन में किसी से भी कम नहीं है। हमने अपने निर्णय में ऐसा कोई मत अभिव्यक्त नहीं किया है, कि बलात्कार की शिकार स्त्री का चरित्र, प्रतिष्ठा या सामाजिक स्थिति बलात्कारी को सज़ा देते समय कोई विचारणीय और उपयुक्त आधार है'।[36] अगर कोई पति बिना किसी प्रमाण के अपनी पत्नी को 'वेश्या, छिनार और गिरी हुई औरत' कहता है और 'बिना किसी शर्म लिहाज के अपने ही बच्चे की वैधता' के बारे में प्रश्न करता है तो ऐसे पति (पुरुष) के साथ न रहना 'उचित कारण' है।[37] यही नहीं अगर तथ्यों से ऐसा लगे कि पति, पत्नी को अपने साथ रखने की बजाए, संयुक्त परिवार में अपने माता-पिता की सेवा के लिए रखना चाहता है और सास-ससुर पत्नी को अपमानित या उत्पीड़ित करते हैं तो भी वहाँ न रहना 'उचित कारण' माना जा सकता है। संवेदनशील अदालतों ने बेहिचक कहा ही है कि 'पत्नी गुलाम या परिवार में किसी से हीन नहीं है। उसे उसकी इच्छा के विरुद्ध सास-ससुर के साथ विपरीत स्थितियों में रहने के लिए विवश नहीं किया जा सकता'।[38] आखिर 'सामाजिक यथार्थ' से हम, आँख कैसे मूँद सकते हैं ? सम्भव है कभी-कभार जाने-अनजाने न्याय की नजर पति के असली उद्देश्य को न पकड़ पाए। परन्तु इसका अर्थ यह नहीं कि हम 'विचार शून्य और हृदयहीन' हैं। जैसा कि तुम मानने लगी हो। स्त्रियों के प्रति हमारी दृष्टि में किसी भी किस्म का कोई 'पूर्वाग्रह या दुराग्रह' नहीं है। हम सामंती और पितृसत्तात्मक संस्कृति में शिक्षित-दीक्षित अवश्य हुए हैं, लेकिन हमेशा बहुत सजग और सचेतन रूप में संस्कारों से मुक्त होने का भी प्रयास किया है। आज विश्वासपूर्वक कह भी सकते हैं कि सामाजिक न्याय के इस अभियान में हम सफल रहे हैं। कितने सफल ? कहना कठिन है।...लेकिन।

सच कहें तो भारतीय स्त्री की त्रासदी यह भी है कि वह 'सारी क्रूरताओं, शोषण, उत्पीड़न और अपमान के बावजूद, न पति के साथ रहना चाहती है और न उसे छोड़ना चाहती है। सहनशीलता या धीरज रखने को कहें तो उसे लगता है कि फिजूल 'उपदेश' दे रहे हैं। विवाह के बाद स्त्री को भला पिता के घर में कौन 'शरण' देगा और दे भी

तो कब तक ? वह हमेशा इसी आशा और विश्वास के भ्रमजाल में फँसी रहती है कि एक न एक दिन संकट की स्थितियाँ समाप्त हो जाएँगी। उसके सपनों के राजकुमार का 'हृदय परिवर्तन' हो जाएगा। ऐसे में वह अक्सर भविष्य को भगवान् भरोसे छोड़ अनिश्चितता में भटकती रहती है। अपने बारे में निर्णय तो लेना ही नहीं जानती है। जानती भी है तो प्रायः लेती नहीं। कल पर टालती रहती है। उसके अवचेतन को समझना असम्भव है। मैं सिर्फ ग्रामीण, गँवार और अनपढ़ औरतों की बात नहीं कर रहा। अधिकांश सुशिक्षित, स्वावलम्बी और चेतन सम्पन्न प्राध्यापिकाएँ, डॉक्टर, वकील, अफसर, पत्रकार, इंजीनियर, और कामकाजी महिलाएँ अभी भी ऐसी ही मानसिकता की शिकार हैं। कभी-कभी सोचता हूँ कि इन्हें पढ़ाने-लिखाने से क्या लाभ हुआ ? जितना ज्यादा पढ़ाओ, उतना ही ज्यादा दहेज। पढ़ी-लिखी औरत को कुछ भी समझाना मुश्किल। इससे परेशानियाँ और बढ़ गईं। शायद यही कारण है कि इधर कुछ सालों से शहरों में भी लड़कियों की कम उम्र (यानी अठारह-उन्नीस या बीस) में शादियों का चलन बढ़ गया है। बहुत सी तो बी.ए. भी पूरा नहीं कर पातीं। पूछा तो पता चला "माहौल बहुत बिगड़ गया है। कहीं कुछ ऐसा-वैसा हो गया या कर आई तो मुँह दिखाने लायक भी नहीं रहेंगे। पढ़ने का शौक है तो पढ़ लेगी ससुराल जाकर। हमारी बला से। ब्याहना तो है ही, कल नहीं तो आज सही।" तुम्हारी मम्मी ने तो मेरा घर में जीना हराम कर रखा है। रोज सुबह-शाम 'कोई अच्छा सा लड़का' ढूँढ़ने की चिन्ता लेकर बैठ जाती है। अभी तक किसी न किसी तरह बहकाता रहा हूँ। टालता रहा हूँ...मगर।

खैर...छोड़ो। परेशान मत होना। मैं सब सम्भाल लूँगा। तुमने कुछ ऐसे मुकदमों का जिक्र किया है, जिनमें तुम्हें लगता है कि अदालतों ने सरासर 'अन्याय' किया है। मेरा सुझाव है कि इन्हें ध्यान से दुबारा पढ़ना-समझना। कई बार औरतों की 'व्यथा-कथा' पढ़कर महसूस होता है कि निर्णय गलत है परन्तु ऐसा है नहीं। या होता नहीं। व्यभिचार, क्रूरता या दूसरा विवाह करने का आरोप लगाना जितना आसान है, सिद्ध करना उतना ही मुश्किल। जो भी आरोप लगाया है, उसे सिद्ध भी तो करो। वरना...मुकदमा खारिज ही तो होगा। मुझे याद है लक्ष्मी साहूआनी का एक मुकदमा। पत्नी ने आरोप लगाया कि पति ने दूसरा विवाह कर लिया है। इसलिए उसे अलग घर और 60 रुपये महीना गुजारा भत्ता मिलना चाहिए। गवाहों ने सिर्फ इतना ही कहा कि 'उसके पति ने किसी लड़की से विवाह किया है और उसे घर ले आया है जिसके साथ वह रह रहा है। हमने फैसले में लिखा 'उनकी गवाही न यह सिद्ध कर सकी कि विवाह हुआ और न यह कि वे पति-पत्नी की तरह रह रहे हैं। अगर यह तथ्य के रूप में प्रमाण मिलता कि पति ने कुंजाबती को रखैल रखा हुआ है तो भी पत्नी को अलग घर खर्च देने के लिए पर्याप्त औचित्य होता'।[39] लेकिन ऐसा कुछ प्रमाणित ही नहीं किया गया तो हम क्या करते ? अब इसे 'अन्याय' तो नहीं कहा जा सकता न ! बिना प्रमाणों के 'कानून का पेट' कैसे भरेगा ?

ऐसे ही एक और केस में पत्नी पति को छोड़ मायके जा बैठी। कारण ससुर की

उस पर बुरी नजर थी और पति उसे सुरक्षा देने की बजाए मारता-पीटता था। खाना-कपड़ा तक नहीं देता था'।[40] क्रूरता और बाल विवाह के तर्क, कहाँ तक उचित माने जाते ? खुद ही 'माफ' करती रही। फैसला पढ़ कर तुमने भी कह दिया कि अदालत ने इतने गम्भीर आरोपों को 'अनदेखा' करके 'पक्षपात' किया है। अच्छा तुम्हीं बताओ कि 'सात साल, आठ महीने की देरी'[41] को अदालत कैसे नजर अन्दाज करती ? पति की याचिका को खारिज करके न्यायाधीश ने आखिर क्या गलती की ? पति द्वारा व्यभिचार के गम्भीर आरोपों के बावजूद पत्नी को साथ रहने रखने की याचिकाएँ रद्द न करते तो क्या करते ? और फिर यह भी तो सोचो कि ऐसी परिस्थितियों में सिर्फ औरतों के ही नहीं, मर्दों के भी मुकदमे रद्द किए गए हैं। एक ही कानूनी प्रावधान और मिलते-जुलते तथ्यों के बावजूद विभिन्न अदालतों के अलग-अलग विसंगतिपूर्ण या अन्तर्विरोधी निर्णय और व्याख्याओं के कारणों का अध्ययन करना चाहो तो न्यायमूर्ति हिदायत उल्ला की पुस्तिका 'जुडिसियल मेथैड' पढ़ना मत भूलना।

पत्र पहले ही काफी लम्बा हो गया है। और इस मुद्दे पर तो सैकड़ों फैसले हैं। लगता है यह एक अन्तहीन सिलसिला है। लेकिन कुल मिलाकर तथ्य एक जैसे ही। अभी पिछले ही साल (21 जनवरी, 1997) दिल्ली उच्च न्यायालय के न्यायमूर्ति एस. एन. कपूर ने सुमन बाला बनाम ओ.पी. अरोड़ा[42] के मामले में बहुत ही अच्छा निर्णय सुनाया है। सचमुच इससे 'अदालत की गरिमा सुनिश्चित' होगी। हुई है। सुमन बाला केस के तथ्य 'बेहद रोचक और आश्चर्यजनक' हैं। सुमन का विवाह 2 मार्च, 1975 को हुआ था। 14 जून 1976 को सुमन ने एक बेटी को जन्म दिया। इससे कुछ 'समस्या' हुई और सुमन को मायके लौटना पड़ा। 19 जनवरी, 1977 को पति ने 'रेस्टीट्यूशन' का दावा दायर कर दिया। फरवरी, 1977 में सुमन ने तलाक, गुजारा भत्ता और मुकदमे खर्च की अर्जी लगा दी। 22 मार्च, 1977 को अदालत ने पति को 300 रुपए महीना गुजारा भत्ता और 750 रुपए मुकदमे खर्च के लिए आदेश दिया। पति ने गुजारा भत्ता वगैरह का भुगतान नहीं किया इसलिए अदालत ने उसका दावा अनिश्चित काल के लिए 'स्टे' कर दिया। पत्नी के (काउंटर क्लेम) तलाक वाले दावे में अदालत ने 18 सितम्बर, 1980 को तलाक की डिग्री दे दी। पति ने अपील की मगर 10 नवम्बर, 1980 को खारिज हो गई। इसके विरुद्ध पति ने सुप्रीम कोर्ट में विशेष अनुमति याचिका दायर की लेकिन वह भी रद्द। इसके बाद सुमन ने 18 मार्च, 1981 को गुजारा भत्ता और मुकदमे के खर्च पाने के लिए अदालत में अर्जी दायर की। सत्र न्यायाधीश ने 2 मई, 1977 तक का गुजारा भत्ता और 750 रुपए मुकदमा खर्च तो स्वीकार कर लिया मगर 3 मई, 1977 से 18 सितम्बर, 1980 तक का गुजारा भत्ता देने से मना कर दिया। नवम्बर, 1981 के इस फैसले के विरुद्ध हाई कोर्ट का दरवाजा खटखटाया। न्यायमूर्ति कपूर ने गुजारा भत्ता देने के आदेश देते हुए कहा कि 'सत्र न्यायाधीश ने दिशा भ्रमित होकर, गलत तरीके से अपने न्यायिक अधिकार का इस्तेमाल किया है'।[43] मुझे आशंका है कि इस अभूतपूर्व फैसले को पढ़कर भी तुम्हारी प्रतिक्रिया होगी—'16 साल बाद

गुजारा भत्ता देकर अदालत ने अपनी ही गरिमा (लाज) बचाई है। न्याय के भरोसे बैठी रहती तो सुमन कब की भूखी मर गई होती या बच्ची की हत्या कर खुद आत्महत्या कर लेती।' यह सही है कि थोड़ी देर जरूर हुई है मगर इसे 'अँधेर' कहना गलत है। हम जानते हैं कि कितने हजार मुकदमों का ढेर लगा है। कहना आसान है कि 'न्याय में देरी का अर्थ है न्याय देने से इन्कार', मगर अदालतों का क्या कसूर ? सालों से न्यायाधीशों की जगह खाली पड़ी हैं और मुकदमेबाजी बढ़ती जा रही है।

तुमने अपने पत्र में न्यायाधीश पी.बी. सावन्त की पुस्तक 'ज्यूडिसियल इंडिपैंडेंस—मिथ एण्ड रियलिटी' का जिक्र करते हुए लिखा है, "कुछ न्यायाधीश ऐसे भी हो सकते हैं, जो अपनी सोच में जातिवादी, साम्प्रदायिकतावादी और वंशवादी हैं। कुछ न्यायाधीश नारी स्वतन्त्रता के पक्षधरं और शेष विरोधी हो सकते हैं। कुछ गर्भपात के समर्थक और बाकी विरोधी हो सकते हैं। कुछ न्यायाधीश प्रगतिशील, सक्रिय कार्यकर्ता और रचनात्मक भी हो सकते हैं। हो सकता है बाकी ऐसे हों जो यथास्थितिवादी हों"[44] सम्भव है कि सावन्त साहब सच कह रहे हों। मैं भी नहीं कहता कि सभी न्यायाधीश 'साधु-सन्त और संन्यासी हैं या विशुद्ध वैज्ञानिक' लेकिन बिना किसी प्रमाण, सबूत या दस्तावेजों के सम्पूर्ण न्यायपालिका पर इस प्रकार के बेबुनियादी आरोप (भ्रष्टाचार, रिश्वतखोरी, पक्षपात, भाई-भतीजावाद, राजनीतिक प्रतिबद्धता, वर्ग हित वगैरह-वगैरह) लगाना या आम जनता के दिमाग में सन्देह उत्पन्न करना अनुचित ही नहीं अनैतिक और आपत्तिजनक भी है। अदालती फैसलों की उचित आलोचना की जा सकती है। इस पर कोई प्रतिबन्ध भी नहीं है। मगर न्याय मन्दिरों की मर्यादा भंग करने का सीधा-स्पष्ट अर्थ है—अदालत की अवमानना। न्यायाधीश या न्यायालय भी 'जनमत के प्रति जवाबदेह' होंगे तो फिर हो लिया न्याय। 'न्याय प्रहरियों' को 'चौकीदार' कहना शोभा नहीं देता। यह किसी भी सभ्य, सुशिक्षित और सुसंस्कृत भारतीय नागरिक की भाषा नहीं हो सकती। हर संस्था की अपनी कमजोरियाँ, गलतियाँ और दोष होते हैं। इसका मतलब यह तो नहीं कि 'हम अपने गन्दे कपड़े सार्वजनिक घाट पर धोने बैठ जाएँ।' अपनी नहीं तो कम से कम 'न्याय मन्दिरों' की 'पवित्रता' का कुछ तो लिहाजा होना ही चाहिए। होना चाहिए...वरना यह महान संस्था ऐसे विध्वंस से ध्वस्त हो जाएगी। हम रहें या न रहें परतु इस पर किसी प्रकार की आँच नहीं आनी चाहिए। 'न्याय मन्दिरों' का निर्माण ईंट, सीमेन्ट और पत्थरों से सालों में नहीं, बल्कि सम्पूर्ण समाज के त्याग, आस्था और बलिदान से सदियों में होता है। हुआ है। हम सबका यह नैतिक कर्तव्य और दायित्व है कि 'मन्दिर निर्माण' में या 'नवनिर्माण' में अपना सर्वस्व न्यौछावर कर दें। करना होगा...वरना।

तुम्हारा पत्र है कि खत्म ही नहीं हो रहा। पहले पढ़ते-पढ़ते परेशान हो गया और अब जवाब लिखते-लिखते थक गया हूँ। हर पैरा में नई समस्या...कहाँ तक उत्तर दूँ ? आगे से ऐसे पत्र अधिक मत लिखना। इतने सारे मुकदमों के निर्णय 'सुरक्षित' रखे हुए हैं। एक का भी फैसला नहीं लिखवा पाया। और यह सब तुम्हारे इस पत्र का जवाब देने के चक्कर में हुआ है। रिटायर होने से पहले इन सारे मुकदमों के फैसले लिखवाने

जरूरी हैं। बिना लिखवाए रिटायर हो गया तो सबकी सुनवाई दुबारा करनी पड़ेगी। प्रेस को पता लग गया तो 'भगवती जागरण' हो जाएगा। खैर...।

तुमने लिखा है कि "अधिकांश मामलों में पति या उसके परिवार के लोग ही पत्नी को प्रताड़ित या परेशान करते हैं जिसके कारण उसके मायके जाकर रहना पड़ता है।[45] मानसिक रूप से दुःखी करने के लिए चरित्रहीनता और व्यभिचार के आरोप लगाना आम बात है।[46] ऐसे में कोई भी स्वाभिमानी औरत क्या करे ? गुजारा भत्ता माँगते ही पति, 'रेस्टीट्यूशन' का मुकदमा दायर कर देता है।[47] ताकि गुजारा भत्ता न देना पड़े। जीत गया तो बहुत अच्छा, नहीं तो गुजारा भत्ता देना बन्द।[48] अदालत मुकदमा ही तो खारिज करेगी--कर दे। सालों अपील में लड़ता रहेगा।[49] वकीलों और कोर्ट-कचहरी में खर्च करने के लिए तो उसके पास बहुत नोट हैं। मगर पत्नी या/और बच्चे को गुजारा भत्ता नहीं देगा। पत्नी कमाऊ है तो देने की जरूरत ही नहीं। पति से ज्यादा कमाती हो तो पति अपनी नौकरी से त्याग पत्र दे अदालत से कहता है 'मुझे पत्नी से गुजारा भत्ता दिलवाओ।' मुकदमा अगर पत्नी जीत गई तो अपने घर में घुसने नहीं देता। तलाक लेगी, तो ले ले। वह अगले ही रोज दहेज सहित दूसरी ले आएगा। 1964 संशोधन के बाद रेस्टीट्यूशन' का केस पति जीते या पत्नी-क्या फर्क पड़ता है ? एक साल बाद पति या पत्नी—दोनों ही तलाक ले सकते हैं।[50] हर स्थिति में निर्णय पति का ही माना जाएगा क्योंकि घर उसका है और पत्नी 'बेघर'। वह कहाँ जाए ? क्या करे ? कैसे करे ? सारा कानूनी जाल-जंलाल ही स्त्री के विरुद्ध बनाया गया है। पत्नी द्वारा रेस्टीट्यूशन का दावा डालने का मतलब है पितृसत्तात्मक कानून के 'ट्रैप' में फँसना और खुद अपनी ही कब्र खोदना। ऐसा ही है तो फिर कैसा 'न्याय' ? कौन सा न्याय" ? कहाँ गई 'संविधान और कानूनों की मर्यादा' बनाए रखने की शपथ ?

तुम्हारा भाषण और कानूनी प्रावधानों का सामाजिक-आर्थिक स्थितियों के साथ घालमेल पढ़ कर, मुझे तुम्हारी पेचदार बुद्धि पर तरस आ रहा है। अधिकाँश मुकदमों के तथ्यों से स्पष्ट है कि दरअसल आजकल पत्नी संयुक्त परिवार में (सास-ससुर, देवर-जेठ, ननद वगैरह के साथ) नहीं रहना चाहती। बेचारे पति की पीड़ा यह है कि वह न घरवालों को छोड़ सकता है और न पत्नी के साथ सुख से रह सकता है। घरवालों को नहीं माने तो पिता चिल्लाता है, 'निकल जाओ हमारे घर से। हम समझेंगे कि पैदा होते ही मर गया था। जाओ और अपनी हूर की परी के साथ मौज करो। हम मर जाएँ तो हमारी अर्थी को कन्धा देने भी मत आना।' पत्नी से कुछ कहता है तो 'कम खा लेंगे, ग़म खा लेंगे। झोंपड़ी में रह लूँगी पर इस हवेली में मेरा दम घुटता है।' जब तक पति कुछ सोचे या इन्तजाम करे, तब तक तो पत्नी सारे कपड़े जेवर, नगदी लेकर भाग जाती है पीहर। कुछ दिन 'खुदा की वापसी' का इन्तजार करती है। और फिर 'क्राइम अगेंस्ट वूमैन' से 'महिला मंच' और 'लीगल ऐड सेल' होती हुई अदालत। स्त्रीधन, क्रूरता, दहेज उत्पीड़न, गुजारा भत्ता वगैरह-वगैरह मुकदमों में पति से लेकर गुड़ियों संग खेलती ननद तक के सम्मन या गैर जमानती वारंट। माफीनामा, खुशामद, पंचायत और

समझौता वार्ता—सब व्यर्थ। पत्नी पुनर्विचार याचिका पर सहानुभूतिपूर्वक सोचना भी चाहे तो 'स्वयं-सेविकाएँ' डाँटने-फटकारने लगती हैं और बेटी के बाप भी तो अब पहले जैसे विनम्र कहाँ हैं ? मान लो काफी भागदौड़ और शर्तनामों के बाद 'शिमला समझौता' हो भी जाए तो क्या है ? कुछ दिन 'शीत युद्ध' सी शान्ति रहेगी और फिर प्रत्यक्ष-अप्रत्यक्ष तानों के तीर शुरू। कभी सास (माँ) का शब्द भेदी बाण, 'तूने तो मेरे दूध की भी लाज नहीं रखी।' कभी भाभियों के व्यंग्य 'आजकल तो देवर जी को अंगूर नहीं, सिर्फ 'रस भरी' ही अच्छी लगती है।' पिता बेटे को सुनाते हुए पड़ोस के लड़कों से मजाक करेगा 'भई ! तेरी तो शक्ल ही नहीं दिखती। कहाँ 'घाघरे की जूँ बना रहता है ?'' 'प्रेसर कूकर' कब तक नहीं फटेगा ? पत्नी की फिर वही 'राग भैरवी' आरम्भ। अब तुम्हीं बताओ ऐसे संकटकाल में घिरा बेचारा पुरुष क्या करे ? आत्महत्या या कोर्ट कचहरी ? इस नरक से निकलने की है कोई और सुरक्षित 'सुरंग' ?

हमसे बेहतर कौन जानता या जान सकता है कि अदालत पहुँचने के बाद लड़ाई वास्तव में पति-पत्नी की नहीं, बल्कि वकीलों का तर्क युद्ध हो जाता है। सही गलत बे-सिर-पैर के आरोप और एक दूसरे को नीचा दिखाने की जिद्द सारे मामले को बद से बदतर बना देती है। ससुर द्वारा अपने ही दामाद के विरुद्ध 'सर्च वारंट' जारी करवाने के बाद माफी, समझौता या पाँवों में पगड़ी रखने से क्या होगा ? पत्नी (प्रेमलता) को 'रेस्टीट्यूशन' की डिग्री लेने के बाद भी पति के घर में कौन रहने देगा ?[51] और क्यूँ रहने देगा? एक दिन भी हरने दिया तो फिर तलाक कैसे होगा ? इस मुद्दे पर चर्चा बाद में करूँगा।

जानती हो आजकल 'सावित्री' 'सत्यवान' के विरुद्ध क्या कर-करवा रही है ? पति के विरुद्ध मायके जा 'रेस्टीट्यूशन' और दुबारा विवाह न करने का दावा, गुजारा भत्ता और मुकदमे का खर्चा लेने के लिए कोर्ट-कचहरी। पति भोपाल से कटनी अदालत पहुँचता है (अपने वकील के साथ) तो मारपीट और दंगा-फसाद। पुलिस को सुरक्षा प्रदान करनी पड़ती है। पत्नी का पिता वकील है इसलिए कटनी का कोई भी वकील उसका मुकदमा लड़ने को राजी नहीं होता।[52] ऐसे माहौल में पति उच्च न्यायालय में फरियाद न करे तो क्या करे ? और उच्च न्यायालय भी मुकदमे कटनी की अदालत से जबलपुर की अदालत में 'ट्रांस्फर' नहीं करती तो क्या करती ?

लो एक और ताजा किस्सा। सुनोगी तो दंग रह जाओगी। संजय महावीर प्रसाद जैन बनाम वैशाली[53] में पति ने 'रेस्टीट्यूशन' के दावे में लिखा है कि उसने वैशाली से 21.5.1995 को आर्य समाज मन्दिर में विवाह किया था। 22 अगस्त, 1995 को विवाह का पंजीकरण भी करवाया। वैशाली गर्भवती हुई तो उसने बिना सहमति के गर्भपात करवाया और अपने पिता के साथ पीहर चली गई। पत्नी ने जवाब में कहा कि उसकी शादी ही नहीं हुई। यही, नहीं, मानसिक यातना, उत्पीड़न और बदनामी के लिए उसने पाँच लाख रुपये हर्जाने का 'काउंटर क्लेम' और ठोंक दिया। पाँच लाख रुपया 'हर्जाना' लेना चाहती है और कोर्ट फीस तक न देने के लिए ढूँढ़ लाई—एक

पुराना नोटिफिकेशन (1 अक्टूबर, 94), जिसमें कहा गया है कि गुजारा भत्ता, सम्पत्ति विवाद, हिंसा और तलाक की याचिका, अर्जी और अपील पर महिलाओं को कोर्ट फीस देने की कोई जरूरत नहीं। हमें भी कहना पड़ा 'बात तो सही है।'...लेकिन। अब तुम्हीं बताओ कि ऐसी छूट, राहत या विशेषाधिकार मर्दों के लिए कहाँ उपलब्ध है ? इस पर भी शिकायतों का ढेर-क्या उचित है ?

इधर पिछले कुछ सालों से स्त्रियों में एक और भयंकर प्रवृत्ति बढ़ रही है—माँ न बनने की। गर्भ निरोधक, उपकरणों और गोलियों से तो सचमुच 'यौन क्रान्ति' ही हो गई। अनेक परिवारों में एक भी उत्तराधिकारी नहीं। पत्नी गर्भवती भी हो जाए तो फौरन भागती है 'नर्सिंग होम'। पति से पूछने तक की जरूरत नहीं समझती और गर्भपात करवा आती है। 'एमनिओसैंटोसिस टेस्ट' के बाद अगर डॉक्टर कहता कि भ्रूण लड़की का है तो शायद कोई एतराज भी नहीं करता। मगर कुछ कहो तो 'मेरी देह है। मेरी मर्जी। मैं मालिक हूँ। तुम कौन ? बच्चे पैदा करने की मशीन नहीं हूँ। गृहस्थी के चक्कर में क्या अपना कैरियर चौपट कर दूँ ?' मेडिकल टर्मिनेशन ऑफ प्रेगनेंसी एक्ट, 1971 क्या हमने इसलिए बनाया था ? बच्चे न हों तो विवाह संस्था का क्या फायदा ? बिना वारिस के तो परिवार की सारी पूँजी, सरकार ही जब्त कर लेगी। सारा परिवार घर में बच्चे की किलकारी सुनने के लिए 'क्रेजी' है। मगर तुम्हारी भाभी साहिबा ने भैया की सहमति के बिना ही गर्भपात करवा के सारी उम्मीदों पर पानी फेर दिया। एक बार मान लो गलती हो गई या सेहत के लिए अनिवार्य था। परन्तु बार-बार ऐसा होना (करना) संयोग नहीं हो सकता। क्या पत्नी के ऐसे व्यवहार को 'सुशील' पति के प्रति, शारीरिक नहीं तो कम से कम 'मानसिक क्रूरता' कहना-मानना गलत है ? इस 'क्रूरता' के आधार पर क्या 'श्रीराम' को तलाक का भी हक नहीं ? पुत्र ही न होगा तो कौन करेगा पिंडदान, अन्तिम संस्कार या श्राद्ध ? इस मुद्दे पर पंजाब और हरियाणा उच्च न्यायालय के न्यायमूर्ति आई.एस. टिवाणा का निर्णय[54] उल्लेखनीय ही नहीं, बल्कि सराहनीय भी है। दिल्ली उच्च न्यायालय ने भी इस दिशा में कुछ महत्त्वपूर्ण फैसलों[55] की रचना की है। विद्वान न्यायमूर्तियों ने अपने फैसलों में ब्रिटेन और अमेरिका तक की नजीरों का हवाला दिया है। इन फैसलों को ठंडे दिमाग से पढ़ोगे तो पता चलेगा कि देह पर नियन्त्रण की स्वतन्त्रता का सही-सही मतलब क्या है। इस सिर्फ 'मातृत्व का महिमा मंडन' और 'पुत्र का गौरव गान' कहना बहुत ही संकीर्ण सोच का परिचय होगा। वास्तव में ये फैलते हिन्दू संस्कृति की सुरक्षा के लिए अपरिहार्य फैसले हैं।

इस आशा और विश्वास के साथ कि ईश्वर तुम्हें सद्बुद्धि प्रदान करेगा,

—बहुत-बहुत प्यार।

तुम्हारा पिता
न्यायमूर्ति विक्रमादित्य

सन्दर्भ सूची

1. आक्सफोर्ड यूनिवर्सिटी प्रेस, 1997
2. संविधान में निर्धारित शपथ
3. लक्ष्मण कुमार बनाम दिल्ली प्रशासन, ए.आई.आर.
4. ए.आई.आर. 1965 आन्ध्र प्रदेश 407
5. 1886, 10 बम्बई 310
6. हरविन्द्र कौर बनाम हरमेन्द्र सिंह (ए.आई.आर. 1984 दिल्ली 66)
7. पोथु राजू बनाम पी. राधा (ए.आई.आर. 1965 आन्ध्र प्रदेश 407)
8. गया प्रसाद बनाम भगवती (ए.आई.आर. 1966 मध्य प्रदेश 212)
9. पिता भर्त्रा सुतैर्वापि नेच्छेद विरहमात्मनः । एषा हि विरहेण स्त्री गर्ह्यै कुर्यादुमे कुले।। (मनु 4/194)
10. पिता रक्षित कौमारे भर्ता रक्षति यौवने। रक्षन्ति स्थविरे पुत्रा न स्वातन्त्र्यमर्हति।। (मनु 9/3)
11. रक्षेत् कन्यां पिता विन्नां पतिः पुत्रास्तु वार्धके। अभावे ज्ञातयस्तेषां न स्वतंत्र्यं क्वचित् स्त्रियाः।। (श्री याज्ञवल्क्य जी)
12. स्नेहमयी चौधरी का कविता-संग्रह
13. पतितं रोगिणं दुष्टं निर्धनं गुण्हीनकम्। युवानं चैव वृद्धं वा भजेतं न त्यजेत् सती।। (बृह्मवैवर्त. बह्म 9/70)
14. विशीलः कामवृतो वा गुणैर्वा परिवर्जित। उपचर्यः स्त्रिया साध्व्या सततं देवतत् पतिः।। (महा. वन. 5/154)
15. उत्तरे नोतरं दधात स्वामिनश्च पतिव्रता। न कोपं कुरूते शुद्धा ताडिता चाप कोपिता।। (श्रीकृष्ण जन्म खण्ड 83/117)
16. गीता प्रेस, गोरखपुर द्वारा प्रकाशित पुस्तकों के कुछ शीर्षक।
17. 'Hope and trust' जो अक्सर निर्णयों में दिखाई देता है।
18. 'समान नागरिक संहिता', सरला माहेश्वरी, 1997, राधाकृष्ण प्रकाशन, नई दिल्ली।
19. 'औरत होने की सजा', अरविंद जैन, राजकमल प्रकाशन, नई दिल्ली, पृष्ठ 49
20. सुशीला गोठाला बनाम राजस्थान राज्य, 1995 (1) डी एम सी 198 में न्यायाधीश अंशुमान का निर्णय।
21. एंस्लेव्ड डाटर्स, पृ. 38
22. वही, पृ. 40
23. पीर मोहम्मद बनाम कुका जी, (ए.आई.आर. 1960 मध्य प्रदेश 24)
24. ए.आई.आर. 1983 आन्ध्र प्रदेश 356
25. ए.बाअ.बार 1984 सुप्रीम कोर्ट 1562
26. हरविन्द्र कौर बनाम हरमेन्दर सिंह, (ए.आई.आर.. 1984 दिल्ली 66)
27. वही, पृ. 77
28. वही, पृ. 78
29. वही, पृ. 81
30. दिल्ली प्रशासन बनाम लक्ष्मण कुमार, (ए.आई.आर. 1986 सुप्रीम कोर्ट 250) पृ.267
31. वही, पृ. 268

32. एन.आर. राधाकृष्णन बनाम एन धनलक्ष्मी, (ए.आई.आर. 1975 मद्रास 331)
33. मिर्चमूल बनाम देवी बाई (ए.आई.आर. 1977 राजस्थान 113)
34. प्रवीण बेन बनाम एस.टी.आर्य (ए.आई.आर. 1975 गुजरात 69)
35. एस. गर्ग बनाम के.एम. गर्ग (ए.आई.आर. 1978 दिल्ली 296)
36. सुमन बलात्कार कांड, (ए.आई.आर. 1990 सुप्रीम कोर्ट 538) जिसमें पुलिसवालों की सज़ा दस साल से घटाकर पाँच साल की थी। पुनर्विचार याचिका में फैसला तो नहीं बदला गया। यह स्पष्टीकरण जरूर दिया गया। पुलिसकर्मियों की पैरवी प्रसिद्ध वकील गोविंद मुखौटी ने की थी।
37. विजय दा बनाम अलोका दा (ए.आई.आर. 1969 कलकत्ता 477, पृ. 480)
38. प्रामिला बाला बनाम रविन्द्र नाथ (ए.आई.आर. 1977 उड़ीसा 132) देखें, जोगिन्दर कौर बनाम शिवचरण सिंह (ए.आई.आर. 1965 जम्मू कश्मीर 95)
39. लक्ष्मी साहूआनी बनाम महेश्वर साहू (ए.आई.आर. 1985 उड़ीसा 11) में न्यायाधीश पी.सी. मिश्रा और जी.बी. पटनायक का निर्णय।
40. सुकराम बनाम मिश्री बाई (ए.आई.आर. 1979 मध्य प्रदेश 144)
41. जसमेल सिंह बनाम गुरनाम सिंह (ए.आई.आर. 1975 पंजाब एवं हरियाणा 225)
42. 1 (1997) डी.एम.सी. 457
43. वही, पृ. 460
44. पी.बी. सावन्त, पृ. 43-44
45. ए.आई.आर. 1965 मद्रास 482, ए.आई.आर. 1964 मद्रास 482, ए.आई.आर. 1968 मैसूर 274, ए.आई.आर. 1981 आन्ध्र प्रदेश 123
46. ए.आई.आर. 1960 पंजाब 422, ए.आई.आर. 1975 पंजाब 300
47. देखें नोट 45, 46 और ए.आई.आर. 1962 पंजाब 195, ए.आई.आर. 1949 कलकत्ता 87
48. वही।
49. देखें नोट 42
50. 1964 के बाद धारा 9 : हिन्दू विवाह अधिनियम में हुआ संशोधन
51. ए.आई.आर. 1979 मध्य प्रदेश 15, ए.आई.आर. 1986 मध्य प्रदेश 225
52. दीपक शुक्ला बनाम सावित्री, (II) 1997 डी.एम.सी. 118
53. (I) 1998 डी.एम.सी. 186, बम्बई उच्च न्यायालय।
54. सत्या बनाम श्रीराम (ए.आई.आर. 1983 पंजाब एवं हरियाणा 252)
55. सुशील कुमार वर्मा बनाम उषा (ए.आई.आर. 1987 दिल्ली 86), दीपक कुमार अरोड़ा बनाम सम्पूर्ण अरोड़ा (1983 (1) डी.एम.सी. 182)

●●●